国内外经典教材辅导系列·教育类

《教育管理学》

考研题库【考研真题精选+章节题库】

【适用于陈孝彬教材】

主编：圣才考研网

www.100xuexi.com

中国石化出版社

·北京·

内 容 提 要

本书是普通高等教育“十一五”国家级规划教材《教育管理学》(陈孝彬主编，北京师范大学出版集团)的学习辅导书。陈孝彬主编的《教育管理学》是我国高校广泛采用的教育管理学权威教材之一，也被众多高校(包括科研机构)指定为“教育管理学”考研考博专业课参考书目。本书由两部分组成：第一部分为考研真题精选，精选了近年来部分名校的考研真题，按照题型分类，并提供了详细的参考答案。第二部分为章节题库，按照原教材的章目进行编排，共分为18章，精选了大量典型习题并提供详细答案解析。

圣才考研网(www.100xuexi.com)提供陈孝彬《教育管理学》电子书、题库。手机扫码(本书封底)领取本书AI电子书。

图书在版编目(CIP)数据

《教育管理学》考研题库:考研真题精选＋章节题库/圣才考研网主编.—北京:中国石化出版社，2025.9.—ISBN 978－7－5114－8129－0

Ⅰ. G40－058

中国国家版本馆CIP数据核字第2025TH3920号

中国石化出版社出版发行

地址:北京市东城区安定门外大街58号

邮编:100011 电话:(010)57512500

发行部电话:(010)57512575

http://www.sinopec-press.com

E-mail:press@sinopec.com

武汉市盛宏源印务有限公司印刷

全国各地新华书店经销

*

787毫米×1092毫米16开本14.75印张366千字

2025年9月第1版 2025年9月第1次印刷

定价:62.00元

序　言

我国各大院校一般都把国内外通用的权威教科书作为本科生和研究生学习专业课程的参考教材，这些教材甚至被很多考试(特别是硕士和博士入学考试)和培训项目作为指定参考书。为了帮助读者更好地学习专业课，我们有针对性地编著了一套与国内外经典教材配套的复习资料。

陈孝彬主编的《教育管理学》被列为国家“十一五”重点图书，是我国高校采用较多的教育管理学经典教材，也被众多高校指定为“教育管理学”专业考研参考书目。

作为该教材的学习辅导书，本书主要包括以下内容：

第一部分为考研真题精选。本部分精选了近年来部分名校的考研真题，按照题型分类，有概念题、简答题、论述题、材料分析题等题型，并提供了详细的参考答案。通过本部分，可以熟悉考研真题的命题风格和难易程度。

第二部分为章节题库。本部分按照原教材的章目进行编排，共分 18 章，结合国内多所知名院校的考研大纲和考查重点，精选了大量典型习题并提供详细答案解析，供考生强化练习。

本书使用者须知：第一，目前，部分高校研究生院往往会给考研专业课的复习指定一些参考书目，这些参考书目无疑是备考考生最重要的复习对象，但是，研究生入学考试作为一种发掘科研人才的选拔性考试，其属性决定考生仅仅把对专业知识的了解与掌握拘囿于一、两本参考书目是远远不够的，必须是对整个专业的学术概况有一定的了解，基于此，本书对题目的选择融合了整个学科的重要资源，而不是只以一本教材作为依据。第二，考研不同一般考试，概念题(名词解释)要当作简答题来回答，简答题要当作论述题来解答，而论述题的答案要像是论文，有的论述题的答案简直就是一份优秀的论文(其实很多考研真题就是选自一篇专题论文)，完全需要当作论文来回答。总之，答得多不扣分，答得少则可能漏掉采分点!

手机扫码(本书封底)领取本书 AI 电子书。

圣才考研网(www. 100xuexi. com)是圣才电子书旗下的考研考博专业网站，提供全国各高校大部分专业考研考博辅导班、电子书、题库、全套资料(历年真题及答案、笔记讲义等)、国内外经典教材名师讲堂、考研教辅图书等。

考研辅导：kaoyan. 100xuexi. com(圣才考研网)

资格考试：www. 100xuexi. com(圣才学习网)

圣才考研网编辑部

目　录

第一部分 考研真题精选

一、概念题

1. 教育管理[华中师范大学2025年研]

答：教育管理是指管理者在遵循教育规律和管理规律的基础上，运用计划、组织、领导、协调、控制等管理职能，对教育系统内的人、财、物、信息、时间等资源进行合理配置与优化整合，以有效实现教育目标的动态活动过程。其核心内涵可从以下三方面理解：①双重规律性：教育管理需兼顾“教育属性”与“管理属性”——既要遵循教育自身的育人逻辑(如学生身心发展规律、教学规律)，又要运用科学的管理方法(如目标管理、绩效管理)提升运行效率，避免“重管理轻教育”或“重教育轻管理”的偏差。②多层级覆盖：从范围上可分为宏观、中观、微观三个层面：a. 宏观教育管理：以国家或地方政府为主体，涉及教育政策制定、教育事业规划、教育资源统筹、教育督导评估等；b. 中观教育管理：以学区、教育集团等中间组织为主体，侧重区域内学校的协同发展、资源共享等；c. 微观教育管理：以学校为核心，涵盖办学目标设定、教学管理、师资队伍建设、学生管理、校园运营等具体实践。③目标导向性：教育管理的根本目的是服务于教育目标的实现，无论是资源调配、制度建设还是过程调控，最终都指向提升教育质量、促进教育公平、培养符合社会需求的人才这一核心任务。

2. 办学体制[陕西师范大学2025年研]

答：办学体制是指在一定国家或地区的教育体系中，关于办学主体的构成、权责划分、管理运行的制度总和，核心解决“由谁办学、如何办学、办学中各方关系如何协调”的问题，是教育体制的重要组成部分。在办学主体的构成上，办学体制明确了教育供给的多元主体结构：政府是公立学校的举办主体，承担公共教育服务的主要责任；社会力量(包括企业、社会组织和公民个人等)可依法举办民办学校，提供差异化、选择性的教育服务；此外，还存在政府与社会合作办学的混合形态，如公办学校参与举办的民办学校(“公参民”)、校企合作办学等。各类主体在法律框架内行使办学权利，履行相应的管理、投入与监督职责。在权责划分上，办学体制规定了不同主体的权责边界。政府主要负责制定教育政策、办学标准与质量要求，保障教育公平和基本公共教育服务供给；社会力量在政府监管之下享有一定的办学自主权，如在课程开发、教师聘用和经费使用等方面具备适度灵活性，同时必须贯彻国家教育方针、保证教育质量并接受评估监督。在管理运行的制度上，办学体制涵盖办学的准入、资源配置、评估退出等一系列制度安排，具体包括学校设立审批制度、财政经费投入机制(如公办以财政拨款为主、民办以自筹为主)、招生与收费政策、质量监测与评价体系等。这些制度因办学主体类型不同而存在差异，共同构成教育健康可持续发展的制度环境。我国现行办学体制体现为“政府主导、社会参与、公办民办共同发展”的格局。在坚持以公办教育为主体、保障教育公益性和普惠性的同时，积极鼓励和规范社会力量兴办教育，并通过集团化办学、委托管理、合作办学等模式促进多元主体协同互补，旨在提升教育体系的活力、效率与公平性。

3. 教育计划［郑州大学2025年研；中央民族大学2017年研；华中农业大学2017年研］

答：教育计划是指在国家教育方针政策的指导下，为实现预定的教育目标及任务而采取的规则、步骤、方法的总和。它有三个方面的特点：①教育政策是制定教育计划的前提；②教育计划是量化了的教育政策目标或教育发展目标；③教育计划具有技术性。教育计划作为实现教育目标的过程，包含着对教育现状的分析、对未来发展的预测、战略上的决策，以及实施方案的建立等程序或步骤。按照不同的划分角度，教育计划类型有：①按照教育计划的规模可以分为教育事业规划和教育计划；②按照计划时间的长短可以分为教育的长期计划、中期计划和短期计划；③按制定计划主体权力的大小、能控制教育资源范围的大小、计划对象特定化的程度来划分，可分为国家的教育计划、地区的教育计划及学校内部的教育计划；④按教育计划的内容来划分，可分为综合的教育计划与单项的教育计划。

4. 组织机构变革策略［华东师范大学2024年研］

答：组织机构变革策略是指组织为了适应内外部环境的变化，实现战略目标，对组织结构、流程、人员、文化等方面进行调整和改革的系统性规划与方法。它是组织变革管理的核心组成部分，旨在确保变革的顺利实施，降低变革阻力，提高组织的适应性和竞争力。

5. 领导［华南师范大学2024年研］

答：领导是教育管理领域中，领导者通过自身影响力引领组织成员达成共同目标的动态过程。其核心在于依托非权力性影响力（如人格魅力、专业素养、愿景感召），而非仅依赖职位权力，激发团队成员的主动性与创造力，以应对变革、凝聚共识并推动组织发展。在教育场景中，领导体现为学校管理者（如校长、部门负责人等）通过清晰的教育愿景构建（如明确学校育人目标与发展方向）、有效的沟通协调（如倾听师生需求、协调各部门资源）、个性化的激励引导（如关注教师专业成长、支持学生全面发展）等方式，带领师生突破教育实践中的挑战（如教学改革、资源整合、突发情境应对等），最终实现学校教育质量的提升与组织的可持续发展。它更强调灵活性、人文关怀与创造性，区别于侧重规则与效率的管理活动。

6. 教育行政机构管理［广州大学2024年研］

答：教育行政机构管理是指对各级教育行政机关（如国家教育部、省教育厅、市/县教育局等）的组织架构、职能履行、人员队伍、资源配置及运行流程，进行系统性规划、组织、协调、监督与优化的管理活动。其核心目标是通过规范内部运作、提升行政效能，确保教育行政机构高效履行"政策制定、资源统筹、监督指导、公共服务"等职能，为教育事业高质量发展提供制度与组织保障，是教育治理体系的重要组成部分。

7. 政策活动者［郑州大学2024年研］

答：政策活动者是指直接或间接参与教育政策过程的个人、群体或组织，他们通过不同方式影响教育政策的制定、执行、评估与调整。政策活动者通常包括以下几类主体：①官方主体，如立法机构、政府及教育行政部门，负责政策的合法化、颁布与推行；②实施主体，包括学校、教师等，具体落实政策内容并在实践中反馈问题；③利益相关群体，如家长、学生、教育企业及社会组织，通过诉求表达影响政策议程；④研究与媒体机构，借助专业评估和公共舆论间接参与并监督政策过程。政策活动者之间的互动、博弈与协作，共同塑造教育政策的形态、效能与演变方向。

8. 自我实现人假设［湖北大学2023年研；郑州大学2022年研］

答：自我实现人假设是管理学中关于人性的重要理论假设之一，由美国心理学家亚伯拉罕·马斯洛提出，后经麦格雷戈等学者进一步发展。该假设基于马斯洛的"需求层次理论"，认为人性并非天生懒惰或仅追求物质利益，而是渴望发挥自身潜能、实现个人价值、完成与自身能力相匹配的工作，从而达到"成为自己想成为的人"的状态，即满足个体的最高层次需求——"自我实现需求"。因此，个体在工作中会主动寻求责任，并非被动逃避；个体具有自我指导、自我控制的能力，外部控制（如奖惩）并非激励的唯一方式；多数个体都有一定的想象力、创造力，能够为组织目标贡献智慧；在适当条件下，个体会主动将自己的目标与组织的目标相结合。这一假设区别于传统"经济人假设"对物质激励的单一依赖，更注重精神需求与内在动机的激发，为现代教育管理中"人本化管理""赋能型领导"等理念提供了理论基础。基于这一假设，在教育管理中，对教师而言，应赋予其专业自主权（如教学创新、课程设计的自由度），满足其职业成长需求，激发教育热情；对学生而言，需要为其营造支持自主学习、个性化发展的环境，鼓励其主动探索与潜能开发；对学校管理而言，应减少过度控制，通过目标引导、资源支持和人文关怀，促进组织成员的自我驱动与价值实现。

9. 学校行政督导检查［华东师范大学2023年研］

答：学校行政督导检查是教育管理学中涉及学校管理监督的重要概念，指学校行政部门或相关督导主体依据教育政策法规、学校规章制度及教育教学标准，对学校各项行政工作、教育教学活动、管理运行情况等进行的系统性监督、检查与指导活动。其核心目的在于通过规范的检查与督导，及时发现学校管理和教育教学中存在的问题，督促整改优化，确保学校各项工作符合教育目标和规范要求，保障教育教学质量，推动学校管理的科学化、规范化运行。

10. 学校目标管理的过程［黑龙江大学2023年研］

答：学校目标管理的过程是指学校根据教育方针和发展规划，制定明确、可衡量的目标，并通过计划、实施、监控和评估等环节，确保目标有效达成的一种管理方法。其过程主要包括以下步骤：①目标制定；②目标分解；③计划与实施；④过程监控与反馈；⑤考核与评价；⑥总结与改进。其特点包括：强调系统性、参与性、动态性和结果导向，旨在提升学校管理效能和教育质量。

11. 德育管理制度［华东师范大学2022年研］

答：德育管理制度是学校及教育管理部门为实现德育目标、规范德育活动、保障德育工作有序开展而制定的一系列规则、条例、流程等的总和，是学校管理制度的重要组成部分，旨在通过制度化方式将德育理念、目标转化为具体的实践规范。其核心内涵包括以下方面：①规范性：明确德育工作的具体要求，涵盖学生品德行为规范（如日常行为准则、礼仪规范）、德育活动组织规范（如主题班会、社会实践的流程要求）、德育人员职责规范（如班主任、德育教师的工作权责）等，为德育各环节提供行动依据；②导向性：以国家教育方针和德育目标为指导，体现一定社会的道德价值取向，例如通过制度引导学生践行社会主义核心价值观，培养诚信、责任、合作等品质；③系统性：通常形成多维度的制度体系，既包括针对学生的思想品德评定制度、奖惩制度，也包括德育课程实施制度、家校协同德育制度、德育督导评估制度等，覆盖德育实施的全流程；④保障性：通过明确权责分工、资源配置要求（如德育经费、场地保障）等，确保德育工作落到实处，避免德育活动流于形式。总的来说，德育管理制度的制定与实施，有助于将德育工作从"软性要求"转化为"刚性规范"，既为学生品德发展提供清晰指引，也为学校德育工作的标准化、科学化开展提供制度支撑。

12. 教育经费［云南大学2022年研］

答：教育经费是指用于支持教育事业发展的各类资金的总和，是保障教育活动开展、推动教育改革与发展的物质基础，广泛涉及教育领域的各项开支。其核心内涵与特征包括：①资金来源多元：涵盖多个渠道，既包括政府财政拨款（这是我国教育经费的主要来源，如国家财政性教育经费），也包括社会捐赠、学校事业收入（如学费、住宿费等，但必须按规定规范使用）、企业投资以及国际援助等；②用途覆盖广泛：可用于教育系统的多个方面，例如学校基础设施建设（如教学楼、实验室修建）、教学设备购置（如教材、仪器、多媒体设备）、教职工薪酬发放、学生资助（如奖学金、助学金、助学贷款补贴）、教育科研项目支持、教师培训等；③分配具有导向性：其分配通常与教育政策目标相契合，会向重点领域倾斜，比如义务教育阶段、农村地区教育、贫困地区教育、职业教育以及高等教育创新等，以促进教育公平与质量提升。简而言之，教育经费的投入规模、分配合理性与使用效率，直接关系到教育资源的配置均衡性、教育教学活动的正常开展以及教育事业的整体发展水平，是衡量一个国家或地区教育发展保障力度的重要指标。

13. 集团化办学［云南大学2022年研］

答：集团化办学是以行政指令为主兼顾学校共同意愿，将一所名校和若干所学校组成学校共同体（名校集团）的办学体制。实施名校集团化办学改变了公办学校单一的办学体制，打破了多年来办学经费来源主要靠政府财政拨款的格局，为解决"钱从哪里来"的难题找到了新的突破口。名校在集团化办学过程中，为了自身的发展，为了担负起历史和社会的责任，办学积极性得到了空前的调动，利用名校品牌的无形资源、先进的管理方式、优良的师资队伍以及必要的学校资金，投入办学，不断扩大优质的教育资源。办学形式灵活多样，并吸纳了一些社会资金来投资办学，缓解了政府办学的经费困难。

14. 教育预测［郑州大学2022年研；中山大学2015年研］

答：教育预测是指依据教育发展的历史数据、现实状况以及相关影响因素，运用科学的理论、方法和技术，对教育领域未来发展趋势、可能达到的水平或产生的结果进行推测与判断的活动。它是教育决策和规划的重要基础，旨在为教育管理、政策制定等提供前瞻性的参考依据。其核心特征与要素包括：①科学性：要以教育学、统计学、未来学等理论为指导，结合定量（如数据建模）与定性（如专家研判）方法，避免主观臆断；②系统性：要综合考虑人口变化、经济发展、科技进步、政策调整等多方面因素对教育的影响，而非孤立分析单一变量；③不确定性：由于未来环境存在变数，预测结果通常是概率性的，要根据实际情况动态调整。总之，教育预测的应用范围广泛，涵盖教育规模（如未来学龄人口数量）、教育结构（如各级各类学校比例）、教育质量（如师资水平提升趋势）、教育资源需求（如经费投入缺口）等多个维度，可为区域教育规划、学校布局调整、课程改革方向确定等提供关键支撑。

15. 统一领导原则［安徽师范大学2021年研］

答：统一领导原则是指对于力求达到同一目的的全部活动，只能有一个领导人和一项计划。统一领导原则要求领导活动在一定时期内必须有统一的意志、统一的目标、统一的行为规范。统一领导分为两个方面：一是组织体制应该坚持统一领导的原则；二是人员序列应该坚持统一领导的原则。实现统一领导要正确处理好两种关系：一是集权与分权的关系；二是原则性与灵活性的关系；三是分层领导原则；分层领导是指要在领导系统中建立合理的层次系列，掌握适当的领导幅度，正确处理层次之间的关系。分层由领导幅度决定，与领导职能相适应，应该促进领导工作的有效性。

16. 教师人事行政［华中科技大学2020年研］

答：教师人事行政是指教育行政部门通过一系列的规范、制度和措施对教师的选拔、任用、调配、培训、考核、工资、奖惩及福利待遇等事宜所实施的管理。教师人事行政是开发教师人才资源的重要手段。教育活动需要人、财、物等多种资源的投入，人是资源中最宝贵的资源，是一种取之不尽的资源，通过科学的管理和开发，调动开发人的潜能，进而创造出更大的价值。教育人事行政很好地识别和选择高质量的教育人才，很好地完成培养人才的重任，提高教育质量。教师人事行政可以对教师实施综合管理和优化配置，教师人事行政是提高教育质量的关键。

17. 教育决策［中国海洋大学2020年研］

答：教育决策是指在教育领域中，为实现特定的教育目标，根据对教育现状及发展规律的认识，运用科学的方法和手段，对教育实践中的重大问题或行动方案进行选择、确定并付诸实施的过程。它贯穿于教育管理的各个层面，小到学校某一教学活动的安排，大到国家教育发展战略的制定，都属于教育决策的范畴。其核心在于从多种可能的方案中选出最优或最适宜的方案，以指导教育实践朝着预期目标推进，具有目标性、选择性、实践性和动态性等特点。

18. 教师聘任制［杭州师范大学2019年研］

答：教师聘任制是在符合国家法律制度的情况下，聘任双方在平等自愿的前提下，由学校或者教育行政部门根据教育教学岗位设置聘请有教师资质或教学经验的人担任相应教师职务的一项教师任用制度。教师法明确规定，学校和其他教育机构应当逐步实行教师聘任制。其优点有：①教师聘任制的好处是可以提高教师的责任感，并淘汰不具备任教能力的庸才。②可以充分利用社会人力资源减少人力资源的浪费，第三打破传统教师任用制度，增进各地区教学经验的传播第四增加就业岗位。其缺点是，由于当前考核标准不健全，尤其在初中和高中，往往以升学率作为标准，加重了学生负担，对素质教育产生了一定的不利影响。

19. 教育管理过程[南京航空航天大学2018年研]

答：教育管理过程是为实现教育管理的预定目标，将系列的教育管理活动，按一定顺序结合起来所形成的动态管理的客观程序；是在教育行政部门和学校管理机关的领导下，充分利用人、财、物、时间、空间、信息等资源，充分发挥计划、组织、控制、激励等职能，使整个教育管理系统有效运转、达到预定目标的过程。

20. 学校发展战略[河北大学2018年研]

答：学校发展战略是指学校为了更好发展而对全局性问题制定的比较长远的发展计划，它是对未来整体性、长期性、基本性问题的思考和考量，也是设计未来整套行动方案的过程。学校发展战略规划的特点包括：①学校发展战略规划是对未来的深入思考。②发展战略立足竞争，塑造学校优势。③发展战略注重研究环境和适应环境。④发展战略具有主体性和创新性。学校发展战略规划的意义主要有：①提升学校发展的思想性；②提升学校发展的整体性；③提升学校发展的品位；④有利学生的发展；⑤有利学校品牌的形成和传播。

21. 领导方式[华中农业大学2018年研]

答：领导方式是指领导者在领导过程中所采用的行为模式与策略的总和，是领导者基于自身理念、能力及组织环境，对被领导者进行引导、激励、协调以实现组织目标的具体方式。它涵盖了领导者如何分配权力、如何与下属互动、如何做决策等关键维度，直接影响团队凝聚力、工作效率及组织目标的达成。常见的领导方式分类有多种，按权力集中程度可分为集权型领导(决策权高度集中于领导者)、分权型领导(权力适度下放，鼓励下属参与)和放任型领导(对下属干预较少，强调自主管理)；按领导行为侧重点可分为任务导向型领导(以完成工作任务为核心，关注效率与流程)和关系导向型领导(以维护人际关系为重点，关注下属需求与团队和谐)。需要注意的是，领导方式的选择要结合组织性质、下属特点、任务难度等情境因素，并无绝对最优模式，有效的领导往往是多种方式的灵活融合。

22. 领导特质理论[青岛大学2017年研]

答：领导特质理论是早期领导理论的重要分支，其核心观点是：领导者具有某些与生俱来或后天形成的独特个人特质，这些特质是区分领导者与非领导者的关键，也是领导成功的重要基础。该理论致力于探索“优秀领导者应具备哪些个人品质”，试图通过归纳特质要素，为领导选拔、培养提供判断标准。早期研究多聚焦于“先天特质”，如20世纪初的学者认为领导者需要具备身高、外貌、智力等生理或智力特征。随着研究深入，逐渐转向“后天可培养的特质”；现代研究普遍认为有效的领导者通常具备以下几类关键特质：①个性特质：如自信、责任心、进取心、情绪稳定性等；②能力特质：如沟通能力、决策能力、组织协调能力、创新能力等；③动机特质：如成就欲、权力观、服务他人的意愿等。不过，该理论存在一定局限性：它过度强调个人特质的作用，忽视了领导情境(如任务性质、下属特点、组织文化等）的影响，且未明确特质与领导效能之间的具体因果关系（即“具备特质是否必然导致领导成功”）。尽管如此，领导特质理论为后续领导理论（如权变理论、行为理论）的发展奠定了基础，且至今仍在领导选拔与培训中具有一定的参考价值——识别核心特质可帮助筛选潜在领导者，针对性培养特质则能提升领导能力。

23. 教师的任用［青岛大学2016年研］

答：教师的任用是指教育行政部门或学校按照一定的原则、制度和程序，选拔、聘用符合条件的人员担任教师职务，并对其进行管理的过程，是教师管理体系的核心环节之一。其任用原则是：通常以“任人唯贤、德才兼备”为基础，结合教育行业特点，强调教师的专业素养（如学历、教师资格、学科能力）、职业道德（如师德规范）等。不同国家和地区在具体的任用制度上存在差异，常见形式包括聘任制（通过合同明确双方权利义务，是当前主流趋势）、任命制（由上级部门直接任命）、考任制（通过考试选拔）等，我国目前以教师聘任制为主要任用形式，注重市场化选拔与专业化评估结合。一般来说，任用程序包括招聘（发布需求）、筛选（资格审查、考核面试）、录用（签订合同或任命）、任职后管理（如试用期考核、职称晋升程序）等环节，旨在确保教师队伍的专业性与适配性。总之，教师的任用直接关系到教育质量，科学的任用机制能够促进教师资源的合理配置，激发教师的工作积极性。

24. 领导权变理论［温州大学2016年研；杭州师范大学2012年研］

答：领导权变理论是20世纪60年代末至70年代初兴起的一种领导理论，其核心观点是：领导行为的有效性不取决于领导者个人的固定特质或单一的领导方式，而取决于领导者、被领导者与所处环境之间的动态适配关系。即“没有放之四海而皆准的领导方式”，有效的领导需要根据具体情境灵活调整策略。该理论的关键要素包括：①领导者特征，比如领导者的价值观、能力、经验、个性等；②被领导者特征，比如被领导者的成熟度、工作动机、能力素质、满意度等；③情境因素，比如组织的规模与结构、任务的复杂性与紧迫性、外部环境的稳定性、权力距离等。在领导权变理论下，具体又包括菲德勒的权变模型（通过“最难共事者量表”确定领导者风格，结合任务结构、职位权力等情境因素判断有效性）、赫塞和布兰查德的情境领导理论（聚焦被领导者成熟度，将领导方式分为命令型、说服型、参与型、授权型）等。领导权变理论打破了传统领导理论对“单一有效模式”的追求，为领导者提供了更具实践性的指导，强调根据具体条件动态优化领导策略。

25. 教育领导［中山大学2015年研］

答：教育领导是指由国家各级权力机关、政府或教育主管部门赋予教育管理权力的领导者，根据国家教育方针政策，为实现预定的教育目标，采用一定组织形式和方法，率领、指挥、引导、协调、控制被领导者完成预定教育任务的一种行为和活动。也是一个由领导者、被领导者、客观环境三个要素相互作用构成的群体活动过程。领导者是教育领导活动的主体，其根本特点是运用权力、影响力、指导力、激励等方式引导被领导者的行为，使其符合教育目标要求并能为目标的实现作出贡献。教育领导具有共同属性与特殊属性。其共同属性表现为统一的意志和一定的权力，在教育实践中，则表现为按照领导者的意志统一指挥教育活动。权力和服从是其共同属性的一般标志。其特殊属性则表现为由教育活动的特殊性质和任务所带来的教育领导的特殊要求。

26. 学校教育制度[中山大学 2014 年研]

答：学校教育制度是指以一个国家各级各类具有不同性质和任务的学校为主体而形成的体系，具体规定着学校的性质、任务、入学条件、修业年限及彼此之间的关系。它是教育制度的主体，简称学制。学制的建立为实施正规的学校教育提供了基本的制度保障。学校教育制度具体包括学前教育、初等教育、中等教育、高等教育等四个阶段，以及单轨型、双轨型和中间型三种类型。学校教育制度建立影响因素有：①国家政治制度；②社会经济和科技发展水平；③文化历史传统；④青少年儿童身心发展规律。

27. 校本培训[杭州师范大学 2012 年研]

答：校本培训是指在教育行政部门、教师培训机构的规划指导下，由中小学校长组织领导，教师任职学校自主开展，紧密结合学校工作实践，以提高学校教学质量和办学效益、促进教师专业发展和职业修养为目的的教师在职培训形式。校本培训的核心在于教师培训的自主化和个性化，培训的目的在于完全服务于本校的实际需要。

28. 校长负责制[首都师范大学 2011 年研]

答：校长负责制是指学校工作由校长统一领导和全面负责，党支部监督保证，教职工民主参与管理的学校内部的根本组织制度。校长是学校的法人代表和行政首长，在学校里拥有最高的决策权和指挥权，对政府主管部门承担学校管理全面责任。

29. 教育行政行为[杭州师范大学 2011 年研]

答：教育行政行为是指教育行政机关在行使行政职权、对教育事务进行组织和管理的过程中做出的具有法律意义的行为。教育行政行为的特点是：①教育行政行为由教育行政机关做出。②它是教育行政机关行使行政职权、履行其行政职责的行为。③它必须是具有法律意义的行为。

二、简答题

1. 信息公开主体与原则。[同济大学 2025 年研]

答：在教育管理领域中，信息公开是保障公众知情权、提高管理透明度的重要机制。其主体与原则具有明确的规范性与教育行业特性，具体如下：

(1) 信息公开主体

信息公开主体主要指负有公开义务的教育管理与服务机构，主要包括以下三类：

①教育行政部门

包括教育部及地方各级教育厅、教育局等，负责公开教育政策、规划、预算、招生考试制度、督导结果及重大决策等信息。

②各级各类学校

包括大中小学、职业院校等，应主动公开招生政策、课程设置、师资状况、财务收支、学生奖助评定、管理制度及学术成果等信息。

③其他教育相关机构

像教育评估机构、教育考试院、校外培训机构等这类机构，应当主动公开其业务资质、服务项目、收费标准以及评价结果等相关信息。

(2)信息公开原则

结合教育领域的公益性与育人属性，信息公开要遵循以下原则：

①合法性原则

一方面，公开依据要严格契合《中华人民共和国教育法》(本书简称《教育法》)、《高等学校信息公开办法》等教育领域法律法规，明确“法定公开事项”，例如，学校财务预算中的财政拨款使用情况属必须公开内容，而学生个人隐私(如医疗记录)则属法定不公开范畴；另一方面，公开流程要符合规范，例如，招生政策必须经教育行政部门备案后再对外发布，确保每一步操作有法可依。

②真实性与准确性原则

公开信息要杜绝模糊表述或虚假内容。学校公布的师资信息中，教师的学历、职称必须与实际档案一致；教学质量报告中的就业率、升学率等数据必须经统计核查，避免“注水”；教育行政部门发布的政策解读必须精准对应政策原文，防止因信息偏差误导公众。

③及时性与动态性原则

针对教育活动的时效性特点，公开信息要快速及时，比如招生信息要在报名开始前至少30日公布，确保考生有充足时间了解；学校收费标准调整要在新学年开始前公示；同时，教育政策修订后，相关解读也需要在政策发布后7个工作日内跟进；此外，对于动态变化的信息，例如，教师岗位招聘进展、学生资助名单等应该定期更新，保持信息的新鲜度。

④便民性与可及性原则

信息公开方式要兼顾不同群体的获取能力，除通过学校官网、教育行政部门政务平台公开外，还应该在校园公告栏、社区服务中心等线下场所同步公示，方便不熟悉网络的家长或老年群体获取；对视力障碍等特殊群体，还尽可能提供信息的语音播报或盲文版本；此外，信息公开的语言表述应该简洁通俗，避免过多专业术语，例如，对“综合素质评价体系”的解释最好是转化为家长容易理解的表述。

⑤教育公益性优先原则

当信息公开涉及多元利益时，应该以保障教育公共利益为核心，例如，学校在公开科研成果时，若涉及技术保密与教育教学需求的冲突，可优先满足校内教学科研的合理使用；校外培训机构公开信息时，不得为吸引生源夸大培训效果，必须以“如实引导理性选择”为导向，维护教育消费市场的公益属性。

2. 简述教育管理三要素。[同济大学2025年研]

答：教育管理作为一项系统性活动，其核心构成可概括为管理者、管理对象和管理手段三大要素，三者相互作用、协同推进教育管理目标的实现。

(1)管理者

管理者是教育管理活动的主体，是教育管理的核心力量。他们具备专业的管理知识和技能，能够对教育活动进行有效地规划、组织、协调和控制。在教育管理中，管理者的主要职责包括：

①制定目标和计划：管理者需要根据教育政策、社会需求和学校实际情况，制定明确的教育目标和具体的实施计划。这些目标和计划为教育活动提供了方向和依据，确保教育

活动有序进行。

②组织资源和人员：管理者负责合理配置教育资源，包括人力、物力、财力等。他们需要根据教育目标和计划，组织教师、学生、行政人员等各类人员，明确各自的职责和任务，形成有效的教育团队。

③协调关系和活动：教育管理涉及多个部门和人员，管理者需要协调各方关系，确保教育活动的顺利开展。他们要处理好教师与学生、教师与教师、学校与家庭、学校与社会等之间的关系，营造良好的教育环境。

④监督和评价：管理者要对教育活动进行监督和评价，及时发现问题并采取措施加以解决。通过监督和评价，管理者可以了解教育活动的进展情况，评估教育目标的实现程度，为改进管理工作提供依据。

(2)管理对象

管理对象是教育管理活动的客体，主要包括教师、学生和教育活动等。这些对象是教育管理工作的直接参与者和受教育者，其特点和需求对教育管理的效果有着重要影响。

①教师：教师是教育活动的主要实施者，他们的专业素养、教学能力和工作态度直接影响教育质量。管理者需要关注教师的成长和发展，为教师提供培训和进修机会，激励教师不断提高教育教学水平。同时，管理者要合理安排教师的工作任务，充分发挥教师的特长和优势。

②学生：学生是教育活动的中心，教育管理的最终目的是促进学生的全面发展。管理者要了解学生的特点和需求，制定适合学生发展的教育目标和计划。在管理过程中，要关注学生的身心健康，营造良好的学习环境和氛围，引导学生积极参与教育活动，培养学生的自主学习能力和创新精神。

③教育活动：教育活动是教育管理的主要内容，包括教学活动、德育活动、课外活动等。管理者要对教育活动进行精心组织和安排，确保教育活动的科学性、系统性和有效性。通过合理的课程设置、教学方法选择和活动组织，提高教育活动的质量和效果，实现教育目标。

(3)管理手段

管理手段是实现教育管理目标的工具和方法，是连接管理者和管理对象的桥梁。有效的管理手段能够提高管理效率，确保教育管理目标的实现。常见的管理手段包括：

①制度手段：制度是教育管理的基础，通过制定和完善各种规章制度，规范教育活动的开展和人员的行为。例如，学校的教学管理制度、学生管理制度、教师考核制度等，为教育管理提供了明确的规范和依据。制度手段能够确保教育活动的有序进行，维护教育秩序。

②激励手段：激励是激发人员积极性和创造力的重要手段。管理者可以通过物质激励和精神激励相结合的方式，调动教师和学生的工作和学习积极性。例如，设立教学优秀奖、学生奖学金等物质奖励，以及表彰先进、树立榜样等精神激励方式，激发教师和学生的内在动力，提高教育质量。

③监督手段：监督是确保教育活动按照预定目标进行的重要保障。通过建立有效的监督机制，对教育活动进行全程监控，及时发现和纠正问题。例如，学校的教学督导制度、

学生行为监督制度等，能够确保教育活动的规范性和有效性，保障教育目标的实现。

④信息手段：信息是教育管理的重要资源，通过收集、整理和分析教育信息，为管理决策提供依据。例如，利用教育信息化平台，收集学生的学习成绩、教师的教学评价等信息，进行数据分析和评估，为管理者提供科学的决策支持。信息手段能够提高管理的科学性和精准性，提升教育管理的效果。

教育管理的三要素相互联系、相互作用，共同构成了一个完整的教育管理系统。管理者是管理活动的主体，通过运用各种管理手段对管理对象进行管理；管理对象是教育管理的客体，是教育管理活动的直接参与者和受教育者；管理手段是实现教育管理目标的工具和方法，是连接管理者和管理对象的桥梁。三者之间相互依存、相互促进，缺一不可。只有三者协调配合，才能实现教育管理的目标，提高教育质量和效率。

3．从管理者行为的角度，简述管理万能论。［华南师范大学 2025 年研］

答：管理万能论是管理学中关于管理者作用的一种经典观点，该理论认为管理者对组织的绩效与成败具有决定性作用，组织的发展方向、运营效率及最终成果主要由管理者的行为所主导。

从管理者行为来看，管理万能论的核心主张体现在以下方面：

(1)决策制定主导组织方向

管理者的决策行为被视为组织发展的“导航仪”。无论是组织的战略规划，如企业的市场定位、学校的办学目标等，还是具体的运营方案，如生产计划调整、教学模式改革等，管理者的选择直接决定了组织资源的分配方式和行动路径。若决策科学合理，组织能抓住机遇；若决策失误，组织则可能陷入困境。这一观点将决策效果的优劣完全归因于管理者的判断与能力。

(2)领导与协调掌控组织运行

管理者的领导行为被认为是凝聚组织力量的关键。通过设定目标、激励下属、协调部门关系等行为，管理者可直接影响员工的工作态度和团队的协作效率，如管理者采用有效的沟通方式化解部门冲突、通过合理的激励机制调动员工积极性等，被视作推动组织高效运行的核心因素；反之，若组织中出现的效率低下、团队涣散等问题，也被归因为管理者领导或协调行为的不足。

(3)危机应对决定组织存续

在面对内外部危机时，管理者的应对行为被认为是组织能否渡过难关的关键。管理者的危机判断、应急决策及执行指挥能力被视作决定组织能否稳定局面、减少损失甚至转危为机的核心变量，也就是说，该理论认为只要管理者采取正确的应对策略，就能有效化解危机。

总而言之，管理万能论强调管理者行为对组织的绝对影响力，忽视了外部环境(如市场变化、政策调整)、内部因素(如组织自身资源禀赋等)的作用，具有一定的局限性；但该理论也在某种意义上凸显了管理者在组织管理中的重要性，为管理者提升自身能力提供了逻辑导向。

4. 教育科学管理模式的特点。［上海师范大学2025年研］

答：教育科学管理模式是指在教育管理中运用现代科学理论（如系统论、控制论、管理学等）与技术方法（如实证法、统计法、调研法等），遵循教育规律与管理规律，实现规范化、高效化管理的运作模式。其特点主要体现在以下五方面：

（1）以科学理论为底层支撑

该模式拒绝经验化管理，强调以多学科科学理论为指导，比如，以教育学理论把握教育教学的本质规律（如依据学生身心发展阶段设计管理目标），以系统论视角将教育系统视为有机整体（如协调教学、后勤、德育等子系统的联动），以管理科学理论优化组织架构（如通过扁平化管理提升信息传递效率）。理论与实践的结合，避免了管理的盲目性与随意性。

（2）决策过程注重实证与理性

该模式摒弃"凭经验拍板"的传统方式，强调决策建立在数据支撑与科学论证之上，或者通过实地调研、问卷统计、案例分析等方式收集教育教学数据（如学生成绩波动、教师工作量分布），或者运用SWOT分析、成本效益评估等工具对备选方案进行量化分析，必要时引入专家论证或试点验证确保决策既符合教育目标，又具备现实可行性。

（3）管理流程的规范化与精细化

强调通过制度与流程实现"有章可循、有据可查"。一方面，建立标准化管理制度（如教师备课规范、学生学籍管理细则、教学设备采购流程等），明确各环节的权责边界；另一方面，追求管理的精细化，将宏观目标拆解为具体任务（如将"提升教学质量"细化为"每周集体备课次数""每学期学情分析频率"等可操作指标），并通过流程优化减少冗余环节（如利用信息化系统简化报表审批流程）。

（4）评估体系的多元性与发展性

突破单一"结果导向"的评估模式，构建多维、动态的评价体系。其一，评估主体兼顾管理者、教师、学生、家长及社会机构（如引入第三方机构评估学校办学质量）；其二，评估内容涵盖过程与结果（如不仅关注学生成绩，也关注学习习惯、创新能力的培养过程）；其三，评估方法结合定量与定性（如用考试分数衡量知识掌握，用课堂观察记录教学互动质量）；其四，更注重评估结果的反馈与应用，通过分析评估数据找出管理短板（如某学科成绩偏低则针对性调整教研计划），而非仅作为奖惩依据。

（5）融合现代技术的智能化赋能

借助信息技术提升管理的精准度与效率。其一，利用校园管理系统实现数据实时共享（如教师课表、学生出勤情况在线更新）；其二，通过大数据分析预测教育趋势（如根据学生选课数据调整课程设置）；其三，依托智能化工具优化管理服务（如线上请假系统、家校沟通平台），既减少人工操作误差，又能快速响应教育管理中的动态需求（如突发疫情时通过线上系统切换教学模式）。

综上所述，教育科学管理模式的核心是"以科学求规范、以规范促高效、以高效育质量"，其通过理论、方法、技术的融合，推动教育管理从"经验驱动"向"科学驱动"转型，最终服务于教育目标的实现与教育质量的提升。

5. 德鲁克有效管理者理论。［首都师范大学2025年研］

答：彼得·德鲁克在《卓有成效的管理者》中系统提出"有效管理者理论"，该理论打破"管理者需具备特殊天赋"的认知，强调"有效性是可以通过学习掌握的技能"，核心在于帮助管理者突破时间、精力与资源的限制，以有限行动创造最大组织价值。其核心内容可从"管理者为何需要有效"及"如何实现有效"两方面展开，具体要点如下：

(1)明确有效的必要性——有效管理者的核心前提

德鲁克指出，现代组织中"管理者的有效性并非可选，而是必选"。原因有三：①管理者的"时间碎片化"困境：管理者常被会议、汇报、突发事务占据时间，若不主动管理时间，便会沦为"事务的奴隶"，难以聚焦核心目标；②管理者的"贡献盲区"：多数管理者易陷入"忙忙碌碌却无成果"的状态，将"做了什么"等同于"做成了什么"，而有效性要求以"贡献"为标尺，即管理者的工作是否对组织目标(如学校的育人质量、企业的市场价值)产生实质推动；③管理者的"决策关键作用"：管理者的决策直接影响资源分配与组织方向，低效决策会导致资源浪费，甚至让组织偏离轨道，因此"有效决策"是管理者的核心责任。

(2)明确有效的具体路径——有效管理者的实践方法

德鲁克提出的"有效性管理理论"强调，管理者的有效性并非依赖于天赋或个性，而是必须通过系统化的实践来实现。该理论为管理者提供了明确可行的实践路径，具体包括以下五大关键行动：

①管理时间：从"被动应对"转向"主动掌控"

时间是管理者最稀缺且不可替代的资源，因此有效管理时间是实现有效性的基础。其实践方法包括：

a. 记录时间

通过详细的时间日志客观记录时间使用情况，例如准确记录会议、邮件处理等各项活动所占时长，打破"感觉忙碌却无成效"的认知偏差。

b. 分析并管理时间

识别并删除对组织贡献甚微的活动(如无效应酬、冗余流程审批)，并通过明确授权与分工，减少因他人依赖而导致的时间占用。

c. 集中可支配时间

将整块时间优先分配给关键任务，如战略规划、核心团队建设等，避免时间碎片化造成效率损失。

②聚焦贡献：从"完成任务"上升到"创造价值"

有效的管理者关注自身及团队能为组织带来的整体价值，而非仅仅完成岗位职责或上级指令。具体需做到：

a. 结果导向

以输出成果为衡量标准，例如教育管理者不应止步于"完成课程设计"，而应关注"教学效果是否提升"。

b. 对齐组织目标

将个人和部门的工作与组织战略紧密结合，如部门绩效应支持企业整体市场扩张的目标，而非孤立追求本地化指标。

c. 强化横向协作

主动思考并满足协作部门的需求，例如教务部门不仅按制度排课，还应考虑教学部门的实际运行效率。

③发挥长处：以优势为中心整合资源

有效的管理者应善于发挥自己、下属及上司的长处，而不是致力于弥补短板。其实践方法包括：

a. 识别并运用自身优势

将个人能力集中于擅长领域，如战略型管理者应聚焦于方向规划而非陷入日常事务。

b. 用人所长

根据下属的能力和兴趣分配任务，例如安排善于沟通者负责对外协调，让研究能力强的人员主导研发类工作。

c. 适配上级发挥其长处

理解上级的工作风格与优势，主动提供信息与支持以帮助其有效决策，从而提升整体团队效能。

④优先排序：聚焦关键，拒绝分散投入

管理者需识别真正重要的事务，并遵循以下原则做好任务取舍：

a. 面向未来决策

资源应投向代表发展机会的领域，如开发创新课程而非仅优化旧有教学流程。

b. 抓住机会而非解决问题

优先投入能创造显著价值的方向，例如拓展新兴市场，而不是反复修补存在固有缺陷的业务。

c. 集中力量攻坚

在同一时期内聚焦少数核心目标，如年度重点仅设定1～2项关键任务，避免因目标过多导致资源分散和成效低下。

⑤有效决策：建立系统化的决策机制

有效的决策不是依靠直觉，而是依靠合理的流程与严谨的逻辑。其具体步骤包括：

a. 辨别问题性质

区分常规性问题（通过规则或流程解决）与例外性问题（需要专门决策），避免误用决策资源。

b. 明确决策的边界条件

界定决策必须满足的关键约束，如新政策需同时保障教学质量与教师积极性。

c. 鼓励反对意见

主动寻求不同观点以检验决策盲区，并借此拓展备选方案，防止群体思维或决策偏见。

d. 确保执行落地

决策后必须明确行动主体、时间节点与效果评估方式，例如指定责任人、设定试点阶段并建立反馈机制，防止决策悬空。

综上所述，德鲁克的有效管理者理论并非某种工具手册，而是重构了管理者的核心认知，具体来说，它打破“管理者＝权力拥有者”的误区，强调“管理者的权威源于成果，而非职位”；它证明“有效性是可习得的”，无论天赋如何，管理者都可通过上述五大实践逐步提升；它适用于“所有需要对他人工作负责的人”（包括学校的教研组长、企业的部门主管等），因此成为跨越组织类型的“通用管理指南”。简而言之，该理论的核心是“以‘有效性’为核心，通过主动管理时间、聚焦贡献、激活长处、精准排序与科学决策，让管理者以有限资源创造最大价值”，至今仍是管理者提升自我效能的核心理论依据。

6. 教育经费筹措的途径有哪些？［湖北大学2024年研］

答：教育经费的筹措途径是教育事业发展的物质保障，受国家经济体制、教育政策及社会资源分布等因素影响，我国形成了多元化的筹措体系，主要途径包括以下几个方面：

（1）政府财政拨款

政府财政投入是教育经费的主渠道，体现国家对教育的主导责任，具体包括：

①预算内教育拨款

是指纳入国家财政预算编制的教育经费，由中央和地方各级政府根据教育发展规划、在校生规模等因素统筹安排，直接拨付至各级各类学校，用于校舍建设、师资薪酬、教学设备购置等基本办学支出，是保障教育事业稳定运行的基础。

②教育费附加与地方教育附加

按国家规定，以纳税人实际缴纳的增值税、消费税税额为计征依据，分别征收教育费附加（征收率3%）和地方教育附加（征收率2%），专项用于义务教育发展、改善办学条件等，是地方政府补充教育经费的重要来源。

③专项转移支付资金

中央政府为均衡区域教育发展、支持重点教育项目（如义务教育均衡发展、“双一流”建设、乡村教师支持计划等），向地方政府下达的专项教育资金，必须专款专用，针对性解决特定教育领域的资金需求。

（2）社会力量投入

社会力量参与教育经费筹措，它是一条重要补充途径，体现教育的社会共同责任，主要形式包括：

①民办教育投入

民办学校举办者通过自有资金、社会捐赠、学费收入再投入等方式，承担学校的办学成本；同时，部分民办学校可通过银行贷款、社会融资等渠道补充资金，用于学校扩建、教学质量提升等，是多元化办学体制下的重要经费来源。

②社会捐赠

企业、社会组织或个人通过设立教育基金会、直接捐赠资金或物资等方式支持教育事业，如高校的校友捐赠、企业对贫困地区学校的援建、公益组织的教育助学项目等，捐赠资金通常用于奖学金、科研项目、校园基础设施改善等。

③校企合作与科研转化

高校或职业院校通过与企业合作开展科研项目、技术服务、人才培训等，获得企业资金支持；同时，学校的科研成果通过技术转让、专利授权等实现转化，产生的收益可补充教育经费，尤其对高等教育和职业教育的经费筹措具有重要意义。

（3）学校自身筹措

学校在政策允许范围内通过合法合规方式自主筹措经费，以弥补办学资金缺口，主要包括：

①学费与杂费收入

按照国家规定的收费标准，学校向学生收取学费和住宿费等杂费，主要是非义务教育阶段，如高中、高校等，费用标准必须经政府主管部门审批，收入要按规定用于教学服务、学生管理、后勤保障等与办学直接相关的支出，是学校日常运转的辅助资金来源。

②勤工俭学与校办产业收入

中小学通过组织学生勤工俭学获得少量经费，如校园劳动实践、特色手工制作销售等；高校或职业院校通过校办企业（如出版社、实训基地、技术服务公司等）的经营收益补充教育经费，部分收益可用于改善教学条件或设立学生奖学金。

③服务性收费与经营收入

学校在政策允许范围内，为学生或社会提供有偿服务获得的收入，如课后托管服务、校园场地租赁、培训课程等，但要严格规范管理，专款专用，作为办学经费的补充。

(4)金融与政策支持：新型保障途径

随着教育改革推进，金融工具和政策引导成为经费筹措的补充方式：

①教育信贷与融资

符合条件的学校（尤其是民办学校或高校）可通过银行贷款、发行教育债券等方式获得资金，用于大型基建项目或设备更新；部分地区还试点“教育融资租赁”，通过租赁教学设备减轻一次性资金压力。

②政府购买服务

政府通过向学校或社会组织购买教育服务（如普惠性学前教育服务、特殊教育服务、职业技能培训等），将财政资金转化为服务经费，既提高资金使用效率，也拓宽教育服务的经费来源。

总的来说，我国教育经费筹措以“政府为主、多元补充”为原则，通过政府财政拨款筑牢基础，社会力量、学校自身及金融政策等多途径协同，共同保障教育事业的持续发展。这一体系既体现了国家对教育的优先投入责任，也发挥了社会各界的参与作用，为教育公平与质量提升提供了物质支撑。

7. 教育管理的内容。[湖北大学2024年研]

答：教育管理是指围绕教育目标而进行的组织、协调、控制和优化的系统性活动，其内容广泛且具有多层次、多维度特点，可从管理范围与核心要素两大维度进行梳理：

(1)按管理范围划分：宏观、中观与微观教育管理

①宏观教育管理：国家与区域层面的教育治理

由国家及省、市教育行政部门主导，侧重教育事业的整体规划与制度设计，主要内容包括：

a. 教育政策与法规体系建设：制定国家教育方针、法律法规[如《教育法》《中华人民共和国义务教育法》（本书简称《义务教育法》）]与重大政策（如“双减”政策、高考改革方案），确立教育发展的制度框架与发展方向。

b. 教育规划与资源统筹：编制中长期教育发展规划（如“十四五”教育发展规划），优

化教育结构与区域布局，推进教育公平与资源均衡配置（如薄弱学校改造、农村义务教育学生营养改善计划）。

c. 教育督导与质量监管：建立健全督导评估机制，对地方政府履行教育职责、学校办学行为、教育质量状况进行监督、检查与指导。

②中观教育管理：学校与教育机构层面的组织运营

以学校、教育集团等为单位，聚焦组织内部治理与资源整合，核心内容包括：

a. 组织结构与制度设计：完善内部治理结构（如党组织领导的校长负责制），制定人事、财务、教学、学生管理等规章制度，明确权责关系与运行机制。

b. 人力资源管理：包括教职工的聘任、培训、绩效考核、职称评审与激励保障，强化师德师风与专业能力建设。

c. 财物与资源管理：规范预算编制、经费使用与资产配置，维护校园设施，优化教学与后勤保障体系。

③微观教育管理：课程与教学层面的实施与优化

聚焦教育教学过程的组织管理与质量提升，主要内容包括：

a. 教学管理：涵盖课程开发与实施、课堂教学组织、教学评价与反馈、教研活动开展等。

b. 学生发展指导：包括德育工作、学籍管理、综合素质评价、心理健康教育、课外活动组织及特殊需求学生支持。

(2)按核心管理要素划分：关键职能领域

除上述按范围划分的内容外，教育管理还包括以下关键职能：

①信息管理

建设与维护教育管理信息系统，支持数据收集、分析和决策；如智慧校园系统的建设等。

②安全管理

涵盖校园安全防控、师生身心健康保障、校园欺凌防治、突发事件应急处置等。

③关系与协同管理

推动家校沟通、校社合作与国际交流，整合内外部教育资源，拓展教育资源与空间。

综上所述，教育管理的内容覆盖宏观政策调控、中观组织运营和微观教学实施，同时涉及信息、安全与资源等多重要素管理。其根本目标在于通过系统化、科学化的管理活动，保障教育体系有效运行，促进教育质量持续提升，最终实现立德树人的教育使命。

8. 简述教育行政行为的表现形式。［华东师范大学2024年研］

答：教育行政行为是教育行政主体在履行教育管理职能过程中，依法实施的具有法律意义的行为，其表现形式多样，可按行为性质与功能分为以下几类：

(1)教育行政规范行为：制定规则与标准

这类行为以"设定普遍规范"为核心，为教育领域提供行为准则，主要包括：

①教育行政立法

有权机关依法制定教育行政法规、规章等，如国务院制定《教师资格条例》，教育部出台《中小学教育惩戒规则（试行）》，明确教育领域各方的权利义务与行为边界。

②教育行政规范性文件制定

教育行政部门针对具体教育问题发布的决定、通知、意见等，虽非立法但具执行效力，如教育部关于"双减"政策的实施通知、义务教育课程方案的修订意见等，用于细化政策落地要求。

(2)教育行政处理行为：直接管理与处置

这是教育行政主体针对特定对象做出的具体管理行为，涵盖多方面实务：

①教育行政许可

对符合条件的相对人赋予特定资格或权力，如教师资格认定、民办学校办学许可证核发、教育培训机构审批等，必须严格按法定条件与流程办理，是规范教育市场准入的关键手段。

②教育行政确认

对教育领域的事实或资格予以认可，如学生学籍认定、学历学位认证、教师职称评定结果确认等，为相对人提供权益证明。

③教育行政奖励

对为教育事业贡献突出的主体给予表彰，包括对优秀教师的"特级教师"称号授予、对学生的国家奖学金评定、对学校的教育教学成果奖表彰等，以激励积极行为。

④教育行政资助

为保障教育公平，对特殊群体提供物质支持，如义务教育阶段"两免一补"(免学费、杂费，补生活费)、高校国家助学金、贫困地区教育专项拨款等，直接助力教育资源均衡分配。

(3)教育行政指导行为：柔性引导与建议

通过非强制性方式引导相对人行动，兼具灵活性与服务性：

①政策指导

教育行政部门对学校办学、教学改革等提供方向性建议，如对中小学开展"家校社协同育人"的工作指导意见、对高校"新工科"建设的发展指引等，不直接约束但具参考价值。

②专业指导

依托教育专家团队提供业务支持，如针对农村学校的教研指导、对薄弱学校的教学管理帮扶、发布课程实施指导手册等，帮助提升教育实践水平。

③信息引导

公开教育信息以辅助决策，如发布教育质量监测报告、招生政策解读、就业市场需求分析等，为学校、学生及家长提供参考。

(4)教育行政监督行为：规范秩序与问责

对教育活动的合规性进行督查与纠正，包括：

①教育行政检查

对学校办学条件、政策落实等进行核查，如义务教育均衡发展督导检查、学校安全工作检查、教师师德师风专项检查等，确保办学符合规范。

②教育行政处罚

对违反教育法规的行为予以惩戒，如对违规招生的学校责令整改、对无证办学的机构予以取缔、对体罚学生的教师给予行政处分等，维护教育秩序。

③教育行政复议

受理相对人对教育行政行为的异议并作出裁决，如教师对职称评定结果不服的复议、学校对行政处罚的复议等，为相对人提供权益救济渠道。

综上所述，教育行政行为的表现形式既包含刚性的规范与处置，也涵盖柔性的指导与服务，共同构成了教育行政管理的完整体系，其核心是通过合法、合理的行为，保障教育事业有序发展，实现立德树人的根本目标。

9. 学校为何要进行教学质量管理？如何进行教学质量管理？［湖南大学 2024 年研］

答：学校进行教学质量管理，既是实现教育根本任务的必然要求，也是提升学校核心竞争力、回应社会人才需求的关键举措。其具体实施应构建系统化、闭环式的管理体系，覆盖教学全过程和各相关主体。

（1）教学质量管理的重要性

①保障育人目标实现

教育以立德树人为根本使命，教学质量直接影响人才培养的成效。科学的质量管理能够确保教学内容、方法与教育目标保持一致，促进学生知识、能力与素养的全面发展。

②提升学校办学声誉与竞争力

高质量教学是学校生存和发展的基石。良好的教学质量可提高学生与社会满意度，吸引优质生源，争取更多政策与资源支持，形成良性发展循环。

③适应社会与时代发展需求

随着产业升级与技术变革，社会对人才的要求不断提高。教学质量管理有助于推动课程内容与培养模式持续更新，增强人才的社会适应性与竞争力。

④促进教育公平与可持续发展

通过建立规范的教学标准与评价体系，可减少因资源、师资等差异导致的质量不均衡，保障每一位学生接受优质教育；同时推动教学体系有序迭代，实现高质量、可持续发展。

（2）教学质量管理的实施路径

教学质量管理应从事前规范、事中监控、事后评价到持续改进，形成闭环系统，重点包括以下环节：

①建立教学标准与组织保障

制定统一的课程建设、教学实施与成绩评定规范，明确教学基线要求；设立校院两级教学管理与督导组织，形成分工明确、权责清晰的质量保障架构。

②加强全过程质量监控

课前重点审核教学大纲、教案及教学资源；课中通过听课、巡查、学生反馈等方式跟踪课堂与实践教学效果；课后严格考核评价与成绩评定，开展课程目标达成情况分析，实现结果反馈。

③构建多元评价机制

整合学生评教、同行评议、督导评价和社会反馈（如用人单位及毕业生评价），综合运用量化与质性方法，全面客观评估教学质量。

④形成反馈与改进闭环

建立有效的反馈机制，将评价结果及时传达至教师与教学单位，明确改进要求并跟踪整改成效；推动教学改革与研究，实现教学质量持续提升。

⑤强化师资与资源支持

开展系统化教师培训与教学发展活动，健全教学激励与约束机制；持续改善教学设施与资源条件，为高质量教学提供基础保障。

综上所述，教学质量管理是一项系统工程，既要通过标准制定与监控机制守住质量底线，也需借助多元评价与持续改进提升教学水平，从而实现育人目标并推动学校内涵发展。

10．学校科学管理模式特征。［华东师范大学2023年研］

答：学校科学管理模式是基于科学管理理论，结合学校教育教学规律形成的管理方式，其核心是通过规范化、标准化、理性化的手段提升管理效能，保障教育质量。其主要特征如下：

(1)管理依据的科学性

强调以教育规律、管理科学理论及数据为决策基础，而非依赖经验或主观判断。比如，通过分析教学质量数据(如学生成绩分布、课堂参与度统计)制定教学改进方案，或依据教育心理学研究成果优化课程设置。

(2)流程的规范化与标准化

建立系统的规章制度和操作流程，明确各环节的职责与标准。比如，制定统一的教学计划模板、教师备课规范、课堂教学评价指标；在行政事务中，规范招生流程、学籍管理步骤、财务报销审批程序等，减少管理的随意性。

(3)分工明确与权责对应

基于学校组织架构进行合理分工，使各部门、各岗位的职责清晰、权责统一。比如，教务处专司教学计划制定、课程管理与教学质量监控，德育处负责学生思想教育与行为规范，总务处承担后勤保障，同时明确岗位负责人的决策权限与责任边界，避免职责交叉或推诿。

(4)注重效率与效果的统一

以提升管理效率和教育效果为目标，通过优化资源配置、简化冗余流程实现高效运作。比如，利用信息化系统(如教务管理平台、学生管理系统)减少人工操作，节省时间成本；同时关注管理措施对教育质量的实际影响，如通过督导检查确保教学规范落地，而非仅追求流程完成速度。

(5)理性化的决策与监控

决策过程强调客观分析与论证，避免个人主观臆断；同时建立完善的监控反馈机制，对管理过程进行动态调整。比如，学校重大决策(如课程改革、师资招聘计划)要经专家论证、教职工代表讨论等环节；通过定期的教学检查、学生满意度调查、部门工作评估等，及时发现问题并修正管理策略。

(6)以目标为导向的管理

围绕学校整体发展目标(如人才培养目标、办学定位)分解任务，将目标落实到各部门及具体工作中。比如，若学校以“培养创新型人才”为目标，则会在课程设置中增加实践课程比例、在教学管理中鼓励探究式教学，并以学生创新成果、实践能力提升等指标衡量目标达成度。

11. 教育督导的基本职能。［黑龙江大学2023年研］

答：教育督导的职能，是指教育督导机构及人员依据国家教育方针、政策和法规，在履行督导职责过程中所具备的核心作用与功能，是教育督导制度价值的集中体现。其基本职能可分为以下四个相互关联的方面：

(1)监督职能

这是教育督导最根本、最基础的职能，指各级人民政府授权的教育督导机构及人员，以国家教育法律法规、方针政策和质量标准为依据，对下级政府履行教育职责情况、教育行政部门履职效能及学校教育教学行为进行监督、检查与督促。其核心是确保教育政策落地、法定教育职责履行到位、教育活动规范开展，例如督查义务教育阶段"双减"政策执行、控辍保学落实、教育经费保障等情况，是维护教育事业有序发展的"监督屏障"。

(2)评价职能

评价职能是在监督基础上对教育工作质量与水平的综合评判，指督导机构及人员运用科学的评估指标体系和方法，对下级政府教育工作成效、教育行政部门管理效能、学校办学质量(如育人质量、师资水平、校园管理等)进行客观、公正的考核与评价。通过梳理成效、诊断问题(如校际差距、特色发展不足等)，形成系统性评价结论，为后续指导和决策提供依据，发挥"以评促改、以评促建"的导向作用。

(3)指导职能

指导职能是监督与评价的延伸和深化，指督导机构及人员结合监督发现的问题和评价结论，针对下级政府、教育行政部门及学校的工作短板，在工作方向、实施路径、方法策略等方面提供具体、可操作的指导建议。例如针对薄弱学校教学质量不高的问题，指导其优化课程设置、改进教学方法；针对地方教育资源分配不均的问题，指导制定均衡发展方案，帮助被督导对象明确改进方向、提升工作实效。

(4)反馈职能

反馈职能是连接督导实践与教育决策的关键纽带，指督导机构及人员将监督、评价、指导过程中收集的真实信息(如政策执行难点、基层工作诉求、教育发展短板等)，及时、准确地向上级政府及教育行政部门反馈，并提出针对性的决策建议。其核心是为教育决策提供一手依据，帮助决策者动态调整政策、优化资源配置(如针对督导反馈的乡村教师短缺问题，制订定向培养计划)，形成"决策——执行——督导——反馈——调整"的闭环管理，提升教育决策的科学性与精准性。

总的来说，以上四项职能相互支撑：监督是评价的前提，评价是指导的基础，指导是解决问题的关键，反馈是优化决策的保障，共同构成教育督导推动教育质量提升、促进教育公平的完整功能体系。

12. 简述我国基础教育的管理体制。［扬州大学2022年研］

答：我国基础教育管理体制以"政府主导、分级负责、省级统筹、市县为主"为核心框架，旨在明确各级政府权责，保障基础教育有序发展，其主要内容与特征如下：

(1)分级管理与权责划分

①中央层面：负责制定国家基础教育的宏观政策、法律法规(如《义务教育法》)、课程标准(如国家课程方案)，并对全国基础教育发展进行统筹规划与监督指导，同时通过转移支付等方式支持中西部及薄弱地区教育。

②省级层面：承担统筹职责，制定本省基础教育发展规划、配套政策，协调市县资源配置，重点保障义务教育均衡发展，统筹教师编制、工资待遇及高校附属中小学管理等。

③市县级层面：是基础教育管理的“主责主体”，负责落实国家和省级政策，具体管理区域内中小学(包括办学条件改善、招生计划制定、教师招聘与管理等)，并承担义务教育经费投入的主要责任。

④乡镇层面：协助市县做好辖区内学校安全、控辍保学、家校协同等工作，部分地区参与农村小规模学校的日常监管。

(2)“以县为主”的义务教育管理核心

这一机制是2001年以来我国义务教育管理的标志性调整，将义务教育的办学责任从“乡镇为主”上移至县级政府，明确县级政府在教师工资发放、学校人事管理、经费统筹等方面的主体责任，有效解决了此前乡镇财政能力不足导致的教育投入不均问题。

(3)政府主导与社会参与结合

在政府主导管理的同时，鼓励社会力量参与基础教育(如民办学校办学)，但必须在政府监管下规范发展；同时通过家长委员会、社区合作等形式，吸纳社会意见，形成多元参与的治理格局。

(4)兼顾公平与质量的政策导向

体制设计中突出“均衡发展”目标，通过省级统筹、市县落实，推动城乡之间、学校之间办学条件、师资水平的均衡；同时通过制定质量标准、开展督导评估，保障基础教育质量，体现“公平与质量并重”的管理导向。

综上所述，我国基础教育管理体制通过明确各级政府权责，既保证了国家对基础教育的宏观调控，又发挥了地方政府的主动性，为基础教育的普及、均衡与质量提升提供了制度保障。

13．学校教育质量管理及特点。［云南大学2022年研］

相关试题：学校质量管理的特点。［首都师范大学2025年研］

答：(1)学校质量管理的概念

学校质量管理是指以强化教职工的质量意识为基础，运用科学的手段和方法，对学校的各项工作过程及其结果进行设计、实施、检查和分析，以取得较高水平成绩的活动。努力提高教育质量是学校全部工作的出发点和归宿。

(2)学校质量管理的特点

学校质量管理与企业和行政部门的质量管理相比具有不同的特点，在某些方面它的难度更大些。这主要是因为学校各项工作的最终“产品”与其他行业的产品有很大不同之处，其质量形成过程也有明显特点：

①学校质量管理必须坚持正确价值观的导向。学校质量管理的根本任务是为未来培养人才，学校工作任务的主体是传递知识，培育人才，作为一种精神活动，它首先面临的是价值选择问题。在社会转型期间，价值的冲突和价值的融合是经常发生的，学校管理者的

责任是要正确、全面地判断社会当前的需要及未来发展趋势，整体地、辩证地把握价值体系，树立先进、可行的育人指导思想。

②学校质量管理以人的质量为中心。学校的根本任务是育人，它所追求的是培养出高水平的、全面发展的学生，它的成果也要以所培养的学生是否符合社会要求为衡量标准。而这一成果的实现是要通过学校管理者和广大教师的辛勤劳动，没有高素质的校长、教师，就没有高素质的学生。可见，学校工作质量的核心是围绕人的质量而形成的质量链条：校长及领导班子的质量即素质（保证学校管理工作的质量）——教师的质量（保证教育教学工作的质量）——学生的质量。学校工作可以分解出众多质量指标，但这些指标背后都是人的质量问题，所以毛泽东同志说，一所学校的办学方针确定之后，重要的问题就是选择校长和教员。与企业管理同样强调厂长和工人素质不同，在学校这个“人－人互动系统”中，教育者的个性魅力是对受教育者的成长施加有形或无形影响的中介，他们的素质特征会通过师生交往而迁移并嵌入到学生人格结构中去。

③学校质量管理目标具有一点多面的特点。学校育人的质量目标归根结底是学校公众的利益要求的反映，而学校面对的公众是多种多样的，所以学校实际操作中的学生质量标准不是点、面而是立体结构。学校作为社会的教育“公仆”，要尽力满足社会各个方面的合理要求，甚至要对他们彼此的冲突要求竭力进行微妙的平衡。例如，政府在指导教育工作时，针对社会存在的过度地追求升学率的情况提出一系列限制性政策，学校既要落实这些政策，但又不能过分否定学生及其家长对升学的正当要求。但是学校在教育事业中的主导角色是社会意志的执行者，它在国家的指导下努力实现社会的根本利益，所以它又必须从总体上把握一个基本点即带根本性的质量目标（质量基准目标）作为教育工作中的“大地原点”，以它为准协调与整合来自各个方面的利益要求，这个质量基准目标就是培养学生以全面、主动发展为内容的发展性素质。

④学生素质特性决定学校质量管理具有创造性。学校教育面对的是一个个成长中的人，他们在与社会的相互作用中不断发展。他们的特点以及上述相互作用，构成了质量管理的复杂性，而这种复杂性就对学校教师和管理者的创造能力提出了挑战。

⑤管理活动对象的多样化。学生质量是在一种开放的环境中形成的，在这个过程中，许多校内、校外因素都自觉或不自觉地介入进来，直接或间接地影响着学生质量。学校按照国家的要求对学生施加教育，有责任对各种有利或不利的社会因素加以微观调节，尽管不可能完全控制它们。鉴于这一特点，学校质量管理必须从系统的质量管理出发，建立起校内外合作的教育系统网络，最大限度地调动积极因素，克服和抑制消极因素。

⑥管理方法以定性方法为主，定性与定量相结合。科学的管理要求把以经验判断为主的定性分析与以现代科学方法为主的定量论证结合起来。

14. 什么是教育政策？试评述教育政策制定的模式。［湖南大学 2021 年研］

答：（1）教育政策的定义

教育政策是国家或政党为实现一定历史时期的教育目标，调节教育领域各种社会关系而制定的行动准则与规范的总和。其核心特征包括：①主体特定性：教育政策通常由国家权力机关、政府教育行政部门或政党主导制定；②目标导向性：教育政策往往服务于明确的教育发展方向，如促进教育公平、提升教育质量等；③规范强制性：教育政策以国家权威为后盾，对教育领域的组织与个体具有约束作用；④动态适应性：教育政策要随社会发展、教育需求变化而调整。教育政策的表现形式包括法律、条例、规划、决定等。

(2)教育政策制定的主要模式及评述

教育政策制定模式是对政策形成中决策逻辑、主体关系及操作路径的理论概括，主要模式如下：

①理性模式

以“经济人”假设为基础，认为决策者可通过“明确目标——收集信息——设计方案——评估选择”的科学步骤实现“最优决策”。优势是强调科学性与系统性，适用于目标单一、信息透明的简单决策；但现实中因政策目标多元、信息难穷尽、决策者受非理性因素影响，“最优”难以实现，实践中较少完全适用。

②渐进模式

由林德布洛姆提出，主张政策制定是在现有政策基础上“小修小补”的渐进调整，以“满意”为目标，通过试错、妥协降低变革风险。优势是符合实际逻辑，能减少阻力、降低成本，适用于社会稳定期或复杂教育问题(如课程改革)；但偏向保守，难应对重大危机或结构性变革，可能因“路径依赖”固化既有问题。

③精英模式

认为政策是少数精英(政府高层、专家等)主导的成果，普通民众被动接受。优势是在紧急议题(如教育突发事件)中可提高效率，保障专业性；但违背民主原则，易忽视民众诉求，导致政策偏向精英利益，引发执行阻力。

④多元模式

强调政策是多方利益相关者(政府、学校、师生、家长等)互动博弈的结果，通过协商等方式平衡利益。优势是体现民主性，能兼顾多元需求，提升政策合法性(如“双减”政策)；但参与主体过多可能降低效率，甚至陷入决策僵局，强势群体或主导博弈，边缘化弱势群体诉求。

⑤系统模式

从系统理论出发，将政策制定视为“环境输入——政策过程——输出反馈”的循环系统，注重政策与社会环境的互动及反馈优化。优势是突破单一视角，为复杂政策提供整体框架(如学区房政策调整)；但对“环境输入”分析较宏观，反馈调整周期长，对时效性强的问题响应不足。

综上所述，各类模式均有理论逻辑与适用场景，无“完美模式”。实践中需结合政策复杂性、社会环境、利益群体多样性等综合运用，兼顾科学理性与民主参与，通过动态反馈持续优化，以实现政策的目标合理性与实践可行性。

15. 简述提高教育经费使用效率的途径。[中国海洋大学2020年研]

答：提高教育经费使用效率的途径有：

(1)优化教育经费分配结构

依据教育发展目标和实际需求，合理规划经费在各级各类教育中的投入比例，重点保障薄弱环节和重点领域，避免重复建设和资源沉淀，使资金分配与教育政策目标及经济社会发展水平相适应。

(2) 加强教师队伍建设

提升教师专业素养与教学能力，通过完善培训体系和激励机制，建设结构合理、高素质的教职工队伍。教师队伍质量直接影响教育教学成果，是提高经费使用效益的核心人力因素。

(3) 优化教育组织系统结构

通过科学规划学校布局、调控办学规模、优化层次与专业结构，避免教育资源分散或闲置。应充分挖掘现有学校潜力，控制新建项目，促进教育资源集约使用。

(4) 强化资产管理与设备利用

完善教育仪器设备的采购、保管和维护制度，提高设备使用率，推进资源共享，杜绝闲置浪费，实现物尽其用。

(5) 提升教育经费管理水平

健全财务管理制度，强化预算约束和绩效导向，严格执行财务纪律，推行科学化、精细化的经费监管机制。同时提升教育整体治理效能，通过高质量管理提升经费的相对使用效益。

16. 教育预测在教育计划中的作用。[苏州大学 2019 年研]

答： 教育预测在教育计划中的作用主要体现在：

(1) 为教育计划目标的设定提供科学的依据

教育计划是在预见未来社会发展、经济发展趋势的基础上，确定教育整体活动的目标、要求和步骤。教育计划目标的设定是以对教育的社会需要及个人需要的预测为依据的。教育计划目标的设定首先是一个教育预测活动，只有建立在科学的教育预测基础上的教育计划目标才是可能实现的教育计划目标。

(2) 为教育计划中可行方案的选择提供服务

科学的教育预测不仅包括教育发展的状况预测，还包括针对情况的方案预测。有了各种不同的实施计划的方案，才可能加以比较和选择，找出实现计划目标或解决主要问题的最佳途径和方法，从而提高教育计划目标实现的效率。

(3) 为教育计划实施中的修改、补充提供服务

客观环境不断发展变化，教育计划或实施方案在实行中，也要相应地做这样或那样的修改和补充。这就需要根据教育计划实施过程中出现的新问题、新倾向，预测它们的未来后果，并依此对教育计划进行必要的修正、调整、补充，以避免因盲目性而引起失误。

17. 简述教育法规与教育政策的区别与联系。[杭州师范大学 2019 年研]

答：(1) 两者的概念

①教育政策是指政党、政府等各种政治实体在一定历史时期，为实现一定的教育目的任务而协调内外关系所制定的行动准则。

②教育法是关于教育的法规，它是举办教育事业所必须遵循的准则、依据和规范，是国家权力机关制定的有关教育方面的法律文件的总称。

(2) 两者的区别

①制定的机关不同。国家的教育法律是由国家机关制定的，而教育政策也可以由政党

制定。

②约束力不同。教育法律具有国家的强制性，对全社会成员都有约束力，而教育政策不具有国家强制性，只对某部分人有约束力。

③执行的机关不同。教育法律的执行机关只能是国家机关，而教育政策除了国家机关，还有其他有关组织。

④发挥的作用不同。教育法律的作用，主要表现为国家的强制性作用，而政策的作用主要表现为对教育工作的指导性作用。

⑤表现的形式不同。教育法律的表现形式有宪法中的教育条款、教育法律、教育行政法规、地方性教育法规和教育行政规章等；而教育政策主要以决定、指示、决议、纲要、通知、意见等形式出现。

⑥执行的方式不同。教育法律的执行方式是以国家强制力为后盾，要求社会成员必须遵照执行；而教育政策则主要靠组织与宣传，启发人们自觉遵循。

⑦稳定的程度不同。教育法律的稳定程度更高，而教育政策的灵活性更高。

⑧公布的范围不同。教育法律必须向全社会公布，而教育政策只在一定范围内公布。

(3)两者的联系

①都属于社会主义的上层建筑。

②经济基础都是社会主义公有制经济。

③都是工人阶级领导的广大人民群众共同意志的体现。

④都以马克思列宁主义、毛泽东思想为指导。

⑤都是国家管理教育的重要手段。

18. 学校经营及其模式。[华东师范大学2019年研]

答：(1)学校经营的概念

学校经营是指学校在遵循教育规律的基础上，运用经营管理的理念与方法，对自身拥有的人力、物力、财力、文化、品牌等资源进行优化配置和有效运作，以提高教育质量、提升办学效益、增强学校竞争力的活动。其核心是在保障教育公益性的前提下，实现资源的高效利用，兼顾教育的社会效益与办学的可持续发展。

(2)学校经营的主要模式

学校经营的主要模式包括以下五类：

①品牌经营模式

以学校声誉和特色为核心，通过持续打造优质课程、优秀教师队伍和办学成果，形成具有社会影响力的教育品牌，并可通过集团化、联盟办学等方式实现品牌辐射与资源扩展。

②资源经营模式

通过对校内人力、物力、文化等资源进行多功能开发和高效利用，实现资源增值，例如，开放闲置设施服务于社区，推动教师开展社会服务，或利用学校文化开发校本课程与文创产品。

③合作经营模式

借助与政府、企业、社区、高校等外部组织的深度合作，引入资源、共建平台，实现优势互补。常见形式包括校企合作共建实训基地、校社联动开展综合实践活动，以及校际合作实现资源共享。

④创新经营模式

以理念创新、制度创新和教育技术创新为动力，形成学校差异化发展路径，例如，开展个性化教学改革、建设智慧校园、探索混合所有制办学等，以创新驱动质量提升和效能改善。

⑤服务经营模式

以提供高质量教育服务为导向，通过优化教学支持、学生发展指导、家校沟通和社区服务，增强学校的社会认同度和满意度，构建服务育人的良性机制。

这些模式并非相互独立，实际办学中学校往往会根据自身情况综合运用多种模式，其最终目标都是在坚持教育本质的前提下，实现学校的优质、高效、可持续发展。

19. 简述技术环境对教育管理的影响。［南京航空航天大学2018年研］

答：技术环境对教育管理的影响主要体现在：

(1)技术环境对教育管理模式的影响

在新技术的影响下，教育管理的模式发生了巨大的变化，教育管理的现代化成为必然趋势，现代化的教育管理能最大限度地彰显人的价值和尊严。但是，区别于企业管理和行政管理，教育管理的现代化具有以下特点：①人本化，人是教育管理的价值归宿及终极目的；②科学性，科学的管理决策应基于对信息的科学分析；③互动性，管理过程中应强调参与和体验，注重互动反馈。这些特征是基于教育过程中的主体特点以及教育活动的基本规律产生的，对于教育管理的现代化产生了重要的影响。掌握这些特点，应对新技术在教育管理过程中带来的挑战，扬长避短，是实现教育管理现代化的重要途径。

(2)技术环境对教育管理理念的影响

教育管理受到教育规律和教育活动主体特点的影响，这要求教育管理者在使用新技术时，树立“人自身是人的最高本质”“人的全面发展”的观念，以人的终极关怀为根本宗旨；同时注重价值理性，放弃工具理性的指导方式，将工具理性纳入新技术价值理性的指导框架，实现新技术与教育管理的伦理、观念、方法的良性互动，建立动态的契合体系。

(3)技术环境对教育管理过程的影响

新技术环境下，学习过程的组织、形态、结构都产生巨大的变化，相应地，教育管理的过程也产生了不同以往的特点。管理学家西蒙认为“管理就是决策”，传统的教育管理决策过程中，教育管理者更多的是依据自身所积累的经验进行的逻辑判断，缺乏数据的支持；而“互联网＋”和大数据技术的出现，使得教育管理转化为教育智慧管理，更加注重管理数据与信息的全方位收集与分析，这成为智慧教育的技术支持和核心要件。

(4)技术环境对教育管理评估体系的影响

新技术的发展和变化要求我们遵循以人为本的理念来评估教育管理。针对原来的单一、笼统的评价指标体系，要进行合理化，建立一套符合时代发展要求的新指标，规范评价体系。关于教育管理评价的主体，在新技术的推动下，已逐步变得多元化，涵盖多层次、多方面的参与者。评价的内容也朝着社会化、多元化的方向发展，逐渐褪掉原来的行政色彩，所以学校的管理和服务能否满足学生发展的需求，学生是否可以在学校获得个人发展机会是评估系统的一个重要方面。在这种要求下，就需要教育管理者转变评估理念，同时提高自身的技术素养，学习新的教育技术并在工作中自觉熟练应用。

20．简述当前课程管理模式的发展趋势。［温州大学2017年研］

答：当前课程管理模式呈现出信息化、个性化、综合化、民主化等发展趋势，具体如下：

(1)信息化

利用先进的信息技术，构建课程管理信息化平台，实现课程信息的快速传递和共享。通过收集和分析学生学习数据，为课程管理提供科学依据和决策支持。还可运用人工智能等技术，实现课程管理的自动化和智能化，提高管理效率。

(2)个性化

尊重学生的个体差异和需求，制定个性化的课程管理方案，为学生提供个性化的学习路径和选择。赋予学生充分的课程选择权和学习自主权，如通过"选课走班制"，实现"一人一课表"，满足不同类型学生的学习需求。

(3)综合化

强调课程的整合和综合性，注重跨学科知识的融合，以提高学生解决实际问题的能力。打破学科壁垒，通过组建跨学科领域的专家团队，促进课程在各学段间的有效衔接，形成一体化课程供给。

(4)民主化

课程管理过程注重学生参与、教师合作和社区参与。成立由学校领导、教研组长、学科骨干教师以及高校科研院所课程专家等组成的课程管理委员会，同时将家长、社区等社会力量纳入课程建设和管理中，形成多元共治的课程管理格局。

(5)规范化

建立统一的课程标准，确保课程的一致性和可比性。制定明确的课程实施方案，包括教学计划、教学方法和评价方式等；同时，完善课程评估机制，对课程实施和效果进行定期监测和评估。

(6)社会化

鼓励社区、企业和家长参与课程管理和决策，增强课程的现实性和实用性。充分利用社会资源，如图书馆、博物馆、网络资源等，丰富课程内容，并将课程内容、教学计划等公开，接受社会监督和评价，提高课程质量。

(7)国际化

加强与其他国家和地区的合作与交流，借鉴先进的课程管理理念和方法。将多元文化融入课程管理中，尊重和理解不同文化背景下的学生。根据国际标准和要求，设置符合国际水平的课程，提高学生的国际竞争力和适应能力。

21．简述教学管理的主要任务。［南京航空航天大学2017年研］

答：教学管理是学校管理的核心环节，其根本任务在于保障教学活动的有序运行，优化教学过程，提升教学质量，最终实现人才培养目标。具体而言，教学管理主要包括以下五项关键任务：

(1)教学规划与计划落实

依据学校办学定位和人才培养目标(如应用型人才培养或学术型导向)，制定中长期教学发展规划，包括学科专业建设、课程体系构建等，并进一步分解为年度或学期教学执行计划。明确教务处、院系、教研室等各级主体的职责，确保规划有效落地。

(2)教学体系构建与课程建设

系统设计符合培养要求的课程结构，协调公共课、专业课与选修课之间的逻辑与比例，持续更新课程内容，开发优质教学资源。完善教学管理制度体系，包括课程审批、教学大纲规范、考核评价等，为教学运行提供制度保障。

(3)教学运行组织与资源协调

统筹排课、选课、教室及实验室调度等日常教学安排，保障教学进程顺畅。加强教务处、院系、后勤与技术支持部门之间的协作，确保教学设备、教材资料等配套资源及时到位，形成有效支持教学的服务合力。

(4)师资队伍建设与教学能力提升

通过开展教研活动、组织教学培训、推行集体备课和听课评课等机制，提升教师教学设计与实施能力。建立健全教学激励与约束机制，规范教学行为，激发教师投入教学的积极性。

(5)教学质量监控与持续改进

通过教学督导、学生评教、同行评议和课堂观察等方式，加强教学过程监测。依托考试、成绩分析、就业反馈及综合评估等方式，对教学效果进行系统评价。依据监测和评估结果，不断诊断问题、推进教学改革，实现教学质量的持续提升。

22. 简述教育管理学的研究对象。[华中师范大学2016年研]

答：教育管理学的研究对象是教育管理活动中的规律及其应用，具体围绕教育管理的“现象——关系——规律——方法”展开，可细化为以下三个核心层面：

(1)教育管理的基本现象与活动

研究教育管理领域中具体的实践形态，涵盖不同层级、不同类型的教育管理活动，主要包括两类：

①宏观教育管理现象

涉及国家及地方层面的教育行政管理，如教育政策制定、教育资源统筹(人力、物力、财力配置)、教育事业规划、教育督导评估等。

②微观教育管理现象

聚焦学校及基层教育组织的管理实践，如学校办学目标设定、教学管理、师资队伍建设、学生管理、校园文化建设、家校协同等。

(2)教育管理中的核心关系

教育管理本质是“人——事——组织”的互动过程，其研究对象必然包含其中的内在关系，重点包括：

①主体间关系

如教育行政部门与学校的权责关系、学校管理者与教师的协作关系、教师与学生的教育管理互动关系、学校与家庭及社会的协同关系等。

②要素间关系

如教育目标与管理手段的匹配关系、教育资源投入与管理效能的转化关系、制度规范与管理灵活性的平衡关系等。

(3)教育管理的规律与方法

研究教育管理的最终目的是揭示规律并指导实践，因此"规律与方法"是核心对象：

①教育管理的基本规律

即教育管理活动中内在的、必然的、稳定的联系，如"教育规律决定管理规律"(管理需遵循教育自身的育人逻辑)、"系统整体性规律"(教育管理需统筹各要素形成合力)等。

②教育管理的方法与策略

包括基于规律形成的具体管理技术、工具与路径，如目标管理法、绩效管理方法、沟通协调策略、危机管理机制等，同时关注不同情境下(如不同教育阶段、不同办学类型)管理方法的适应性调整。

综上所述，教育管理学的研究对象以"教育管理实践"为基础，以"关系与规律"为核心，以"方法与应用"为落脚点，体现了理论性与实践性的统一。

23. 简述教育法制定的基本原则。[华中农业大学 2015 年研]

答：教育法制定的基本原则是指在教育法制定过程中必须遵循的基本准则。根据《教育法》，我国教育法制定主要遵循以下基本原则：

(1)教育的社会主义方向性原则

教育必须坚持中国共产党的领导，以马克思列宁主义、毛泽东思想、邓小平理论、"三个代表"重要思想、科学发展观、习近平新时代中国特色社会主义思想为指导。教育要为社会主义现代化建设服务、为人民服务，与生产劳动和社会实践相结合，培养德智体美劳全面发展的社会主义建设者和接班人。

(2)教育的公共性原则

教育活动必须符合国家和社会公共利益，以财政性经费、捐赠资产举办或者参与举办的学校及其他教育机构不得设立为营利性组织。国家实行教育与宗教相分离，任何组织和个人不得利用宗教进行妨碍国家教育制度的活动。

(3)教育的民主性原则

中华人民共和国公民不分民族、种族、性别、职业、财产状况、宗教信仰等，依法享有平等的受教育机会。国家应帮助和扶持各少数民族地区、边远贫困地区发展教育事业，扶持发展残疾人教育事业，保护女子在受教育方面的平等权利，对家庭经济困难的学生提供各种形式的资助等。学校内部也应实行民主管理和监督，如通过教职工代表大会等形式，保障教师和学生的民主权利。

(4)教育的统一性与多样性相结合的原则

国家制定统一的教育事业发展规划，保持各级各类教育事业均衡发展，同时从各地实际出发，分区规划，分类指导，形成社区教育特色。国家实行统一的学校教育制度，同时通过多种形式满足公民对教育的不同需求。国家规定统一的教育方针和教育、教学标准，同时支持学校办出特色。

(5)教育与终身学习相适应的原则

教育体系要具有灵活性和适应性，满足公民不同时期的多种受教育需求，各级各类教育之间要相互沟通和联系，为公民提供终身学习的机会和条件，构建终身教育体系。

24. 简述教育行政的基本职能。［中山大学 2014 年研］

答：教育行政的基本职能是指教育行政机关在履行国家教育使命过程中应承担的职责与功能，其核心可归纳为以下几个方面：

(1)计划职能

该职能是行政活动的核心环节，是指教育行政机关通过制定指令性计划(如义务教育阶段招生指标)和指导性计划(如高等教育学科发展规划)，对教育发展的目标、规模、步骤进行统筹设计。各国均将其视为教育宏观调控的基础。

(2)立法职能

该职能是指国家通过教育立法，如《教育法》《中华人民共和国教师法》(本书简称《教师法》)等，明确教育目的、办学标准及管理规范，地方教育行政部门则制定配套政策(如学区划分细则)，为教育行政活动提供法律依据，同时作为监督基准。

(3)组织职能

该职能是指教育行政机关通过机构设置(如教育局各科室分工)、人员调配(教师编制管理)、资源整合(教学设施建设)等方式，将教育计划转化为具体行动，确保行政目标落实，是连接决策与执行的关键环节。

(4)协调职能

该职能可分为内部协调(如教育部门与财政部门的经费对接)和外部协调(如学校与社区的资源共享)，具体是指教育行政机关通过统一政策导向、加强沟通协作、平衡各方利益等手段，使各教育部门密切配合、步调一致，以实现共同目标。

(5)监督职能

该职能是指教育行政机关依据有关法令、采取相关行政措施，对地方和学校的教育实施进行监督，可分为法律监督和行政监督：中央集权制国家重视行政监督职能，地方分权制国家重视法律监督职能。

(6)管理职能

该职能是指教育行政机关在教育目标、教育内容、人员聘任、经费使用等方面，对学校(尤其是高等学校)直接进行管理。中央集权制国家(如法国)通过学区督学直接干预学校运营，而地方分权制国家(如美国)更侧重宏观政策引导。

(7)指导职能

该职能是指上级教育行政部门在招生规模、人才培养规格、教学内容、课程设置、教学方法选择等事务上，对下级教育行政部门和所辖各类学校提供指导和建议。

(8)服务职能

该职能是指上级教育行政部门为下级教育行政部门和所辖各类学校提供信息、咨询、资助等服务，以此作为教育宏观调控的重要手段。

25. 简析影响教育政策的因素。［杭州师范大学 2013 年研］

答：教育政策是指一个政党和国家为实现一定历史时期的教育发展目标和任务，依据党和国家在一定历史时期的基本任务、基本方针而制定的关于教育的行动准则。影响教育政策的因素有政治、经济、教育环境等诸多方面。具体如下：

（1）政治因素

政治影响教育政策的目标。不同政体下的执政党和政府代表着不同阶级利益、理想和愿望，影响着国家的整体社会治理结构，也必然会影响到教育事业在社会生活中的地位和作用，从而影响教育政策的目的。

（2）经济因素

经济影响教育政策的实施。经济基础决定上层建筑，经济实力是教育政策制定和实施的基本物质条件。超越本国经济实力的教育政策必然丧失其经济上的可行性。经济实力也会直接影响教育政策的实施效率。

（3）教育环境因素

教育环境从两个方面影响教育政策。一是，教育传统以一种“遗传基因”的作用影响教育政策的制定，教育现有水平则从客观上制约教育政策目标的确定和方案的选择；二是，教育理念作为教育政策的导向，指导着政策方案的制定，教育理念变化，政策方案随之变化。

26. 教育政策过程包括哪些环节？［河北大学2012年研］

答：教育政策过程是一个从问题识别到政策终结的动态、系统的循环流程，核心环节包括以下六个阶段：

（1）教育政策问题的认定

这是政策过程的起点，是指将教育领域中已存在的、被公众或政府关注的问题（如教育公平、师资短缺、“双减”需求等）界定为“政策问题”，并纳入政府议事日程的过程。其关键在于判断问题的严重性、紧迫性及解决的可行性，需通过调研、公众反馈、专家论证等方式凝聚共识。

（2）教育政策的制定

针对已认定的政策问题，政府及相关部门通过法定程序形成具体政策方案的过程，主要包括：

①目标确立：明确政策要解决的核心问题及预期达成的结果（如“2025年实现县域义务教育优质均衡全覆盖”）。

②方案设计：围绕目标拟定多个备选政策方案，涵盖实施路径、责任主体、资源需求等内容。

③方案论证与抉择：通过专家评估、风险分析、公众听证等方式对备选方案进行比较，最终由决策主体选定最优方案并合法化（如经政府常务会议审议通过、以规范性文件形式发布）。

（3）教育政策的执行

将已制定的政策方案转化为实际行动、实现政策目标的关键环节，主要由各级教育行政部门、学校及相关机构具体实施。核心内容包括：政策宣传解读、任务分解、资源调配（人、财、物保障）、组织协调及具体操作落实。执行效果直接影响政策目标的实现，易受执行主体能力、政策本身合理性、外部环境等因素影响。

（4）教育政策的监控

在政策执行过程中，对执行情况进行监督、检查与纠偏的活动，以确保政策不偏离既定目标。监控主体包括上级教育行政部门、审计机关、人大监督等，监控内容涉及执行进度、资源使用合规性、阶段性效果等；若发现偏差，需及时采取调整措施（如完善执行细则、加强督导力度）。

（5）教育政策的评估

政策执行一段时间后，对政策的实际效果、科学性、可行性进行系统评价的过程。评估内容包括：政策目标的实现程度、成本效益分析、社会影响（如对学生负担、教育质量的实际作用）、存在的问题与不足等。评估通常由专业机构或专家牵头，采用定量与定性结合的方法，其结果是政策调整或终结的重要依据。

（6）教育政策的调整与终结

根据评估结果对政策进行动态优化或终止的环节：

①政策调整：若政策基本目标可行但存在局部缺陷，通过修订政策内容、调整执行方式等进行完善（如“双减”政策实施后细化校外培训监管细则）。

②政策终结：若政策目标已实现、因环境变化失效或存在严重弊端，则终止该政策（如取消义务教育阶段“重点学校”政策）。

综上所述，教育政策过程是一个“认定——制定——执行——监控——评估——调整”的循环系统，各环节相互关联、动态反馈，共同保障教育政策的科学性与实效性。

27. 学校领导者应扮演好哪些角色？［首都师范大学 2011 年研］

答：学校领导者是指在学校中负有最高决策责任的管理人员。在不同的历史时期、学校领导所扮演的角色是不同的。在计划经济体制下，一般认为，学校是教育系统的基层组织，校长是基层组织的“高级”管理人员，在校内扮演决策者和指挥者的角色；同时由于受到上级部门的管辖，他们又扮演着上级命令执行者的角色。在改革开放的社会环境下，当资源配置的方式发生转变后，校长的角色也相应发生了变化。

（1）校长是学校的“经营者”

在经济领域，将企业的管理者分为两种：企业家和内企业家。校长是企业家和内企业家两种角色的综合。一方面，他们受托于国家来管理学校，并受到资源、政策的限制，在上级领导和教职工之间起到上传下达的作用。另一方面，在一个宽松的环境中存在着学校与学校之间的竞争和学校发展所提出的新的要求，这些新的要求不能是完全按照上级的指示亦步亦趋地去做，而是要有创造性地去做，要适应自己的区域中所提出的新的要求。在这种情况下，他们必须是独立的，必须是自己确定未来发展目标和有所作为的。故他所扮演的角色中首先要求他是一个战略家，对未来的发展，有一种建立在整体的教育发展宏观框架下的思考，必须强调其自主意识和主动发展的要求。

（2）校长是学校经营家

校长首先是教育战略家，其特征是具有个性化的办学思想与思路，有较强的成就欲望，追求开拓和创新。其次校长作为联系上级与学校工作的中介，应具有较强的理解和执行上级方针政策、协调与上级关系的能力。最后，校长既要娴熟地把握学校这个基层教育组织全部复杂工作，又要学会放权，既能够较为超脱地从整体上运筹帷幄，又能调动下属的积极性，使每一方面的工作能够做全面而周到的安排。这个定位强调校长要有对环境变化的适应性。

三、论述题

1. 论述教育管理的法律方法。［湖南师范大学2025年研］

答：教育管理的法律方法是指教育管理者运用教育法令、决定、命令、指示、规章等，对教育活动予以强有力的指导、调节和影响，是确保教育事业健康、有序发展的重要手段。它具有鲜明特征：①权威性，依托国家强制力保障实施，对教育领域相关主体具有普遍约束力；②规范性，以明确、具体的条文界定各方权利与义务，为教育活动划定行为边界；③稳定性，法律法规的制定与修订要遵循严格程序，不会频繁变动，能为教育管理提供稳定的规则环境；④普遍性，适用于教育系统内的所有组织与个体，不因身份、地位等存在差异适用的情况。

(1)立法与制度建设

这是法律方法的基础，具体来说，就是要形成多层次的法规体系：国家层面要不断完善教育法律法规体系，涵盖教育的各个方面，如《教育法》《义务教育法》《高等教育法》等，为教育管理提供全面的根本法律依据；地方层面要结合本地区教育发展实际，在国家法律框架下制定配套的地方性教育法规，如针对区域内特色教育模式、民族地区教育等的具体规定，让法律落地更具针对性；学校也应该根据自身实际情况，在法律法规的框架内制定具体的规章制度，如教学管理制度、学生管理制度、教师考核制度等，使教育管理的各个环节都有章可循，且学校规章必须与国家、地方法规形成呼应，避免冲突。

(2)依法办事

这是法律方法的核心要求，涉及教育活动中的所有主体。教育管理者必须严格遵守法律法规和学校规章制度，做到有法必依，具体表现为：在决策过程中，要确保决策内容符合法律规定，避免因“拍脑袋”决策触碰法律红线；在执行过程中，要严格按照法定程序和要求进行操作，如教师招聘、学生处分等环节均要遵循规范流程；同时，被管理者即师生也要依法行事：教师依法履行教育教学职责，不违背师德师风相关法律规定，学生自觉遵守法律法规和校规校纪，依法维护自身权益的同时不侵犯他人权益。在处理教育纠纷和问题时，要依据法律规定进行公正、公平的裁决，无论是师生间、家校间还是学校与社会机构间的纠纷，都以法律为标尺化解。

(3)法律教育与宣传

首先，要加强对教育行政人员的法律培训，他们作为教育管理的主导者，必须具备扎实的法律素养，明确自身管理权限与责任边界，避免因法律认知不足导致管理失当；其次，对教师进行法律培训，使他们既能依法开展教学活动，也能在教育过程中正确引导学生，如在处理学生违规行为时，依据相关法律和校规合理处置；再次，对学生进行法治教育，结合不同学段学生的认知特点，通过课堂教学、案例分析、模拟法庭等形式，培养学生的法律观念和规则意识，使其能够自觉遵守法律法规和学校规章制度；此外，还可通过学校官网、公众号、校园公告栏等线上线下平台，常态化宣传教育法律法规，让师生、家长及社会相关主体都能了解教育领域的法律规则。

(4)法律监督与问责

建立健全教育法律监督机制，监督主体不仅包括专门的教育监督机构、司法机关，还应纳入社会监督、师生监督、家长监督，具体而言，社会各界可通过举报、建议等方式对教育管理活动提出意见，师生和家长可就学校管理中的违规行为向相关部门反映，确保监督无死角。通过多主体监督，加强对教育管理活动的全面检查，及时发现法律法规和规章制度落实中的漏洞。对于违反教育法律和规章制度的行为，要依法追究责任，严肃处理，无论是管理者的失职渎职，还是师生的违法违规行为，都须依据情节轻重给予相应惩处；同时，问责后要督促相关主体进行整改，针对暴露的问题完善制度、优化流程，避免同类问题再次出现，以维护法律的权威性和严肃性，确保法律方法真正落地生效。

总的来说，教育管理的法律方法在教育事业发展中作用显著：其一，在维护教育秩序方面，通过明确各方行为规范，减少教育活动中的随意性与混乱性，如规范学校招生流程，避免违规招生引发的秩序混乱；其二，在保障师生权益方面，明确师生的法定权利，当教师的教学自主权、学生的受教育权等受到侵害时，提供法律救济途径，让权益保障有坚实依托；其三，在促进教育公平方面，通过法律禁止教育歧视，保障每个学生平等的入学机会、资源享有权等，如《义务教育法》对适龄儿童平等接受义务教育的规定就为教育公平筑牢防线。不过，在运用教育管理的法律方法时，要注意避免僵化；教育活动具有育人的特殊性，面对复杂的教育情境，不能仅靠法律条文“一刀切”，须结合教育规律与人文关怀，与行政方法、教育方法等其他管理方法配合使用。总之，教育管理者应充分认识法律方法的重要性，不断提高自身的法律素养和依法管理能力，灵活运用法律方法解决教育管理中的各种问题，推动教育事业的持续发展，营造一个和谐、稳定、法治的教育环境。

2．如何通过学校目标激励法调动教师的工作积极性？［湖南师范大学2025年研］

答：学校目标激励法是通过科学设定和系统管理目标，激发教师内在动机、提升工作积极性的重要管理策略。其核心在于将学校发展目标与教师个人价值实现相结合，形成双向促进的良性循环。有效的目标激励不应是简单的任务分配或考核手段，而应注重价值共鸣、主体参与和持续赋能。具体实施可从以下三个维度系统展开：

(1)目标共建：强化认同，实现价值共鸣

目标的激励效果首先源于教师对目标的认同。学校应建立多元参与、协商共建的目标机制，使目标真正反映教师的发展需求和育人使命。

①目标应立足育人本质，体现教育价值

学校目标应当超越单纯量化指标，关注教育过程与学生发展。例如，在设定教学目标时，除了关注成绩提升，更应纳入“学生课堂参与度”“学习信心增强”等反映教育效能的维度；在教师发展目标中，应鼓励“开发校本课程”“形成教学特色”等专业成长内容，使目标与教师的职业理想相契合。

②建立分层协商机制，提高教师参与度

通过教代会、学科组座谈、问卷调研等方式，广泛征集教师对学校发展的建议，并将合理诉求纳入整体目标体系。在个人目标设定上，鼓励教师根据学校方向自主申报具体任务，如语文组聚焦“读写结合教学”，数学组探索“项目化学习”，既保持目标一致性，也尊重专业自主性。

③区分教师发展阶段，设定差异化目标

针对青年教师、骨干教师和资深教师的不同需求，制定与之匹配的目标内容。如青年教师侧重教学基本功训练，中年教师侧重教研创新与项目引领，资深教师侧重经验传承与带教指导。通过多元目标体系，使每位教师都能找到适合自身成长的方向。

(2)过程赋能：提供支持，扫清障碍

目标的实现离不开资源、能力和制度方面的系统性支持。学校应从专业、情感和制度三个层面为教师赋能，降低目标实施阻力。

①提供精准专业支持，提升目标实现能力

围绕目标内容开展定制化培训，如新课标落地工作坊、家校沟通模拟实训等；对重点改革项目，组建专家指导团队定期跟进，帮助教师解决实践难题。

②加强情感关怀，构建心理支持机制

建立定期谈心制度，关注教师在目标推进中的情绪状态和心理压力；组织经验分享会，增强团队归属感；必要时引入专业心理服务，帮助教师缓解焦虑、重建信心。

③优化管理制度，保障教师专注核心目标

简化不必要的会议、表格和检查，落实减负要求；建立容错机制，鼓励教师大胆尝试；合理配置时间资源，如设立“无会日”“教研自主时间”，确保教师能够聚焦目标实施。

(3)反馈与迭代：强化激励，促进持续成长

目标激励是一个动态过程，需要建立及时反馈、多元激励和定期迭代的机制，使教师始终保持动力。

①强化过程反馈，注重成长导向

建立短期复盘机制，如双周教研组会议，通过数据、案例及时反馈进展；强调纵向比较，突出教师的进步与努力；引入学生及家长评价，让教师直观感知育人成效。

②构建多元激励体系，物质与精神并重

在绩效奖励之外，设立专业发展激励，如培训机会、学术休假、设备支持等；广泛宣传优秀教师的成果与经验，通过公开课、成果展、教育叙事等活动增强教师的职业荣誉感；对表现突出者赋予更多专业自主权和发展平台。

③建立目标动态调整机制，保持目标适应性

定期组织教师对目标实施情况进行评估，根据教育政策变化、学校实际和教师发展状态，对目标进行优化升级；鼓励教师基于共同兴趣组建项目小组，将个人目标转化为团队目标，增强协作性和持续性。

综上所述，学校目标激励法的成功实施，关键在于从“管理”走向“协同”，从“考核”转向“成长”。学校应成为教师实现目标的支持者与合作者，通过共建目标、系统赋能和有效反馈，真正使学校发展目标转化为教师内在的工作动力，从而实现育人质量和教师专业发展的共同提升。

3．人工智能对教育管理的变革和创新。［同济大学2025年研］

答：人工智能(AI)作为新一轮科技革命的核心驱动力，正以“技术赋能——模式重构——生态重塑”的路径，对教育管理的理念、流程、工具及目标产生系统性变革，并催生多元创新实践。教育管理作为协调教育资源、优化教育过程、实现教育目标的系统性工作，其核心矛盾在于“有限的管理资源”与“复杂的教育需求”之间的匹配问题；而AI通过数据

处理、智能决策、自主执行等能力，既破解了传统管理中的效率瓶颈，又拓展了教育管理的边界，推动其从“经验驱动的粗放式管理”向“数据驱动的精细化治理”转型。以下从变革维度与创新实践两个层面，具体阐述人工智能对教育管理的影响：

（1）理念变革：从“标准化管控”到“个性化治理”

传统教育管理受技术限制，往往以“统一标准”为核心逻辑，如统一的课程表、标准化的教师考核指标、无差异的学生管理模式，这种模式虽便于执行，却难以回应教育场景中“人的差异性”（如不同学生的学习节奏、不同教师的发展需求）。AI 的介入推动管理理念向“个性化治理”转型，其核心是“尊重差异、精准响应”：

①对学生管理

传统模式中，教师依赖课堂观察和考试成绩判断学生状态，易遗漏“隐性问题”（如学习焦虑、社交障碍）。AI 通过整合学生的课堂互动数据（如答题速度、发言频率）、行为数据（如图书馆借阅记录、运动打卡）、心理测评数据，构建“学生成长数字画像”，精准识别个体需求。例如，某中学的 AI 系统通过分析学生作业错误模式，发现部分学生在“几何证明”环节存在逻辑断层，自动推送针对性的微课资源，并提醒班主任进行小组辅导，实现从“统一补课”到“靶向支持”的转变。

②对教师管理

传统教师考核多依赖“学生成绩＋听课评价”的单一维度，忽视教师的个性化发展需求。AI 通过收集教师的教学行为数据（如课堂提问类型、多媒体使用频率）、教研参与数据（如课题贡献度、同事互评）、专业发展数据（如培训课程完成质量），生成“教师专业发展图谱”，为管理者提供差异化支持。例如，针对新教师，AI 推荐“课堂管理技巧”系列培训；针对资深教师，推送“跨学科教研项目”信息，推动教师从“被动考核”向“主动成长”转型。

（2）流程变革：从“人工驱动的低效循环”到“智能协同的自动化闭环”

教育管理涉及大量事务性工作（如排课、考勤、档案管理、经费审批），传统模式中依赖人工操作，易出现效率低、误差大、响应滞后等问题。AI 通过“流程自动化（RPA）＋智能决策”，推动管理流程从“串联式手动操作”向“并联式智能协同”变革。

①事务性流程的自动化重构

a. 排课管理

传统排课需平衡教师负荷、场地资源、学生选课需求等多变量，往往耗时数周且易出现冲突。AI 排课系统通过算法优化，可在分钟级内生成满足“教师最大连续授课不超过 3 节”“实验室资源错峰使用”等约束条件的方案，并支持实时调整（如教师临时调课，系统自动同步至学生端和教室电子屏）。

b. 考勤与档案管理

传统人工考勤耗时且易漏记，纸质档案查询困难。AI 通过人脸识别技术实现课堂、宿舍的自动考勤，数据实时同步至管理系统；智能档案系统则通过 OCR 技术将纸质档案转化为电子数据，支持关键词检索（如“2023 级贫困生资助记录”），并自动预警档案缺失（如“某新生体检报告未上传”）。

②服务响应流程的精准化升级

传统教育管理中，学生和家长的咨询（如“奖学金申请条件”“转专业流程”）多依赖人工解答，存在“重复解释”“信息不对称”等问题。AI 智能客服(如基于自然语言处理技术的校园问答机器人)可 7×24 小时响应高频问题，并通过学习历史对话数据持续优化答案；对于复杂问题(如“特殊情况休学申请”)，则自动转接至对应管理员，并同步推送相关政策依据，缩短响应链条。

(3)决策模式：从“经验驱动”到“数据驱动的智能决策”

教育管理决策(如招生计划制定、资源配置、质量评估)传统上依赖管理者的经验判断，易受主观因素影响，导致决策偏差(如盲目扩大招生规模导致师资不足)。AI 通过“全量数据采集——多维度分析——预测性建模”，构建“数据驱动”的决策体系，提升决策的科学性与前瞻性。

①资源配置的动态优化

教育资源(师资、设备、经费)的均衡配置是教育管理的核心目标之一。AI 通过分析区域内学校的师资缺口(如“某乡镇中学数学教师人均课时超 20 节”)、设备使用率(如“城区学校实验室每周使用不足 3 次”)、经费投入产出比(如“某项目培训经费与教师技能提升幅度的相关性”)，生成资源调配方案。例如，某省教育厅利用 AI 系统分析县域内教育数据，发现农村学校音体美教师短缺，而城区学校存在“超编”现象，据此推动“走教制度”——组织城区教师定期到农村学校授课，同时优化经费投入，向农村学校倾斜音体美设备采购，有效缩小城乡教育资源差距。

②风险预警与危机干预

传统教育管理中的风险防控多为“事后处置”(如学生辍学后再家访、校园安全事故后再追责)，缺乏前瞻性。AI 通过构建风险预测模型，实现“事前预警”：

a. 学业风险：通过分析学生的课堂参与度、作业完成质量、历史成绩趋势，识别“潜在辍学风险学生”(如连续 3 周作业完成率低于 30%、考勤异常)，自动提醒班主任介入干预(如家访了解家庭情况、安排学业帮扶)。

b. 安全风险：基于计算机视觉技术的校园智能监控系统，可实时识别危险行为(如校园欺凌、楼道拥挤、违规用电)，并向安保人员推送预警信息(含具体位置和行为截图)，实现“从被动监控到主动防控”的转变。

(4)质量监控：从“结果评估”到“全流程动态质量画像”

教育质量监控是教育管理的重要环节，传统模式多聚焦“终端结果”(如学生成绩、升学率)，忽视过程性因素(如教学互动质量、学习投入度)。AI 通过追踪教育过程的全链条数据，构建“动态质量画像”，实现“过程监控——实时反馈——持续改进”的闭环管理。

①教学质量的多维度评估

传统教学评估依赖“听课评课”，样本量有限且主观性强。AI 通过分析课堂视频(如教师提问的开放性程度、学生的互动频率)、课件内容(如知识结构的逻辑性)、学生反馈(如课堂满意度问卷)，生成量化评估报告(如“该教师课堂互动指数高于年级平均水平，但知识点衔接存在断层”)，并针对性推荐改进建议(如“参考优质课例中的过渡环节设计”)。

②教育公平的精准监测

教育公平(如“不同群体学生的发展机会均等”)是教育管理的核心价值目标。AI 通过分析不同性别、家庭背景、民族学生的学业表现、参与课外活动的机会、获得资助的比例等数据，识别公平性问题。例如，某AI系统监测发现，农村女生参与科技创新竞赛的比例显著低于城市男生，据此推动“农村女生科技赋能计划”（专项培训+资源倾斜），逐步缩小差异，让质量监控不仅关注“成绩公平”，更关注“机会公平”。

(5)创新边界：技术赋能下的教育管理新形态

AI在推动教育管理变革的同时，也催生了超越传统模式的创新实践，拓展了教育管理的内涵与外延。

①“人机协同”的管理新生态

AI并非替代管理者，而是通过承担事务性、重复性工作（如数据统计、流程执行），释放管理者的精力，使其聚焦“战略性工作”（如教育目标规划、师生人文关怀）。例如，班主任从“统计考勤、催交作业”中解绑后，可更多开展“个性化谈心”“班级文化建设”；校长则可基于AI提供的数据分析，专注于“学校特色发展规划”“家校社协同育人机制构建”，形成“AI负责效率，人负责价值”的协同模式。

②“无边界”的教育治理创新

传统教育管理多局限于学校内部，AI通过打破数据壁垒，推动“家校社”协同治理。例如，基于区块链技术的“教育数据共享平台”可安全整合学校（学生学业数据）、家庭（家长陪伴时间、教育方式）、社区（图书馆使用、社区活动参与）的数据，AI分析这些数据后，为多方提供协同建议：学校调整课后服务内容，家长优化陪伴方式，社区开放更多实践资源，形成“全域育人”的管理网络。

综上所述，人工智能对教育管理的变革与创新，本质是通过技术赋能提升管理的“精准度、效率性、公平性”，并推动其从“工具理性”向“价值理性”回归，让教育管理更贴近“育人”本质。但需警惕技术异化风险：如数据隐私泄露（学生心理数据滥用）、算法偏见（过度依赖数据导致对“特殊个体”的忽视）、人文关怀缺失（用AI替代面对面沟通）。因此，教育管理者需树立“技术服务于教育”的理念，在拥抱AI的同时，坚守教育的人文属性，让变革始终围绕“促进人的全面发展”这一核心目标，最终实现教育管理的“智能化升级”与“人性化回归”的统一。

4. 用教育人力资源理论分析集团化办学的利弊和方案。［华南师范大学2025年研］

答：集团化办学是指以优质学校为核心，通过合并、托管、联盟等形式组建教育集团，实现资源整合与共享的办学模式。教育人力资源理论以教师、管理人员等教育主体为核心，聚焦其招聘配置、培训开发、激励保障、专业发展等环节，强调通过科学管理实现人力资源的高效利用与价值最大化。从这一理论视角出发，集团化办学对教育人力资源的调配与发展既存在显著优势，也暗藏潜在问题，这就需要通过系统性方案优化其运行逻辑。

(1)集团化办学在教育人力资源方面的优势

①优化资源配置，提升使用效率

集团能够打破校际壁垒，建立教师流动机制（如骨干教师轮岗、跨校教研），缓解薄弱学校师资短缺和结构不合理的问题，减少优质教师资源的闲置，实现区域内人力资源的均衡配置。

②整合培训资源，降低开发成本

集团可统一规划教师培训，集中优质资源开发共性课程，组织集团范围内的教研活动，避免重复投入。通过共享培训资源，既节约成本，又提升培训的整体质量与覆盖范围。

③拓展职业发展路径，增强激励效果

集团为教师提供了更广阔的发展平台，如跨校晋升、集团内岗位交流、参与更高级别的教学研究与评审活动，有助于满足教师的成就需求和职业成长预期，激发工作积极性。

(2)集团化办学在教育人力资源方面可能存在的问题

①管理过于集权，抑制分校自主性

若集团实行高度统一的管理，容易忽略各成员校的实际差异，导致教师招聘、考核和培训无法契合具体需求，削弱分校的灵活性和教师的专业自主权。

②资源虹吸效应，加剧内部不平衡

集团可能无意中导致优质师资、培训机会等资源向核心校集中，致使薄弱分校师资进一步流失，挫伤教师积极性，背离了集团化办学促进均衡的初衷。

③强调标准统一，限制教师个性发展

过度追求统一的教学及评价标准，可能忽视教师的个体差异和创造性，不利于形成多元的教学风格和校本特色，影响教师的专业个性化成长。

(3)基于教育人力资源理论的优化方案

①建立弹性管理机制，平衡统筹与自主

集团应在招聘标准、核心培训及重大激励等方面实施统一管理，同时赋予分校一定自主权，使其能根据实际情况调整教师评价、开展特色培训，实现“统分结合”。

②完善双向流动与资源补偿机制

推动集团内教师双向流动，既要鼓励核心校教师向分校支援，也应安排分校教师到核心校学习。对资源输出分校给予经费、设备等补偿，避免资源单向转移，保障公平。

③构建分层分类的教师发展体系

集团可提供统一的基础性培训和资源共享平台，同时支持分校根据教师不同发展阶段和专长开展个性化培养，设立特色项目，鼓励教学创新，促进教师多元发展。

综上所述，集团化办学在人力资源整合与开发上具有显著优势，但也要防范管理僵化、资源失衡及同质化等问题。通过实施弹性管理、促进双向流动、兼顾共性与个性的教师发展策略，可最大程度发挥集团化办学在提升教育人力资源效能方面的积极作用。

5．为什么说教育管理的过程具有教育性？［陕西师范大学2025年研］

答：教育管理的过程具有教育性，主要体现在以下几个方面：

(1)目标导向的教育性

教育管理过程始终以明确的教育目标为导向，而这些目标本身就蕴含着丰富的教育意义。无论是培养学生的知识技能、品德素养，还是促进学生的身心健康和全面发展，都体现了对学生成长的教育期望。在制定教育目标的过程中，管理者会充分考虑社会的需求和学生的个体差异，确保目标既符合时代要求又能满足学生的发展需要，这本身就是一个对教育价值进行审视和确认的教育过程。

(2)管理活动的教育性

教育管理中的各项活动，如教学管理、学生管理、教师管理等，都直接或间接地对学生和教师产生教育影响。在教学管理中，合理安排课程、选择教学方法、组织教学评价等，不仅有助于提高教学质量，还能引导学生形成正确的学习态度和方法。在学生管理方面，通过制定规章制度、开展德育活动、组织社会实践等，培养学生的纪律意识、道德品质和社会责任感。教师管理中，为教师提供专业发展机会、建立激励机制等，能够促进教师不断提升自己的教育教学能力，进而更好地教育学生。

(3)人员互动的教育性

教育管理过程涉及管理者、教师、学生、家长等多方人员的互动。管理者与教师之间的沟通与协作，能够营造积极的工作氛围，提升教师的工作积极性和职业素养，使教师在教育教学中更好地发挥榜样作用。教师与学生之间的互动更是教育性的直接体现，教师的言传身教、关爱引导以及与学生的交流合作，都对学生的成长产生深远的影响；同时，学生之间的互动、家长与学校的合作等也都在不同程度上促进了学生的社会性发展和教育效果的提升。

(4)环境营造的教育性

教育管理注重营造良好的教育环境，包括校园文化建设、教学设施配备、班级氛围营造等，积极向上的校园文化能够潜移默化地影响学生的价值观和行为习惯；现代化的教学设施为学生提供了更好的学习条件，激发学生的学习兴趣和探索精神；和谐融洽的班级氛围则有利于学生的身心健康和个性发展，使学生在良好的环境中受到熏陶和教育。

6. 何为学校变革？结合实际谈谈学校变革有哪些阻力？如何克服阻力？［湖南大学 2024 年研］

答：(1)学校变革的含义

学校变革是指学校作为一个社会组织，为适应外部环境变化(如教育政策调整、社会需求升级)或内部发展需求(如办学理念更新、教育质量提升)，对其教育目标、课程体系、管理结构、教学模式、组织文化等要素进行的系统性、目的性调整与革新过程。

(2)学校变革的现实阻力

①个体层面

a. 部分教师对旧有教学模式存在习惯思维和依赖心理；还可能对变革带来的不确定性有着一定的焦虑和抵触心理，如担心信息化教学增加工作负担等；由于新教育理念对传统教学经验的冲击，还可能让他们感到自己的专业权威受到挑战。

b. 部分学生习惯被动接受知识，对自主学习模式不适应；此外，部分家长可能会担忧变革影响自己孩子的升学成绩，比如，某地小学试行“无作业日”，家长自发组织校外补课，变相抵消变革效果。

②组织层面

a. 教育体制中僵化的科层制管理也制约着教育改革的推行，一方面，学校各部门间缺乏有效沟通，存在一定的壁垒，比如出现教务处与德育处各自为政的局面；另一方面，变革方案需多层审批，可能导致决策流程冗长，从而延误时机。

b. 教育资源总量有限，加上分配机制的失衡，可能导致部分地区和学校资金不足，比如，一些偏远地区的农村学校还存在师资短缺的情况，特别是音、体、美等教师编制不足，这就会制约素质教育推行；再比如智慧教室建设等数字化教学的硬件设施的经费更难以承担。

③文化层面

a. 传统学校文化中“唯分数论”“以教师为中心”等的思维定式，与教育改革倡导的“素质教育”“以学生为中心”等理念发生冲突。

b. 学校所在社区的某些陈旧的观念和文化氛围，如重考试分数、轻素质提升，也在一定程度上制约着变革的推行。比如，某县城中学尝试开设“乡土文化”校本课程，遭家长质疑“与升学无关”，被迫缩减课时。

④外部环境

a. 有时候，上级政策与学校实际脱节，如教育管理部门统一要求“小班化教学”，但超大规模学校落实起来困难重重，这也阻碍着教育改革的推行。

b. 多元利益相关者的目标也会存在冲突：政府追求教育公平、家长关注升学利益、教师重视工作负荷，三方诉求难以平衡。比如，课后服务“5+2”模式(即学校每周周一至周五都要开展课后服务，每天至少提供2小时的课后服务)推行初期，教师因加班压力大而抵触，家长因接送时间冲突也产生不满。

(3)克服变革阻力的策略

①个体层面

a. 学校应定期组织教师参加各类培训活动，邀请教育专家、优秀教师等进行专题讲座和经验分享，帮助教师更新教育理念，了解新的教学模式和方法；同时，学校领导要加强对教师的引导和鼓励，营造积极向上的变革氛围，对于积极参与变革的教师给予表彰和奖励，树立榜样，激发教师的变革积极性；对于有抵触情绪的教师，要耐心沟通，消除他们的后顾之忧。

b. 对于学生，学校可以通过主题班会、讲座等形式，向学生介绍新的学习模式和教育理念，让学生了解变革的意义和目的，引导学生积极参与自主学习、合作学习等新的学习方式；对于家长，学校要积极加强与家长的沟通和交流，通过家长会、家长学校等形式，向家长宣传学校的变革举措和目标，让家长了解变革对孩子的长远意义，争取家长的支持和配合。

②组织层面

a. 学校要打破传统的科层制管理模式，建立协同化的管理结构，加强各部门之间的沟通与协作，明确各部门的职责和权限，建立有效的沟通机制和协调机制，比如，学校可以定期召开部门协调会议，及时解决工作中出现的问题和矛盾，提高工作效率；同时，学校要优化决策流程，简化审批环节，提高决策的科学性和时效性，对于一些涉及学校整体变革的重大决策，要充分征求教师、学生和家长的意见和建议，确保决策的民主性和合理性。

b. 学校要积极整合内部资源，优化资源配置，提高资源利用效率，比如，对于师资短缺的问题，学校可以通过内部调配、跨学科教学等方式，缓解师资压力；同时，学校要积极争取外部资源支持，加强与政府、企业、社会团体等的合作，拓宽资金筹集渠道，增加教育投入。政府也应加大对教育的投入力度，特别是对偏远地区和薄弱学校的扶持，确保学校有足够的资金用于师资队伍建设、教学设备更新、课程开发等方面。

③文化层面

a. 学校要树立正确的价值导向，将素质教育、以学生为中心等理念融入学校文化中，通过校园文化建设、宣传栏、校报校刊等形式，宣传学校的变革理念和目标，积极营造变革文化，让全体师生了解变革的意义和价值。

b. 学校要加强与社区的沟通与合作，通过社区宣传、家长委员会、定期向社区居民开放校园等形式，向社区居民宣传学校的变革举措和成果，争取社区的理解和支持；同时，学校要积极引导社区文化的发展，倡导科学的教育观念和文化氛围，比如，学校可以与社区联合开展家庭教育讲座、社区文化活动等，传播素质教育理念，提高社区居民的教育素养，为学校变革创造良好的外部文化环境。

④外部环境

a. 教育管理部门要加强政策调研工作，在制定政策前充分了解学校的实际情况和需求，确保政策的科学性和可操作性；同时，要加强政策的调整和完善，根据学校变革的实际情况和反馈意见，及时对政策进行调整和优化。

b. 建立政府、学校、家长、教师等多方协商机制，定期召开协商会议，共同商讨学校变革中的重大问题和利益诉求；同时，还要建立利益补偿机制，对于在变革中利益受损的群体给予适当的补偿和保障。

综上所述，学校变革是一个复杂而艰巨的系统工程，只有充分认识到变革中的各种阻力，并采取有效的策略加以克服，才能推动学校变革的顺利进行，实现学校教育的高质量发展。

7. 试论校长的素养。［湖北大学 2023 年研］

答：校长作为学校管理的核心领导者，其素养直接影响学校的教育质量与发展方向。以下从多维度论述校长需具备的核心素养：

(1)政治与道德素养：价值观引领的基石

①政治立场与教育方向把控能力

作为一名校长，既要坚持党和国家的教育方针，确保学校教育与国家发展战略一致；又要理解并贯彻教育政策法规，维护教育公平与合规性。

②职业道德与伦理品格

校长还要具备廉洁奉公、以身作则的职业操守，杜绝学术不端、利益输送等行为；同时要切实践行“服务型领导”理念，以师生发展为核心，树立公正、包容的管理作风。

(2)专业知识素养：教育与管理的双重深耕

①教育学科专业基础

作为一名校长，既要精通基础教育或高等教育的学科体系，如中小学阶段的课程标准，或高校的学科建设逻辑等，能有效指导教学改革；又要掌握教育心理学、学习科学等理论，理解学生认知发展规律与教师专业成长路径。

②管理科学与教育管理理论素养

校长还要熟悉管理学原理，如德鲁克的目标管理、科层制理论等，并能将组织行为学、战略管理等知识应用于学校运营；同时也要掌握教育管理特有的理论模型，如“霍桑效应”在教师激励中的应用、学校文化建构理论等。

(3)管理实践能力：系统运营的核心支撑

①战略规划与决策能力

作为一名校长，既要能制定学校中长期发展规划，并结合区域教育资源与社会需求优化资源配置；又要在校园安全事故等突发事件中快速做出科学决策，平衡多方利益。

②团队建设与组织协调能力

校长还要致力于构建高效的教师团队，通过绩效考核、培训体系等促进教师专业发展；同时也要有能力协调校内各部门及校外利益相关者（如家长、社区、教育行政部门等）的关系，从而形成教育合力。

③资源整合与创新管理能力

校长还要在盘活教育资源，争取政府拨款、社会捐赠，推动校企合作、校际联盟等方面发挥主观能动作用；同时也要大力推动教育创新，比如在引入信息化教学工具、探索跨学科课程改革等方面有积极的作为。

（4）沟通与领导魅力：文化凝聚的关键要素

①跨层级沟通与共情能力

作为一名校长，既要在与教师沟通时注重倾听需求，通过参与式决策增强员工的归属感；又要在与学生交流时关注心理健康与成长诉求；还要与家长建立信任关系，比如通过家长会、家校共育项目等形式传递教育理念，化解家校矛盾。

②学校文化塑造与价值引领

校长还要善于通过校园活动、制度建设形成独特的教育文化，比如通过校训提炼学校精神，在日常工作中形成并贯彻独特的办学理念，展现进取、包容的领导风格，以个人人格魅力感染师生，成为学校精神的具象化代表。

（5）终身学习与适应能力：应对变革的核心素养

①教育前沿趋势洞察

作为一名校长，要保持良好的学习能力和与时俱进的精神，比如及时跟踪并了解国际教育发展动态，理解数字化转型对教育的影响，结合实际推动教学创新，布局学校信息化建设。

②抗压与应变能力

校长还要能够承受社会转型过程中的各方压力，而且能在教育改革或社会变革中灵活调整管理策略，保持教育教学稳步发展。

（6）法律与安全素养：风险防控的底线思维

①依法治校与合规管理

作为一名校长，要树立依法治校的理念，熟悉《教育法》《教师法》《未成年人保护法》等法律法规，严格规范学校财务、招生、人事管理流程，避免劳动合同争议、招生违规等法律纠纷；同时将“依法治校”融入制度建设，如通过“校规校纪听证会”确保规则公平，让管理有法可依、有章可循。

②安全风险防控与应急处置能力

校长还要建立全方位的校园安全体系，如定期开展消防演练、食品安全检查、心理健康筛查，提前排查隐患；若发生安全事故（如学生意外受伤、校园欺凌），能按流程快速处置，既要保障师生安全，也要做好善后沟通，避免风险扩大化，为学校发展筑牢安全屏障。

总的来说，校长不仅是“行政管理者”，更是“教育使命的践行者”，其素养的综合性与发展性直接决定学校能否在教育变革中实现可持续发展。

8. 试论教育管理中的政策导向。［扬州大学 2023 年研］

答：教育管理中的政策导向是指国家及地方政府通过制定和实施教育政策，对教育管理活动进行引导、规范和调控的过程。政策导向以目标设定、标准建立和资源配置为主要手段，深刻影响教育管理的方向、内容与方式，是连接国家教育战略与基层管理实践的核心机制。其作用不仅体现在规范教育体系运行，更在于推动教育事业适应社会变迁和实现可持续发展。

(1)政策导向在教育管理中的核心体现

①目标导向：确立教育管理的方向

教育政策通过明确发展目标，为各级教育管理活动提供方向指引。例如，在国家创新驱动发展战略背景下，教育政策强调"培养创新型人才"，学校须相应调整课程设置、教学方法和评价机制，将创新素养培育纳入管理重点；又如"双减"政策直接明确减负与提质目标，推动学校管理重心从应试训练转向育人质量提升。

②内容导向：界定教育管理的范畴

政策通过规定教育的内容与标准，直接影响管理的重点领域。如新课程方案强调核心素养和跨学科学习，学校应据此重新规划课程结构、教学研究及教师发展路径，教育行政部门也要将课程实施情况纳入督导评估体系。

③方式导向：推动教育管理方法的革新

政策不仅明确"做什么"，也引导"如何做"。例如教育信息化政策推动数字化教学与管理平台的建设，要求学校和管理部门运用技术提升效率；而"管办评分离"改革则促使学校完善内部治理结构，建立更加民主和科学的管理机制。

④价值导向：奠定教育管理的伦理基础

政策蕴含的价值理念为教育管理设立基本原则和道德底线。如《义务教育法》体现的教育公平价值，要求招生管理和资源分配杜绝歧视、推进均衡；民办教育相关政策强调公益属性，规范收费标准与办学行为，防止教育的过度资本化。

(2)政策导向对教育管理的作用机制

①引导机制

通过愿景描述和目标设定凝聚共识，使各级管理者形成一致的行动方向，让教育现代化蓝图为不同层级的教育管理提供共同追求。

②规范机制

借助法律、条例和标准文本对管理行为作出刚性约束，确立管理禁区与义务范围，并通过督导、评估和问责保障政策执行。

③资源配置机制

通过财政投入、项目安排和人员配备等资源手段，引导管理资源向政策优先领域集中，如乡村教育振兴计划带动师资、经费向农村学校倾斜。

④反馈调节机制

管理实践中出现的问题和经验可反馈至政策制定层面，推动政策的修订与优化，形成政策——管理——再政策的动态完善循环。

(3)教育管理中政策导向面临的实践挑战

①政策统一性与管理差异性之间的矛盾

宏观政策难以完全契合各地各校的实际状况，若缺乏因地制宜的弹性空间，容易导致管理上的“一刀切”和形式主义。

②政策变动性与管理稳定性之间的张力

教育政策随社会发展不断调整，但管理制度、人员结构和组织文化具有惯性，易出现政策新要求与旧管理模式之间的脱节。

③政策符号化与执行实效化之间的落差

部分政策若仅停留在理念层面，缺乏相应的资源支持、能力建设和问责机制，容易导致执行过程中的打折扣和表面化。

(4)优化政策导向与教育管理协同的路径

①提升政策制定的科学性与适应性

政策出台前应充分调研，听取基层意见，并通过试点积累经验。在强调统一目标的同时，也应给予地方和学校合理的自主调整空间。

②完善政策实施的支撑体系

加强人、财、物及数据等资源配套，健全政策解读、培训与指导机制，提升教育管理者和教师的理解与执行能力。

③构建双向反馈与动态调整机制

建立政策绩效监测系统及多元反馈渠道，及时收集政策执行中的问题与建议，以实现政策的持续改进和有效迭代。

总的来说，教育管理中的政策导向是实现国家教育目标的重要保障。唯有提高政策质量、强化执行支撑、健全反馈机制，才能有效发挥政策与管理之间的协同作用，推动教育事业实现高质量、内涵式发展。

9. 试评述古典管理理论的“效率中心主义”。［湖南师范大学2023年研］

答：古典管理理论形成于19世纪末20世纪初的工业革命时期，以泰勒的科学管理、法约尔的一般管理及韦伯的官僚制理论为三大支柱。“效率中心主义”是其最突出的理论特征，即把提升组织效率作为管理的核心目标，并围绕这一目标构建起系统化的方法体系。该理念深刻契合了大工业时代对生产率的迫切需求，推动了管理科学化的进程，但也因时代背景所限存在明显缺陷。以下从主要表现、历史贡献与理论局限三方面展开评述。

(1)“效率中心主义”在古典管理理论中的体现

①泰勒的科学管理：聚焦作业效率

泰勒以提升个体作业效率为核心，主张以科学方法取代经验判断。通过时间与动作研究优化操作流程，推行工具、方法和环境的标准化，并实施差别计件工资制，将经济利益与效率直接挂钩，从而实现人、机、作业方式的高效匹配。

②法约尔的一般管理：强调整体组织效率

法约尔从企业全局出发，提出计划、组织、指挥、协调与控制五大管理职能，并系统总结分工、统一指挥、权责对应等14项管理原则。其理论旨在通过结构化、原则化的管理措施，保障组织在整体层面的协调与高效运作。

③韦伯的官僚制理论：追求行政效率

韦伯基于理性合法权威，构建了以层级节制、专业分工、文书管理和非人格化关系为特征的理想行政组织体系。该模式通过清晰的权责界定、规范的操作程序和摒除个人情感干扰，力求实现稳定、可预测和高效的行政管理。

(2)历史贡献：推动管理科学化与工业化发展

①重视管理的科学性与客观性

古典理论首次将管理从依赖个人经验的模糊状态，推进到可分析、可测量、可复制的科学范畴，为现代管理学科奠定了方法论基础。

②有效支撑工业化大生产

其效率导向的管理模式极大提升了劳动生产率，适应并推动了19世纪末至20世纪初工业扩张的需要，例如福特制流水生产就是科学管理思想的成功实践。

③构建现代管理的基本框架

古典理论所提出的专业化分工、职能划分、组织原则与制度化管理等概念，至今仍是组织管理的基础构件，影响深远。

(3)理论局限：时代语境下的不足

①将人简单视为“经济人”

古典理论忽视人的社会属性与心理需求，过度强调物质刺激和控制性管理，抑制了员工主动性与创造力，容易引发工作疏离与劳资冲突。

②缺乏对组织环境的动态适应

该理论建立在静态、封闭的系统假设之上，未考虑外部环境变动对组织的影响。其强调的结构稳定和程序固化，可能导致组织僵化，难以应对快速变化的市场和技术环境。

③对效率的定义过于狭隘

古典理论仅关注操作效率和经济利益，未能兼顾组织公平、创新潜能、员工发展等多元目标，容易导致短期效率与长期健康发展之间的失衡。

总体而言，古典管理理论的“效率中心主义”是特定历史条件下的产物，它成功实现了管理从经验到科学的转变，并为现代管理实践奠定了重要基础。然而，其对人性的简化理解、对环境的静态假设以及对效率的单一追求，也表现出明显的时代局限。这些不足为后续行为科学、系统理论、权变理论等管理思想的发展提供了反思与超越的空间。当前的管理实践仍需重视效率，但应在汲取古典理论科学方法的基础上，更加关注人的价值、组织的适应性与目标的多元平衡，从而实现可持续的高效能发展。

10．学校公共关系的概念、职能及活动原则。［云南大学2022年研］

答：(1)学校公共关系的概念

学校公共关系是指学校为树立良好组织形象、优化育人环境、促进与内外公众的相互理解与支持，有计划、有组织地开展的一系列沟通、传播与关系协调活动的总和。它既是学校管理的重要组成部分，也是连接学校与社会的桥梁。

(2)学校公共关系的职能

①信息管理职能

负责监测和收集来自政府、社区、家长、媒体等公众的意见与反馈，同时将学校的办学理念、政策与成就准确、及时地向外界传递，减少误解，增加透明度。

②形象塑造与维护职能

通过系统化的传播和实际行动，建立并维护学校的良好声誉和品牌形象，尤其在面临质疑或危机时，主动进行形象修复与维护。

③关系协调与整合职能

主动与家长、社区、政府、媒体及其他利益相关方建立并维持双向、互惠的积极关系，化解可能出现的矛盾与冲突，整合多方资源为学校发展服务。

④危机预防与处理职能

制定危机预案，在面临突发事件或舆情危机时，能够迅速、专业、有效地进行沟通与应对，控制事态发展，保护学校声誉。

⑤支持学校发展的职能

通过成功的公共关系，赢得公众对学校的信任与支持，为招生招聘、争取资源、政策环境营造创造有利条件，最终服务于育人目标的实现。

(3)学校公共关系的活动原则

①真实性原则

所有传播信息必须真实可靠、言行一致。诚信是良好公共关系的基础，任何虚假宣传都会严重损害学校公信力。

②双向沟通原则

摒弃单向宣传，注重与公众的双向信息交流与反馈。既要主动传播，也要认真倾听公众意见，使其成为决策参考。

③持续系统性原则

公共关系是一项需长期投入的战略性工作，应持续、系统地进行规划和实施，避免零散化和临时性。

④公共利益优先原则

学校作为公共机构，其公关活动必须恪守公益属性，平衡学校利益与公众期望，主动承担社会责任。

⑤全员参与原则

成功的公共关系有赖于全校成员(教职工、学生等)的共同努力。每位成员都是学校的“形象大使”，其言行都关系到外部对学校的评价。

总之，有效的学校公共关系是一项战略管理职能，它通过真诚、系统、双向的沟通与管理，为学校构建和谐的内外环境，最终服务于立德树人的根本任务和学校的可持续发展。

11. 论述学校组织建设的原则。［安徽师范大学2021年研］

答：学习组织建设的原则包括：

(1)精兵简政，与学校目标、任务相一致的原则

这一原则是指学校组织机构和工作岗位的设置，必须以提高效能和效率为指导思想，坚持因事设岗，组织建设围绕学校目标和任务进行，不设冗员。贯彻这一原则，应该做到：

①对校内机构和职位的设置一定要进行科学论证，以追求效能和效率为目标。

②打破狭隘的专业分工观念，坚持各岗位人员满工作量，以此确定人员总体编制，以

此为基础，倡导工作人员一专多能，最终实现“高效率、高质量、高工资”的组织建设目标。

(2)统一领导的原则

这一原则是指在学校工作中，只能有一个指挥中心，每个下属只接受一个直接上级的领导并且对他负责，管理者不可越级指挥。贯彻这一原则要注意以下几方面：

①正确处理校内的党政关系，在中小学落实校长负责制，建立健全民主决策机制和监督保障机制，确立校长行政指挥中心的地位。

②建立严格的责任制，明确各级管理人员和工作人员的职责和工作关系，保证指挥到位。

③领导者要敢于授权，善于授权，避免工作中越俎代庖。

(3)分工协作的原则

这一原则是指学校组织建设中要根据开展业务工作的需要进行专业分工，规模较大的学校要建立专业部门开展专门领域的管理工作，从而提高工作的科学性和效率；但同时要建立有效的协调机制，使各个专业部门和人员分工不分家，彼此互相合作，紧密配合，以组织的内在联系保证工作有系统地进行。贯彻这一原则的时候要注意做到：

①依法治校，将各个部门和人员之间的协作关系以制度形式明确加以规定，不留缺口。对完成新设任务的部门，尤其要仔细研究其协作关系。

②学校在考虑各部门合理利益的同时，要对片面追求部门利益的行为进行必要的限制。部门领导干部及工作人员的定期轮换岗位，是削弱这种倾向的手段之一。

(4)职、责、权相一致的原则

这一原则是指任何岗位上的工作人员都应严格承担起与其职务相一致的责任，履行其应尽的义务，并享有完成职责所必需的权利。贯彻这一原则必须做到：

①规范地建立岗位责任制，以文件形式明确每位工作人员的职责任务和工作质量要求，确定管理者应向其提供的各种条件，并规定完成或没完成任务的情况下所给予的奖励或惩罚。

②建立双向监督机制，既监督工作人员尽责情况，也监督领导者保障工作人员合法权利的情况。

(5)建立监督机制，促进民主管理的原则

这一原则是指为了保障学校重大决策的科学准确和防止领导干部渎职、腐败现象的产生，应尊重教职工参与管理的民主权利，从组织和制度上加以保证。贯彻这一原则时应做到：

①实现组织落实，切实建设好校务委员会、教职工代表大会和家长委员会等组织，不仅应使其组织健全，而且应切实落实它们的知情权、建议权和监督权，使其职责制度化和活动规范化。

②教职工代表大会和家长委员会应进一步扩大职权并具有相对独立性。

(6)因校制宜的原则

这一原则是指每所学校在设置组织机构和制定制度时，不应千篇一律照搬某种模式，而应根据本校的实际情况设计适合自己需要的结构。

12. 请针对近年来我国教育管理体制(或者学校管理体制)改革进行分析和评价。[宁波

大学2020年研]

答：近年来，我国教育管理体制改革以促进教育公平、提升教育质量、激发办学活力为核心目标，在政策设计、资源配置、治理机制等方面进行了系统性探索与创新。以下从改革重点、成效与挑战三个维度进行分析与评价：

(1)改革重点领域与举措

①深化“放管服”改革，优化政府与学校关系

通过简政放权、优化服务，推动政府职能从“管理”向“治理”转变；逐步扩大高校和中小学校在课程设置、经费使用、人事管理等方面的自主权，推行“负面清单”管理制度，减少行政干预；同时，强化省级政府教育统筹权，探索“市域统筹”机制，促进教育资源跨区域优化配置。

②构建多元共治的治理结构

推动建立政府、学校、社会共同参与的教育治理新格局，例如，完善教育督导体系，建立“督政、督学、评估监测”三位一体的督导机制，强化对地方政府履行教育职责的监督；鼓励社会力量参与办学和管理，通过“政府购买服务”等方式引入第三方机构参与教育评价与资源供给；推动家校社协同育人，明确家长责任与学校边界，形成育人合力。

③推进教育评价改革，破除“五唯”顽疾

2020年《深化新时代教育评价改革总体方案》实施后，各地各单位进行了积极的探索。针对中国教育体系中的核心弊病——“五唯”[五种被绝对化、片面化的评价标准，即“唯分数”“唯升学”“唯文凭”“唯论文”“唯帽子(头衔)”]，改革者力图建立多元、综合、发展性的评价体系，把教育生态从“应试教育”和“功利化科研”导向“素质教育”和“实质性创新”。例如，在教师评价中，推行“代表作制度”，突出教育教学实绩和师德师风，弱化论文数量与项目等级硬性要求；在学生评价中，强化综合素质评价，关注学生成长过程与全面发展；在高校评价中，试点分类评价，引导不同类型高校科学定位、特色发展。但需注意，教育评价改革“破易立难”，部分被破除的旧观念可能改头换面再生，且第三方评价市场尚不成熟，科学性、专业性仍需提升。

④促进教育资源均衡配置，保障教育公平

这方面主要的改革有：实施“县管校聘”制度，推动教师跨校交流轮岗，优化师资配置；通过“集团化办学”“学区制管理”等方式，扩大优质教育资源覆盖面；加大农村和薄弱地区教育投入，如统一城乡义务教育生均公用经费基准定额，实施“特岗计划”补充乡村教师。

⑤强化教师队伍建设，夯实发展基础

这方面主要的改革有：提高教师待遇，落实惠师政策(如住房保障、医疗优先)；完善教师培训体系，实施“国培计划”“银龄讲学计划”等，提升教师专业能力；改革教师职称评聘制度，拓宽职业发展通道。

(2)改革成效与社会影响

①教育公平取得显著进展

随迁子女在公办学校就读比例、残疾儿童义务教育入学率持续提高；城乡、校际教育资源差距逐步缩小，部分地区通过教共体建设使县域内学校差异系数显著下降。

②教育质量实现内涵提升

"双减"政策有效减轻学生过重作业负担和校外培训负担，课后服务覆盖率大幅提升，学生综合素质得到更多关注；职业教育产教融合深化，人才培养与产业需求对接更加紧密。

③教育服务经济社会发展能力增强

职业院校毕业生就业率保持较高水平，为产业升级输送大量技术技能人才；高校在科技创新中发挥重要作用，专利转化金额显著增长。

(3)挑战与深化路径

①现存问题与矛盾

a. 区域与城乡发展不均衡：中西部、农村地区教育资源和质量仍显著落后于东部和城市地区。

b. 改革协同性不足：部分政策在落地过程中存在配套措施不全、部门协调不畅等问题，如"双减"后隐形变异培训现象仍存，职业教育产教融合"合而不深"。

c. 教师负担过重：教师面临非教学任务繁重、工作时间长、压力大等问题，影响职业吸引力。

d. 评价体系改革任重道远：破除"五唯"后，科学、多元、动态的评价体系尚未完全建立；教师职称评聘、学生招生考试等关键环节的改革仍需深化。

②深化改革建议

a. 强化省级统筹，完善资源配置机制：建立更精准、动态的资源倾斜机制，重点支持薄弱地区和学校。

b. 深化教育评价改革，构建科学评价体系：需注重"破立并举"，在破除"五唯"的同时，加快构建符合中国国情、具有世界水平的教育评价体系；应强化过程评价和增值评价，探索利用人工智能、大数据等技术赋能教育评价，推动评价更加科学、客观、精准；同时，培育专业的第三方评价机构，构建政府、学校、社会多元参与的评价共同体。

c. 切实减轻教师非教学负担：完善教师激励机制，保障教师聚焦教育教学主业。

d. 推动数字化赋能教育管理：利用智慧教育平台整合资源，提升管理效率与服务能力。

e. 加强法治保障与政策协同：完善教育法律法规体系，确保各项改革于法有据、协同推进。

综上所述，我国教育管理体制改革已取得历史性成就，尤其在促进公平、优化结构、规范管理等方面成效显著，初步构建了中国特色现代教育治理体系的基本框架。然而，改革仍面临发展不平衡、协同不足、评价改革待深化等挑战。未来改革需进一步强化系统集成和数字化赋能，深化教育评价改革，并始终坚持立德树人的根本导向。通过持续创新体制机制，优化资源配置，提升治理能力，方能稳步迈向教育治理现代化，为2035年建成教育强国奠定坚实基础。

13. 论述学校效能社会系统模型的主要思想。[中国海洋大学2020年研]

答：学校效能社会系统模型以社会系统理论为核心理论基础，将学校视为一个与外部环境持续互动的开放社会系统，通过分析系统内外的结构、功能及互动关系来阐释学校效能的形成机制。其主要思想可从以下几个层面展开：

(1)理论基础：学校作为"开放的社会系统"

社会系统理论（如帕森斯的结构功能主义、贝塔朗菲的一般系统论）是该模型的理论内核。该模型认为，学校并非孤立的封闭组织，而是嵌套于更大社会环境中的子系统，一方面，学校要依赖外部环境（如政府、社区、家庭、市场等）获取资源（如政策支持、经费、生源、信息等），另一方面，学校还要向外部环境输出“产品”（如符合社会需求的毕业生、教育服务、科研成果等），其效能应该通过与外部环境的互动来检验。

（2）核心思想：系统内外的“结构——功能——互动”协同

①外部环境与学校的“输入——输出”互动

学校效能的首要体现是对外部环境需求的响应能力，具体通过“输入——转换——输出”流程实现：

a．输入：外部环境向学校提供资源与需求，如政府的教育政策与经费、家庭的生源与教育期待、市场的人才标准等。这些“输入”是学校运作的基础，也限定了学校的目标方向。

b．转换：学校通过内部的教学、管理、组织等活动，将输入的资源转化为教育成果（如学生的知识技能、综合素质的提升）。这一“转换过程”的效率是效能的核心，应该依赖内部结构的协调。

c．输出：学校向外部环境交付“成果”，如毕业生进入劳动力市场、教育服务满足社区需求等。输出的质量与适应性直接决定外界对学校效能的评价——若输出符合政府、家庭、市场的需求，则学校效能被认可；反之则被视为“低效”。

同时，外部环境对“输出”的反馈（如雇主对毕业生的评价、家长的满意度、政府的评估结果）会反向调整学校的“输入”与“转换”过程，形成动态互动循环。

②学校内部子系统的“结构协调”

学校作为社会系统，内部由多个相互关联的子系统构成（如教学子系统、管理子系统、后勤子系统、师生互动子系统等），各子系统的功能定位与协同程度直接影响整体效能：

a．子系统的功能分化：每个子系统有其特定职能（如教学子系统负责知识传递，管理子系统负责资源调配），功能的明确性是系统有序运作的基础。

b．子系统的互动协同：效能并非单个子系统的简单叠加，而依赖子系统间的协作。例如，教学子系统的课程改革需要管理子系统提供经费与制度支持，还需要后勤子系统保障教学条件，若子系统间脱节（如管理流程僵化阻碍教学创新），则整体效能会下降。

c．整体大于部分之和：该模型强调“系统整体性”，即使个别子系统存在短板，若通过协调机制（如跨部门沟通、目标共识）实现互补，仍可提升整体效能；反之，若子系统各自为政，即使单个子系统高效，整体也可能低效。

③系统的“动态平衡”与“适应能力”

学校效能的可持续性依赖系统的“动态平衡”能力：

a．系统要在“稳定”与“变革”间保持平衡：稳定的教学秩序、管理规范是基础，但当外部环境变化（如技术革新引发教育方式变革、社会对人才需求转向创新能力）时，系统应该主动调整内部结构（如更新课程、优化教学方法、重构管理流程），避免因僵化而失去适应性。

b．平衡的核心是“目标适配”：学校的核心目标（如育人目标）应该与外部环境需求、内部子系统能力相适配。例如，当社会需求从“知识传授”转向“素养培育”时，学校要调整教学子系统的目标(从"应试"到"综合发展"),并同步协调管理、评价等子系统的目标,确保整体目标一致。

(3)效能评价:"多元维度"+"过程-结果融合"

与传统"单一结果导向"(如仅以升学率评价学校)的效能观不同,社会系统模型强调效能评价的"多元性"与"过程性":

①评价维度多元

应该兼顾"输入效能"(资源获取的合理性)、"转换效能"(内部运作的效率)、"输出效能"(成果的适应性),以及"反馈效能"(对环境变化的响应速度)。

②关注过程与结果的关联

不单纯以"输出结果"(如成绩、升学率)论效能,更关注"结果如何产生"。若学校通过挤压师生时间、牺牲综合素质教育获取高成绩,虽短期"输出"达标,但破坏了内部子系统的平衡(如师生关系紧张、教学子系统功能异化),则被视为"非可持续效能";反之,若通过优化教学方法、协调子系统互动实现成果,则是"高质量效能"。

(4)意义与局限

该模型突破了传统"封闭组织"视角对学校效能的认知,首次将学校置于广阔的社会互动中考察,强调"内外协同"与"整体平衡",为学校效能提升提供了系统性思路(如优化资源输入、协调内部子系统、建立反馈机制等);但应该注意,其对"系统互动"的强调可能忽视个体能动性(如教师、学生的主观作用),实践中必须结合具体情境补充完善。

14. 教育管理偏科学,教育领导偏艺术。评析该说法的合理性。[华东师范大学2019年研]

答:"教育管理偏科学,教育领导偏艺术"这一说法,是对教育领域中"管理"与"领导"两类活动核心特征的经典概括。它并非否定两者的交叉性,而是通过强调"科学"与"艺术"的差异,揭示了教育管理与教育领导在目标、方法、逻辑上的本质区别。这一说法的合理性可从以下三个层面展开分析:

(1)教育管理的"科学性":以"秩序与效率"为核心,依赖规则与方法

教育管理是对教育组织内资源(人、财、物、信息等)的计划、组织、协调与控制过程,其核心目标是实现教育组织的有序运行与资源高效配置。这种定位决定了它更偏向"科学"——科学的本质是"可标准化、可验证、可复制",而教育管理的实践逻辑正与此高度契合。

①管理依托"制度与规则",强调标准化

教育组织的稳定运行需要明确的制度框架:从学校的教学常规(如课程表制定、考勤制度)、师资管理(如职称评审流程、绩效考核标准),到后勤保障(如经费使用规范、设施维护流程),本质上都是"标准化规则"的体现。这些规则并非主观臆断,而是基于对教育组织运行规律的总结(如"教学流程标准化可减少资源浪费""考核标准透明化可提升公平性"),具有科学的逻辑基础。例如,中小学的"年级组-教研组"管理结构,是通过对"教学协作需求"与"管理效率"的科学分析形成的组织模式,其功能是通过明确的权责划分减少内耗——这种"结构化设计"正是管理科学性的典型表现。

②管理依赖"数据与工具",追求精准性

现代教育管理越来越强调“基于证据的决策”，这与科学研究“用数据验证假设”的逻辑一致。例如，学校对教学质量的管理，要通过学生成绩分析（如平均分、及格率、分数分布）、教师教学评估数据（如课堂观察记录、学生满意度调查）等客观指标，而非主观感受，来判断教学问题并调整策略；教育行政部门对区域教育资源的调配，要通过对生源数量、学校容量、师资缺口等数据的量化分析，制定均衡发展方案。这种对“数据工具”的依赖，使管理过程具有可测量、可优化的科学属性。

③管理遵循“普适规律”，具有可复制性

科学的核心是“规律的普适性”，教育管理的方法同样具有跨情境的可迁移性。例如，“目标管理理论”（将组织目标分解为个人目标）在学校管理中可表现为“学校发展目标→年级目标→班级目标→教师个人目标”的拆解；“流程优化理论”可应用于简化招生流程、减少行政审批环节——这些管理方法的底层逻辑（如“目标分解提升执行力”“流程简化提升效率”）并非针对某一所学校，而是适用于各类组织的普适规律。这种“规律性”正是管理科学性的核心证明。

（2）教育领导的“艺术性”：以“变革与引领”为核心，依赖洞察与创造

教育领导是引领教育组织成员共同实现愿景、应对变革的过程，其核心目标是激发组织活力、推动教育创新（而非维持现有秩序）。这种定位决定了它更偏向“艺术”，艺术的本质是“个性化、情境化、创造性”，而教育领导的实践逻辑正当以此为基础。

①领导聚焦“人的心性激励”，需要“个性化回应”

领导的核心是“影响人”，但教育组织中的“人”（教师、学生、家长）是具有情感、需求、价值观的个体，而非标准化的“资源”。激励教师投身教育改革、引导学生主动学习、争取家长对学校工作的支持，都无法通过统一规则来实现，而要依赖对个体需求的精准洞察与个性化策略，这正是“艺术”的体现。例如，面对一位因职业倦怠而消极工作的教师，“管理”可能按制度扣发绩效，而“领导”则需要通过沟通理解其倦怠的根源（是家庭压力？还是专业发展困惑？），若为前者，就可能需要协调灵活工作时间；若为后者，则可能需要提供培训机会。这种“因人而异的策略选择”，没有固定公式，更像“因材施教”的教育艺术，依赖领导者的同理心与直觉判断。

②领导应对“不确定性变革”，需要“创造性突破”

教育领域始终面临复杂的变革需求，比如技术革新（如人工智能对教学模式的冲击）、社会对人才需求的变化（如从“知识掌握”到“核心素养”的转向）、政策调整（如“双减”“新高考改革”）等，都要求教育组织突破既有模式；而应对不确定性，恰恰需要“艺术”的创造性，因为科学依赖固定方法，艺术则强调灵活应变。例如，某学校推进“项目式学习”改革时，若仅按“管理思维”制定标准化流程（如规定每个项目必须包含3个环节），可能扼杀教师的创造性；而“领导思维”则需要通过构建愿景（如“让学生在解决真实问题中成长”）、搭建平台（如提供跨学科协作时间）、包容试错（如允许初期效果不佳的探索），引导教师自主探索适合本班的模式。这种“在无标准中找路径”的过程，正是领导艺术性的核心。

③领导依赖“信任与情感联结”，需要“人格魅力”

领导的影响力并非仅来自职位权力（如校长的行政职权），更来自“非权力影响力”，这种影响力的构建，本质是“艺术”而非“科学”。科学可总结“沟通技巧”，但无法复制“人格

魅力”，比如，一位校长若能以真诚打动教师（如深入课堂听课并提出具体改进建议）、以情怀凝聚团队（如在改革困难时主动承担责任）、以远见激发热情（如清晰描绘学校未来的发展蓝图），自然能获得成员的信任；反之，若仅靠职位发号施令，即使制度再完善，也难以推动变革。这种“情感联结”的建立，没有标准化方法，更多依赖领导者的价值观、同理心与沟通智慧，就如同艺术家通过作品传递情感，这正是“艺术”的特质。

（3）“科学”与“艺术”的互补：管理与领导的不可分割性

需要明确的是，“教育管理偏科学，教育领导偏艺术”并非否定两者的交叉。事实上，在教育实践中，管理与领导始终相互嵌套，就是说，没有科学的管理，领导的愿景会因“资源混乱”而落空（如学校想推进课程改革，却因教学资源调配混乱导致教师无法实施）；没有艺术的领导，管理的规则会因“缺乏活力”而僵化（如严格的考勤制度若没有对教师的人文关怀，可能引发抵触情绪）。

但这一说法的价值在于，它提醒我们避免“将管理等同于领导”的误区：若用“科学管理”的逻辑要求领导（如用标准化考核衡量校长的领导力），会扼杀领导的创造性；若用“艺术领导”的逻辑替代管理（如用“情怀”代替制度规范），会导致组织的无序。例如，“双减”政策的落实中，“管理”需要通过制定作业量标准、规范校外培训流程等科学规则搭建框架；而“领导”则需要通过解读政策愿景（如“让教育回归育人本质”）、引导教师探索高效课堂（如提供教研支持）等艺术方式推动落地，两者缺一不可，但核心逻辑不同。

综上所述，“教育管理偏科学，教育领导偏艺术”的说法之所以具有合理性，根本在于它抓住了两者的核心功能：管理是“做正确的事”（通过科学方法实现效率与秩序），领导是“正确地做事”（通过艺术方式激发变革与活力）。在教育领域中，既需要科学的管理为组织“筑基”，也需要艺术的领导为组织“赋能”，两者的差异不是对立，而是互补。这一概括不仅有助于我们清晰区分“管理行为”与“领导行为”，更能为教育实践提供指引：在资源调配、制度建设等场景中侧重“科学管理”，在愿景构建、变革推动等场景中侧重“艺术领导”，才能实现教育组织的可持续发展。

15．请阐述实施目标管理在学校管理中的意义。［汕头大学2019年研］

答：目标管理由彼得·德鲁克提出，核心是围绕组织总目标构建分层目标体系，通过“目标制定——分解——执行——考核——反馈”的闭环流程，调动全员能动性以达成任务。在学校管理中，目标管理既是“以目标凝聚共识、以责任驱动效能”的管理工具，也是推动学校高质量发展的核心机制，其意义主要体现在以下五个方面：

（1）锚定办学方向，确保教育方针政策落地生根

学校作为落实国家教育方针的基层载体，目标管理通过将宏观政策转化为具体可测的目标体系，解决了“政策落地最后一公里”的问题。例如，将“立德树人”根本任务分解为“德育活动开展频次”“学生综合素质评价达标率”“师德考核优秀比例”等中层目标，再细化为班主任每周德育谈话、学科教师课堂德育渗透等具体任务；将“五育并举”转化为体育课时达标、艺术社团参与率、劳动实践学分要求等可量化指标。这种“宏观——中观——微观”的目标分解，使国家教育政策从抽象要求变为全校师生的共同行动指南，避免了政策执行的“虚化”“弱化”。

（2）激活主体动能，构建全员参与的治理格局

教师是学校管理的核心力量，目标管理通过“民主参与式目标制定”和“自我管理式目标执行”，充分尊重教师的专业性与自主性。相较于传统“自上而下”的指令性管理，目标管理强调在学校总目标框架下，由教研组、年级组及教师个人协商制定部门目标与个人目标。例如，教务处与学科组共同确定“高三年级本科上线率提升5%”的目标，再由教师结合所带班级学情制定“个性化辅导计划”“课堂效率提升方案”等个人目标。这种模式既契合教师“渴望被尊重、追求成就感”的心理需求，又通过“权责匹配”（赋予教师教学方法选择权、学情分析自主权）激发其内生动力，从“要我做”转变为“我要做”。

(3)明晰权责边界，完善科学高效的责任制体系

目标管理的核心是“目标层层分解、责任逐级落实”，通过建立“谁牵头、谁负责、谁考核”的责任链条，解决了学校管理中“职责模糊、推诿扯皮”的痛点。例如，针对“校园安全管理”总目标，可分解为：安保部门负责“门禁管理达标率100%”“安全隐患排查每月1次”；德育处负责“学生安全教育每周1课时”“应急演练每学期2次”；总务处负责“消防设施完好率100%”“食堂食品安全零事故”。每个部门及岗位的目标、责任、考核标准均明确量化，形成“人人有目标、事事有抓手、件件有反馈”的管理闭环，既确保了各项工作的落地质量，也为后续考核提供了客观依据。

(4)优化资源配置，提升学校管理的整体效能

学校资源（师资、经费、场地等）的有限性要求管理必须“精准发力”，目标管理通过“目标导向的资源倾斜”，实现资源配置与核心任务的匹配。例如，若学校将“打造省级特色学科”作为年度核心目标，则可优先将经费投向该学科的实验室建设、教师外出培训、教材开发等领域；若目标聚焦“义务教育均衡发展”，则可将优质师资、教学设备向薄弱年级、薄弱学科倾斜。同时，通过目标执行过程中的动态监测（如月度目标完成度分析），可及时发现资源错配问题（如某项目经费闲置、某场地使用率过低）并调整优化，避免资源浪费，让有限资源发挥最大育人效益。

(5)促进持续改进，形成动态迭代的发展机制

目标管理并非“一次性目标达成”，而是通过“考核——反馈——修正”的闭环，推动学校管理的持续优化。例如，学期末通过“目标完成度评估会”，对照“学生满意度”“教学质量数据”“家长反馈”等多维度指标，分析目标未达成的原因：若“教师培训目标未完成”，可能是培训内容与教师需求脱节，需要调整培训方案；若“课后服务质量不达标”，可能是师资配置不足，就需要补充社会资源。这种“以评促改”的机制，使学校能够根据教育政策变化（如“双减”政策实施）、学生需求调整（如个性化学习需求增长）、外部环境变化（如教育信息化推进）动态优化目标体系，实现“管理——发展——再管理——再发展”的良性循环。

综上所述，目标管理在学校管理中兼具“方向引领、动力激活、责任落地、资源优化、持续改进”的多重价值，是实现学校从“经验型管理”向“科学型治理”转型的关键路径。

16. 论述学生管理的原则有哪些？请结合工作实际或学习体验，运用教育学、心理学理论及学生管理的主要原则，论述针对不同特征的学生群体应采取何种管理措施（至少列举出五种群体）？［南京航空航天大学2018年研］

答：学生管理由于是一种特殊的管理活动，是一种对于受教育对象——学生的管理，

因而这种管理显然也是十分复杂的。

(1)学生管理的原则

①不要用固定的尺度和条条框框去要求学生：学校都是按照党的教育方针，针对相应的培养目标而实际地开展工作的，这就是说，同一级类的学校教育在总的方面的要求是相同的。然而由于人的禀赋、爱好、性格以及所处的环境条件的差异，作为教育工作者一定要转变对各种“特殊”学生态度，注意并发现学生身上特殊的兴趣和才能并予以特殊培养。只有在教育过程中不用固定的尺度和框框去要求学生，因材施教，才有可能在最大程度上提高教育工作的实际效果，获得最大的教育效益。

②按照不同的层次评价和教育学生：就学生的各方面表现而言，实际上是存在着不同层次的。因此，在评价学生时，就必须考虑到该生所处居的层次。

③为学生创造展示才能的机会：对学生进行管理，并不是把学生管理得绝对严格，说不准说，动不准动，只能按照老师的意志行事。对学生进行管理，实质上就是以一种合理的、有效的方式最大限度地促进学生的全面发展。

④对学生的管理要做到宽严结合：为了取得宽严结合的好效果，对学生的研究应该是正确的、简明的、有计划和严格的，正确是指提出的要求是科学合理，符合学生年龄特点，切合实际；简明是指容易被学生理解掌握，便于记忆和履行；有计划是指提出的要求是循序渐进的；严格是指对学生的缺点和错误不放松教育。

(2)不同学生群体的管理措施

①正式群体，是指根据成员编制、章程或其他正式文件而建立的群体。正式群体结构明确，它们规定好成员的地位和角色，明确提出各成员的权利和义务，并具有良好的群体规范，有清晰的信息沟通路线和权力控制机制，所要完成的任务也有详细的规定。政府、企业、工厂、学校班级等都是正式群体。其管理应制定一定的班级制度、利用好班级成员的作用。

②非正式群体，是指那些无正式规定的、自发形成的、成员的地位和角色以及权利和义务都不明确、也无固定编制的群体，它主要用于满足人们某种生活需要，并且带有明显的情感色彩，即以个人的好感为基础。形成非正式群体的原因有三个：一是某种利益或观点的一致性；二是由于有共同的价值观和共同的兴趣、爱好；三是由于有相似的生活经历或背景。由于非正式群体以情感为纽带，以兴趣爱好为基础，所以有着较强的内聚力和对成员的吸引力，因此在管理过程中应从群体形成的原因入手，使得正向作用的非正式群体发展成为正式群体。

③参照群体，是指个体自觉接受其规范和准则，并以此来指导自己行为的群体，是人们心仪的群体，它的价值和规范体系常常是个人的目标或标准。也称为榜样群体，如先进班级、优秀球队等。对该类学生群体的管理应该积极发挥群体每个人的优势，发挥群体的榜样效应。

④大型群体，是指群体成员人数众多并以间接方式取得联系的群体，如通过群体的共同目标、通过各层组织机构等，使成员建立间接的联系。大型群体还可以进一步分为不同形式、不同层次的群体。通过大群体的优势融入更多学生，达到管理学生的目的。

⑤小型群体，是指相对稳定、人数不多、为共同目标而结合起来的、各个成员直接接

触的联合体。它有共同的目标，全体成员为此目标而共同努力。小型群体成员间相互熟悉，往往面对面交往沟通，心理感受也较明显。管理该类群体，应为学生创造一切展示才能的机会，以合理、有效的方式促进学生全面发展。

17. 何谓“去行政化”？你认为高校“去行政化”正确吗？试陈述你的理由。［华中农业大学2017年研］

答：(1)“去行政化”的内涵

“去行政化”是针对组织运行中“行政化过度”问题提出的改革方向，其核心是剥离或弱化行政权力对非行政领域的过度干预，明确行政权力的边界与运行规则，让各领域按自身规律自主运作。在高等教育领域，“高校去行政化”的具体指向包括：①弱化高校的行政级别属性(如不再将高校划分为副部级、厅级等)，减少政府行政部门对高校内部事务的直接指令性干预；②厘清行政权力与学术权力的边界，避免行政逻辑主导学术事务(如科研项目评审、学科建设、职称评定、人才聘用等应该回归学术共同体自主决策)；③改变“行政本位”的管理模式，破除行政权力对资源分配、人员晋升的绝对主导，保障教师、科研人员在学术活动中的主体地位与自主权。

(2)我的观点及理由

高校“去行政化”是合理的，但需要注意“去行政化”并不是“去行政”，而是“去过度行政化”。

①高校“去行政化”的合理性

高校“去行政化”的主张具有明确的合理性，其本质是对“行政化过度”弊端的修正，符合高等教育的内在规律：

a. 行政化过度背离了高校的学术本质

高校的核心使命是人才培养、科学研究与社会服务，而这些职能的实现依赖于学术自由与学术自治。行政化过度的典型表现是“以行政逻辑替代学术逻辑”，其具体表现为：在资源分配上，行政权力主导科研经费、设备资源的分配，可能导致资源向“易管理”“短期见效”的项目倾斜，而非真正具有学术价值的领域；在学术评价上，用“量化行政指标”(如论文发表数量、课题级别)替代专业学术判断，导致“唯论文”“唯帽子”等浮躁现象，挤压了基础研究、原创性研究的空间；在决策机制上，学术事务(如学科方向调整、教授聘用)需要层层通过行政审批，忽视了教师、科研人员的专业意见，导致决策低效或偏离学术规律。总之，“去行政化”的核心诉求之一，正是让学术权力回归学术领域，让高校按学术规律办学，这是对高校本质属性的回归。

b. 行政化过度制约了高校的自主发展活力

我国高校长期存在“行政依附性”特征，政府行政部门对高校的微观管理过多(如专业设置、招生计划、人事任免等均必须行政审批)，而高校自身的办学自主权不足。这种“行政主导”模式会导致以下后果：首先，高校缺乏办学特色：为迎合行政评价标准，多数高校倾向于“大而全”发展，忽视自身优势学科的深耕，难以形成差异化办学定位；其次，基层创新动力不足：行政层级过多导致管理僵化，教师、科研团队的创新想法需要经过烦琐的行政流程才能落地，甚至因“不符合行政规范”被搁置；最后，对社会需求的响应滞后：行政化的决策链条过长，高校难以快速调整人才培养方案、科研方向以适应产业变革或社会发展需求。需要注意，“去行政化”并非否定政府对高校的宏观监管，而是主张“简政放权”，即政府从“直接管理”转向“宏观引导”，赋予高校更多办学自主权，这是激发高校活力的必要路径。

c. 行政化过度影响了教育公平与学术生态

行政权力的泛化还可能导致资源分配不公、学术生态受损，其具体表现为：在人事管理上，“行政身份”优于“学术身份”，部分教师将更多精力投入行政职务晋升（如“当官比当教授更划算”），而非教学科研，导致师资资源的错配；在学术资源获取上，行政权力与学术资源的绑定可能滋生“关系化”“圈子化”现象，部分缺乏行政资源的青年学者、基层教师难以获得公平的发展机会；在校园文化上，“行政本位”取代“学术本位”，导致校园氛围趋向“官僚化”，师生对学术的敬畏感、对创新的热情被削弱。总之，“去行政化”的重要目标之一是规范行政权力的运行，建立“学术优先”“公平竞争”的机制，这对维护健康的学术生态、保障教育公平具有重要意义。

②并非“去行政”，而是“去过度行政化”

需要明确的是，“去行政化”不等于“否定行政”，更不是“取消行政管理”。高校作为复杂的组织，必然要有合理的行政管理来保障其有序运行（如后勤服务、财务规范、安全管理等），行政权力本身具有不可替代的协调、服务功能。“去行政化”的核心是“划界”与“协同”：

a. 划界：明确行政权力与学术权力的权责范围：行政权力负责“服务与保障”（如资源统筹、流程规范），学术权力负责“决策与主导”（如学术评价、学科建设），二者互不越界。

b. 协同：行政为学术服务，而非学术依附于行政。例如，行政部门要为科研团队提供高效的经费报销、设备采购服务，而非用审批流程“卡脖子”；学术委员会要在行政部门的支持下自主开展学术评审，同时接受必要的合规性监督。

若将“去行政化”误读为“取消行政”，可能导致高校管理失序、资源浪费，反而损害办学效益。因此，“去行政化”的正确方向是“适度行政化”：保留必要的行政管理，剥离过度的行政干预，实现行政与学术的良性互动。

总的来说，高校“去行政化”是完全正确的改革方向，其合理性源于对“行政化过度”弊端的深刻反思，符合高等教育“学术为本、自主发展”的内在规律。它不是否定行政管理的价值，而是通过“厘清边界、简政放权、学术回归”，解决行政权力泛化、学术活力不足、办学自主权受限等问题。当然，“去行政化”是一项系统工程，必须配套推进政府职能转变（从“管理”到“服务”）、高校内部治理结构优化（建立“教授治学、民主管理”的机制）、评价体系改革（弱化行政指标，强化学术与社会价值导向）等。唯有如此，才能真正实现“去行政化”的初衷——让高校回归学术本质，释放创新活力，更好地承担起培养人才、引领社会发展的使命。

18. 试论影响学校质量的偶然因素和系统因素及其应对策略。［青岛大学2016年研］

答：学校质量的提升受到多种因素影响，这些因素可根据其性质、作用时间和影响范围，划分为偶然因素和系统因素。偶然因素具有突发性、非持续性和局部性特征，系统因素则体现为长期性、结构性和整体性。要有效提升学校质量，就必须准确识别并分别针对这两类因素制定应对策略。

⑴偶然因素及其特征

偶然因素是指那些难以预测、突然发生，并对学校正常运行和质量产出造成短期或局部干扰的事件或条件。主要包括：

①突发公共事件

如自然灾害(如地震、洪水、火灾等)导致校舍损毁或教学中断，公共卫生事件(如疫情等)迫使教学转为线上，或社会安全事件影响校园周边环境。这类事件直接冲击教学秩序，影响师生安全与健康。

②临时资源中断

如关键教学设备突然故障、核心教师因病临时离职，或教材供应链断裂。这类因素造成资源供给出现瞬时缺口，直接影响特定教学活动的正常开展。

③偶发性人为失误

如重大考试组织出现疏漏、评估准备不足，或个别教师的不当行为引发舆情危机。此类事件虽可能源于个体，但易被放大，对学校声誉和形象造成负面影响。

(2)系统因素及其特征

系统因素指长期植根于学校制度结构、资源配置和文化模式之中，持续对教育质量产生深层次、全局性影响的内在条件。主要包括：

①制度性因素

包括学校治理结构(如行政与学术权力配置)、评价激励体系(如重科研轻教学的评价导向)以及教师管理制度(如职称晋升标准)。这些制度从根本上塑造了学校的运行逻辑与价值取向。

②资源配置因素

涉及资源的长期均衡性(如校际或区域间经费、师资、设施的差距)、使用效率(如经费分配是否向课程研发与教师发展倾斜)及可持续性(如资源保障是否稳定)。这是支撑学校质量提升的物质基础。

③教学与文化因素

涵盖课程体系是否僵化与社会脱节、教学模式是否仍以教师为中心忽视学生主动性，以及学校文化是否缺乏创新氛围和师生良性互动。这些因素直接关系到教育过程的质量和学生的综合发展。

(3)应对策略

①应对偶然因素：构建“预警——响应——恢复”的弹性机制

偶然因素的应对核心在于快速响应、减缓冲击并尽快恢复正常秩序。

a. 完善应急管理体系

针对各类潜在风险(自然灾害、公共卫生事件、技术故障等)制定详尽的应急预案，明确责任分工与处置流程，并定期组织演练，提升实战能力。

b. 建立资源缓冲储备

设立应急专项资金，与相关机构建立协作关系以获取临时师资、设备支援。建设备份教学资源库(如离线课件、云端平台)，确保教学在突发情况下能无缝切换。

c. 优化事后恢复流程

建立快速评估和补救机制，一旦事件发生，能迅速评估教学损失，并通过调整教学计划、补充课时等方式进行针对性弥补，最大限度减少对学生学习进程的干扰。

②应对系统因素：深化“制度——资源——文化”的结构性改革

系统因素的应对核心在于进行顶层设计和长效机制建设，从根本上优化教育生态。

a. 深化制度变革

优化学校内部治理结构，保障学术委员会在教学、课程等专业事务中的决策权。改革评价体系，将教学质量、学生发展、师德师风作为评价教师和学校的核心指标，引导正确的办学方向。

b. 优化资源配置

通过集团化办学、师资轮岗、专项转移支付等方式，促进资源在区域、校际的均衡配置。建立以需求和质量为导向的资源投入机制，优先保障课程创新、教师专业发展和学生学习体验等关键领域。

c. 推动教学与文化创新

定期更新课程内容，增强其前沿性与实践性。大力推广以学生为中心的教学模式（如项目式学习、探究式学习）。着力培育开放、包容、创新的学校文化，鼓励教师进行教学创新，并建立师生、家校之间的民主对话机制，激发内生发展动力。

综上所述，偶然因素与系统因素共同影响着学校质量。实践中，二者并非截然分开：健全的系统（如完善的资源储备和制度）能增强学校抵御偶然事件的能力；而应对偶然事件的经验（如大规模线上教学实践）也能倒逼系统变革（促进教育信息化转型）。因此，学校应该“双管齐下”，既要建立灵活的应急机制以应对不确定性，更要坚定不移地推动深层结构性改革，方能实现教育质量的持续与全面提升。

19. 目前学术界对于教育管理学的某些概念及学科体系看法不一，试结合存在的问题论述教育管理学的学科“误区”。［华中农业大学 2015 年研］

答：教育管理学作为教育科学与管理科学的交叉学科，在学科概念、理论体系及研究方法等方面仍存在不少争议，这些争议导致学科在发展过程中形成若干认知和实践上的“误区”。准确辨识并厘清这些误区，对推动教育管理学的学科成熟和实践深化具有重要意义。以下是当前存在的主要学科误区及其具体表现：

（1）概念界定的模糊化：缺乏统一明晰的学科核心概念

教育管理学的一些基本概念长期存在界定不清、使用随意的现象，如“教育管理”“教育领导”“教育治理”等术语常被混用或泛化，缺乏具有共识的学术定义。这种概念模糊导致研究成果难以积累和对话，也削弱了学科的解释力和指导力。

（2）学科体系的拼凑化：结构松散，缺乏内在逻辑整合

目前常见的学科体系构建存在两种偏颇：一是简单套用普通管理学的职能框架（如计划、组织、控制等），忽视教育组织的特殊性和育人过程的复杂性；二是按问题领域机械罗列（如德育管理、教学管理、后勤管理等），缺乏系统整合和逻辑主线。其结果是学科知识呈现“碎片化”，难以形成有机整体。

（3）理论建构的西方中心主义：本土化反思不足

学科中许多主流理论源于西方语境（如校本管理、分布式领导、教育问责），其在中国

的适用性并未得到充分检验。不少研究停留在理论引进和概念移植层面，缺乏对中国教育管理体制、文化背景和现实问题的深入观照，导致理论解释力不足，与实践脱节。

(4)研究方法的单一化与割裂：思辨与实证未能有效融合

一方面，不少研究仍以思辨和演绎为主，缺乏实证数据的支持，结论往往流于主观和空泛；另一方面，随着实证研究的兴起，又出现"方法至上"倾向，过度依赖量化模型和技术分析，忽视教育管理问题的价值维度与情境特征，陷入"技术主义"误区。

(5)学科定位的摇摆与依附：独立性尚未真正确立

教育管理学长期徘徊于"教育学"与"管理学"之间，学科定位不够清晰。或过度侧重教育属性，成为教育政策的诠释工具；或片面强调管理逻辑，简单套用企业管理和经济理性，忽视教育的公共性、伦理性和育人本质，导致学科自主性不强，理论创新受限。

总之，教育管理学欲走出上述误区，就要强化学科自觉与理论自信，致力于构建兼具国际视野与中国特色的概念体系和理论范式。应坚持以教育管理的现实问题为导向，推动多学科研究方法的有机融合，在深化本土实践研究的基础上实现理论创新，逐步确立其作为一门独立应用学科的合法性与专业性。

20．结合实际，谈谈学校管理中应如何对教师进行有效的激励。［杭州师范大学2014年研］

答：激励主要是指激发人的动机，使人有一股内在的动力，朝向所期望的目标前进的心理活动过程，也可以说是调动积极性的过程。教师是学校工作的主体，对教师进行有效的激励，对于学校的各项工作都具有十分重要的作用。因此，学校管理者需要有效的教师激励策略，具体如下：

(1)物质激励

物质激励主要包含两个方面的内容：一是通过普遍提高全体教师的经济收入和福利待遇来调动教师积极性；二是通过建立一定的物质奖励机制。对工作成绩突出的教师给予必要的物质奖励，以鼓励教师为教育事业做出更大的贡献。

(2)目标激励

目标激励是指通过设置科学合理的学校发展目标，让教师看到未来美好的前景，并将这一前景与当前的工作学习和未来的个人发展联系起来，从而激励教师为实现预定目标而积极投身于学校的各项工作。

(3)制度激励

制度激励是指基层中小学校长通过校内民主制度的建设，充分发挥教代会的作用，使教师有机会参与学校重大决策和工作计划的制定。同时，也要建立沟通制度，通过经常性的沟通交流，从而激发教师在工作上和思想上与学校患难与共的积极态度。

(4)情感激励

情感激励是指学校领导通过与教师谈心、家访、探病、交朋友与教师建立正式或非正式的情感联系，了解他们的发展愿望和遇到的种种困难，真诚地帮助他们解决问题，使教师心情舒畅、情绪高昂地投入教育教学工作之中。

(5)榜样激励

榜样激励是通过领导者以身作则和率先垂范或通过发现、总结和宣传校内先进人物的典型事迹，为广大教师提供积极工作、努力进取的参照和范例，从而激发教师为效法榜样而奋发向上。

(6)信息激励

信息激励是通过组织教师外出参观先进学校，请外校教师来学校传授经验，以及向教师推荐报纸杂志有关教改的信息资料，使教师在不断地信息交流中，体会社会变化之迅速和教育改革之紧迫，由此而促进教师产生抓住机遇、奋起直追、力争上游的积极心态。

(7)评价激励

教师评价激发教学工作热情有效途径之一。在对教师进行评价时，应该做到以下几点，来更好地发挥评价对教师的激励作用：

①以教师为本。评价者需明确，教师评价本身不是目的而是手段，即通过评价建立激励机制，激发教师工作的积极性，提高教学质量。评价过程中应对事不对人，在尊重教师人格尊严的前提下为教师提出改进意见。

②评价内容全面。以往对教师的评价多以学生的考试成绩为依据，而对学生的思想品德、个性、人格等的发展以及教师的教学行为、授课质量、专业发展等不够重视。我们不仅要评价教师的教，还要评价学生的学；不仅评价教育活动的结果，也评价教育活动的过程；不仅评价教师在知识、技能和能力等认知方面的发展，还要评价情感、意志、个性、人格等非认知因素的发展。

③评价方法多样化。由于教师活动的极其复杂性、多因素制约性以及评价技术和手段的局限性，使得任何一种教师评价方法都不可能是万能的，每一种评价方法都有自己的特点、长处和缺陷，都有特定的适用范围和界限。在对教师进行评价时，需注意将各种方法相结合，充分发挥各种评价方法的优势和特长，使评价结果更加客观、公正。

④评价需具教育性和发展性。评价应重视教师评价的教育性和发展性功能，力图通过过程评价和形成性评价，及时向教师提供反馈信息，使他们能够了解教育活动中存在的缺陷和不足，从而促使教师能够不断地改进、完善自己的教育活动和学习活动，促进自身的专业发展，使教育活动更好地为学生的发展服务。

上述的教师激励策略是从不同角度、不同侧面来调动教师积极性的，并且，它们之间不是完全割裂的，而是存在互相交叉的。因此，在学校管理中领导者需要根据不同情况，综合运用各种教师激励的策略，才能获得预想的效果。

21. 请谈谈你对中小学办学自主权的认识。[苏州大学 2013 年研]

答：中小学办学自主权是教育治理体系中的核心议题，其本质是在政府宏观调控与学校自主办学之间寻求平衡，让学校能够根据自身实际和教育规律灵活开展教育教学活动。它既关乎学校教育活力的激发，也直接影响教育质量的提升与学生全面发展目标的实现。对这一问题的认识，可从内涵、价值、现实困境及优化路径四个维度展开。

(1)中小学办学自主权的核心内涵

办学自主权是学校作为教育主体，在法律框架和政策引导下，自主决定办学事务的权力集合。其核心内涵可概括为“四大自主”，具体指向教育教学、人事管理、经费使用、校园治理等关键环节：

①教育教学自主

这是办学自主权的核心内容，包括根据国家课程方案自主开发校本课程(如结合本地文化开发“地方民俗”特色课程）、自主调整教学进度与方式（如采用分层教学、项目式学习等适配学生需求的模式）、自主开展教育评价（如建立多元评价体系，而非仅以分数衡量学生）等。

②人事管理自主

这是指学校在教师招聘、聘用、考核、激励等方面的自主决策权，比如根据教学需求自主招聘紧缺学科教师（如艺术、科技教师），结合教师教学表现制定个性化考核标准，而非完全依赖统一的行政指标。

③经费使用自主

即在政府拨付的办学经费范围内，自主决定经费的具体用途，比如将经费优先投入实验室升级、教师培训或学生实践活动，而非完全由上级部门“专款专用”式的微观管控。

④校园治理自主

它包括自主制定学校发展规划（如明确“科技特色校”“艺术特色校”等定位）、自主管理校园事务（如优化班级设置、开展校园文化活动）、自主协调家校社关系（如组建家长委员会参与学校管理）等。

必须明确的是，中小学办学自主权并非“绝对自由”，而是“有限自主”，也就是说，国家教育方针、课程标准、法律法规是其必须恪守的底线，要切实避免偏离“立德树人”的根本目标。

（2）落实中小学办学自主权的重要价值

办学自主权是中小学“办出特色、办出质量”的前提，其价值体现在对教育规律的遵循、学校活力的激发及教育公平的促进三个层面：

①遵循教育规律的必然要求

教育的本质是“因材施教”，而中小学学生发展存在个体差异，学校所处的地域环境（城市与乡村、发达与欠发达地区）、文化背景也各不相同。赋予办学自主权，能让学校摆脱“一刀切”的行政干预，根据本校学生特点（如乡村学校可结合农业实践设计劳动课程）、资源条件（如城区学校可联动社区资源开展研学活动）灵活调整办学策略，更贴合教育“个性化、情境化”的规律。

②激发学校活力的核心动力

长期以来，中小学多处于“政府主导”的被动执行状态，办学模式固化、创新动力不足。而办学自主权能将学校从“行政附庸”转变为“自主主体”，即教师可因教学自主而更愿探索创新教法，校长可因治理自主而更聚焦学校长远发展，最终形成“一校一特色”的办学格局（如有的学校以“体育传统”见长，有的以“科技创新”为亮点），打破教育同质化困境。

③推动教育公平的重要路径

教育公平不仅是“资源均衡”，更是“机会适配”。办学自主权能让薄弱学校或特色学校根据自身需求调整发展方向，比如，乡村学校可自主保留“小班化教学”优势，避免盲目照搬城市学校的“大班课模式”；特殊教育学校可自主开发“融合教育课程”，让残障学生更好适应社会。这种“自主适配”能弥补统一行政管理下的“标准化缺陷”，实现更高层次的公平。

（3）中小学办学自主权落实的现实困境

尽管办学自主权的价值已被广泛认可，但在实践中仍面临“放不到位、用不起来、管不规范”的三重困境：

①政府“放管失衡”：权力下放“形式化”

部分地方政府存在“放权不彻底”或“放后乱干预”的问题，具体表现为：一方面，关键权力(如教师招聘、课程调整)仍集中在教育行政部门，学校仅获得“无关痛痒”的自主权(如校园活动安排)；另一方面，即便名义上放权，仍通过“考核指标”“检查评比”等方式变相干预(如要求学校按统一进度完成教学，否则影响评优)，导致学校“不敢自主”“不能自主”。

②学校“能力不足”：自主决策“低效化”

长期受行政主导模式影响，部分中小学缺乏自主办学的能力与经验，具体表现为：校长多由行政任命，习惯于“按上级指令办事”，缺乏战略规划与资源整合能力；教师参与决策的渠道不畅，难以形成“民主共治”的氛围；甚至部分学校获得自主权后，因缺乏专业判断而“乱决策”(如盲目开设校本课程导致资源浪费)，反而暴露了治理能力的短板。

③社会“监督缺位”：权力运行“风险化”

办学自主权若缺乏监督，可能异化为“权力滥用”，比如，部分学校借“招生自主”违规掐尖招生，借“经费自主”乱收费，借“课程自主”削减国家课程课时。而当前社会监督机制仍不健全：家长委员会多流于形式，社会公众难以获取学校办学的真实信息，导致“自主”与“规范”之间的平衡难以把握。

(4)优化中小学办学自主权的路径：构建“放管服”协同机制

落实办学自主权，要突破“一放就乱、一管就死”的恶性循环，从政府、学校、社会三方协同入手，构建“放得合理、用得高效、管得规范”的治理体系：

①政府：从“直接管控”转向“宏观引导”，明确“放权边界”

a. 精准放权

梳理“政府权责清单”与“学校自主权清单”，将教育教学、校本课程开发、教师考核激励等“微观事务权”彻底下放；保留教育方针制定、办学标准监管、经费总额调控等“宏观管理权”，避免“错位干预”。

b. 强化服务

为学校自主办学提供支持，比如搭建教师培训平台(帮助学校提升教师专业能力)、共享优质教育资源(如通过“智慧教育平台”让乡村学校获取城区课程资源)、简化审批流程(如经费使用“备案制”替代“审批制”)。

②学校：从“被动执行”转向“主动治理”，提升“用权能力”

a. 完善内部治理结构

建立“校长负责、党组织领导、教职工代表大会参与、家长委员会监督”的多元决策机制，避免“校长一言堂”，比如校本课程开发要经教师讨论、学生反馈、家长审议后实施，确保决策科学。

b. 强化专业支撑

通过“校长研修班”“学校管理培训”提升校长的战略思维；鼓励教师参与教学研究与课程开发，赋予教师教学创新的“自主权”(如允许教师自主设计教案、选择教学方法)，让

“自主办学”落地到课堂层面。

③社会：从“被动观望”转向“主动参与”，健全“监督体系”

a. 畅通参与渠道

明确家长委员会的权责（如参与学校招生政策讨论、经费使用监督），定期向社会公开办学信息（如课程设置、经费收支、招生计划），让社会力量“知情、参与、监督”。

b. 规范权力运行

建立办学自主权“负面清单”（如严禁借“自主”违规招生、乱收费），对权力滥用行为建立问责机制（如教育督导部门定期评估学校自主办学情况），确保“自主不越界”。

综上所述，中小学办学自主权不是“要不要放”的问题，而是“如何放好、用好”的问题。它既是学校作为教育主体的“应有之义”，也是激发教育活力、促进学生全面发展的“关键之举”。唯有政府“放权得当”、学校“接得住、用得好”、社会“监督有效”，才能让办学自主权真正成为“办好人民满意的教育”的助推器，实现教育质量的内涵式提升与教育生态的可持续发展。

22. 试述学校变革的阻力及其克服策略。［杭州师范大学2011年研］

答：（1）学校的变革阻力

教育改革的基点不仅在于宏观的教育制度和体制的变革，更重要的在于每一所学校。学校的变革是国家教育改革的实践主体。没有学校的变革和发展，就没有教育的变革和发展。但是变革并不是一件容易的事情。学校的变革涉及方方面面的利益分配问题，具体来说，学校的变革阻力主要来自以下几方面：

①学校文化的阻碍。每个学校经过一定时间的发展都会形成自己独特的文化。一所学校一旦形成并确立了自己的文化，该文化就成为学校成员们的价值导向。学校文化最主要的特征是稳定性和连续性。因此，学校变革可能会使学校的具体做法发生迅速的变化，但学校组织的文化却在短时间内难以发生本质变化。

②学校教育系统具有内在的保守性与稳定性。一旦学校形成完整的组织体系并扎根于社会结构中，其整体架构往往趋于固定。尽管它会随社会变迁逐渐发生缓慢的演进，但学校体制的基本属性及其所承担的教育功能定位具有延续性，不易发生根本性改变。在现实的学校改革进程中，追求安全感也成为学校变革的阻力之一。学校变革有风险，在不确定改革前景的情况下，人们一般不愿意承受风险去改变现有的状况。

③教师的抗拒。学校变革过程中可能会受到教师的抗拒，原因是学校变革可能会阻碍教师需要的满足，威胁到他们的各种利益。同时，教师认为学校变革对他们的权利和地位造成了损害，会增加他们的工作责任和负担。

④既得利益者的阻碍。学校变革与学校教育权利、学校教育资源、学校教育利益再分配有关。在这种情况下，学校教育制度下形成的既得利益者往往成为学校变革的阻力和障碍。

（2）克服学校变革阻力的策略

①确立学校变革的系统观。学校变革必须从一个有关学校教育体系和教育资源的全面观点出发，与社会相关各个部门合作，寻求广泛的综合策略。

②变革学校文化，形成学校共同体。学校变革需要学校各方人员的共同努力，学校共

同体的形成有助于大家共同承担责任，推动变革的进程。

③调动教师参与学校变革的积极性。教师的态度决定学校变革的成败，许多学校变革的失败在于没有考虑教师的实际利益和情况。因此，在学校变革过程中要鼓励教师们积极出言献策，参与到学校变革决策的制定中来。

④取得家长的支持。家长对学校在社会中能够享有的工作环境具有重要意义，因此家长参与学校管理、参与学校变革是非常重要的。

学校变革是一项相当复杂的工作，对学校来说是伤筋动骨的大工程，它可能会引起学校成员的不同反应，可能有对抗发生。因此决策层必须要有充分准备和周到的设计来应对。

23. 结合《国家中长期教育改革和发展规划纲要(2010～2020)》精神，阐述你对我国教育行政管理体制的改革设想。[首都师范大学2011年研]

答：《国家中长期教育改革和发展规划纲要(2010～2020)》(以下简称《纲要》)指出：健全统筹有力、权责明确的教育管理体制。以转变政府职能和简政放权为重点，深化教育管理体制改革，提高公共教育服务水平。明确各级政府责任，规范学校办学行为，促进管办评分离，形成政事分开、权责明确、统筹协调、规范有序的教育管理体制。由此可以看出，教育行政管理体制改革的方向是简政放权，扩大学校的办学自主权，逐步构建起政府宏观管理、市场适当调节、社会广泛参与、学校自主办学的新体制。因此，我认为，我国教育行政管理体制改革的方向有以下几点：

(1)职能转变

职能转变是教育行政管理体制改革的核心，其关键在于实现“宏观管住、微观放开”的治理逻辑，即教育行政部门需从“越位干预”的微观事务中退出，同时补齐“缺位失责”的宏观管理短板。

具体到与学校的关系层面，核心是落实“政事分离、简政放权”：一方面，需清晰界定教育行政部门与学校的权责边界，坚决将属于学校办学自主权范围内的事项(如教学安排、师资管理、校内资源调配等)下放给学校；另一方面，教育行政部门需聚焦宏观调控、政策引导、监督评估等核心职能，不再直接干预学校日常办学细节，最终推动学校在法治框架下自主面向社会办学，形成“行政不越位、学校不失责”的良性互动关系。

①学校的办学自主权

学校的办学自主权，主要是对教育教学活动的决策、指挥、组织和协调权以及与此相关的人、财、物的支配权。上级教育行政部门应给予学校以下权力：

a. 教育教学工作的决策指挥权。

b. 人事聘用权。

c. 经费支配权。

d. 教育仪器设备购置权。

②教育行政管理部门的职能

教育行政管理部门的职能是宏观管理。基础教育是地方负责，分级管理的体制，每一级教育行政部门都应有相应的职责和权限，应该划分清楚。这里只对地县一级的教育行政部门的职责和权限作一阐述。对地县一级教育行政部门宏观管理是什么呢？概括起来讲主要是三个方面：统筹规划、协调服务、评价调控。

a. 统筹规划：各类教育的比例、结构、布局、规模，各类教育发展的规划等，都要由教育行政管理部门来管理。

b. 协调服务：协调教育部门与政府其他部门和社会各方面的关系，共同支持教育发展；贯彻和制定政策法规，为教育发展创造一个宽松的环境；为学校提供资金、信息、政策、法律等方面的服务和指导，等等。

c. 评估调控：对各类教育各类学校的办学状况进行评估；用经济政策、法规等手段进行调控。

职能转换后，教育行政管理部门的角色，由过去“父亲”的角色转向“服务员”的角色，由过去既是“运动员”又是“裁判员”的角色转向“裁判员”的角色。

(2)管理方式的转变

①规则服务型管理

以《纲要》“依法行政”要求为核心，教育行政部门从“指令管控”转向“规则引领＋服务支撑”；完善教育法规与标准体系(如办学、师资、质量评估标准)，以制度明确权责；同时强化服务职能，通过“一网通办”简化审批流程，为学校提供政策咨询、资源对接等精准服务，变“学校找政策”为“政策送服务”。

②适当市场调节

坚守教育公益性底线，义务教育由政府全额保障，严禁市场化逐利；非义务教育及非学历教育可适度引入社会资本，鼓励民办学校合规办学。通过政府购买服务、校企合作等盘活资源，同时建立“准入——监管——退出”全链条机制，规范收费与质量，引导市场力量补充多元教育需求。

③社会参与管理

落实《纲要》“扩大教育开放”要求，构建多元共治格局。建立家长委员会、行业专家咨询组等平台，吸纳师生、家长、企业及社会组织参与政策制定与学校治理；推动教育督导社会化，引入第三方机构评估政策执行与办学质量，增强管理透明度与公信力。

(3)学校面向社会依法自主办学

①政府职能转变后，学校的办学自主权扩大了，学校能否办好责任完全在学校。为了把学校办好，学校要创新办学体制。只有在政府宏观管理，市场适度调节和社会广泛参与的前提下，学校才能真正依法自主办学。学校自主办学能不能变为现实，将取决于学校内部的运行是否能建立起符合教育规律，并主动适应经济和社会发展与变化的新机制。这种机制需要一整套组织、制度以及运作系统与程序，这是学校自主办学体制创新的主要内容。构建一个法人治理结构，是体制创新的主要内涵。

②校长是学校的法人代表，是学校的管理者，负有全面管理好学校的责任。校长负责制虽早在20世纪80年代的《义务教育法》中已明确确立，却未能全面落地推行，原因是行政部门仍存在过度干预学校办学的倾向，在人事任免、经费使用、教学管理等核心领域管得过多过细，使得校长虽名义上承担管理职责，却缺乏自主决策的实际权力，难以真正履行管理者的统筹规划、资源调配与教育教学引领职能。校长负责制在得到真正落实以后，校长在学校的教育教学工作，以及与此相关的人、财、物方面将有更大的自由度，因此，校长的素质也要达到一定的要求，一般来说，校长要有先进的教育理念；丰富的教育教学

经验；开拓创新的意识；敏锐的分析决策能力；精明的管理协调能力。实行校长负责制，校内如何管理？这是摆在校长面前的一个重要课题。校长负责制并不是校长一个人说了算，而是要形成科学决策，贯彻执行和民主监督的新体制。这就是实际意义上的法人治理结构。

上述教育行政管理体制改革的设想，是一种理想化的状态，而实际情况要复杂得多，因此在改革的过程中，一定要根据实际情况设计方案，使方案具有稳定性、可操作性和实效性，根据目标分阶段实施，逐步达到改革的目的。

24. 期望理论及其在教师管理中的运用。[首都师范大学 2011 年研]

答：(1)期望理论

期望理论，又称“期望概率模式理论”，是试图通过考察人们的努力与其所获的最终奖酬之间的因果关系来解释激励过程的理论。该理论认为，选择性行动成果的强度(即职工对某一行动成果的评价或效价)和期望概率(即职工认为某一行动成功的可能性的程度或期望值)两者决定激励力的大小。激励力促使行动，行动取得成果，成果使职工得到满足。该理论可用下式表示：激励力量(M)=效价(P)×期望值(E)。其含义为：一个人追求的目标的强度，与目标价值量的大小成正比；达到目标的可能性大小，则影响到信心。效价与期望值的不同结合，会产生不同的激励力量。

(2)期望理论在教师管理中的运用

期望理论应用在教师管理中就是要加大对教师的激励，而这恰恰是学校管理的重点和难点。当前，学校在教师管理中存在着激励机制失衡、激励措施不力、激励效果不佳的现象。究其原因，主要是一些学校管理者简单化地理解错综复杂的激励活动，缺乏全面的激励思想做指导，激励手段单一。表现在激励主体上，重“他励”、轻教师的“自励”；激励着眼点上，重工作结果、轻工作过程；激励内容上，重外在性因素、轻内在性因素。要正确地把期望理论应用到教师管理中，应该做到以下几点：

①明确工作与奖酬关系。学校管理中激励的根本目的是激发教师的积极性，鼓励教师做出绩效，获得奖酬，满足教师的个人需要，并在这一过程中达成组织目标。教师做出绩效是前提，而不是先有奖励后有绩效，只有教师首先完成组织任务才能导致精神与物质的奖励。学校管理者要鼓励教师努力工作，坚信有所付出才有所收获。要对教师传达一个明确的信息：敬业爱岗，认真做事，奖酬与绩效挂钩。

②管理教师的“期望”。影响教师努力程度的两大因素是效价和期望值。效价高，对教师才有吸引力，这是毋庸置疑的人的行为规律。对期望则应细加分析，日常中人们往往将期望与期望值混为一谈，其实两者是有联系、又有区别的。期望是指一个人根据以往的经验在一定的时间里希望达到某一目标的一种心理活动，人的期望源于自身需要。期望值是对“所期望的内容”能否实现的概率估计，表现在工作激励中，就是对能否达成绩效及其获得奖酬的可能性估计。期望“值”可以用百分比来表示，而期望的内容只能描述，而不可用百分比来反映。需要与期望是人们行为的动因，教师的努力程度必然与教师的期望有关。因此，学校领导者首先要关注和了解教师的心理期望。

③引导教师角色感知。“角色”是个人在社会团体中被赋予的特定身份，以及该身份所应发挥的功能。角色感知会影响自己工作范围的确定以及做好工作所必需的努力方向和水平，从而规定自己该消耗多大的精力投入到该工作中去。教师在学校组织中是什么角色？

教师感觉自己是学校的“打工人”还是主人？对自己的行为目标，以及对绩效都有着重要影响。当他认为自己是“打工人”时，他对所从事的工作可能就会敷衍了事，以达到基本要求为限；如果把自己的角色定位于主人，认为自己是学校组织的重要一员，并对学校组织的目标产生高度认同，就会产生一种肯定性的感情和积极态度，自觉增强责任感和义务感。

④强化内在奖酬。教师奖酬分为外在奖酬和内在奖酬两大类。外在奖酬是学校组织给予的物质奖励和精神嘉奖。内在奖酬来于工作本身，源于教师对所从事工作过程与切身体验，以及对工作绩效意义的认识。在教师管理中应该通过宣传教育，彰显教师工作的社会意义；通过精心设计，赋予教师工作以挑战性；通过合理筹划，使教师工作内容丰富而富有创造性；培育良好的教师文化，使教师自觉、自主地进入快乐的工作状态。

⑤力求公平公正。在学校组织中，导致教师产生不公平感受的因素主要可归为两大类：一是客观方面的原因，学校制度可能存有不公平、不完善之处；二是教师当事者的主观原因。因此要通过完善民主管理，教师参与制度制定，建立科学绩效评价机制来解决客观方面的因素。针对主观方面导致的不公平竞争感，要通过公开评价信息，加强与教师通过深度访谈、沟通、解释、说明、引导等方式来克服。教师只有感受到学校组织的公平与善待，才会心情舒畅地投入工作，实现“满意感”与“努力程度”之间的良性循环。

四、材料分析题

1．**材料：**

某中学教职工平均年龄偏大，50岁以上教师占比近一半，部分教师逐渐显露职业倦怠。校长针对此种情况推出三项激励措施：进行心理健康辅导；评选骨干教师与优秀教师；开设老教师数字化教学培训班。

问题：根据激励理论，对校长改革进行评价。［上海师范大学2025年研］

答：从激励理论视角看，校长针对教职工年龄偏大、职业倦怠的问题推出的三项措施，既贴合老年教师群体的需求特点，也体现了对经典激励理论的运用，但在精准性与系统性上仍有优化空间，具体评价如下：

(1)优点

①心理健康辅导：契合“保健因素”，缓解“消极情绪”

赫茨伯格的双因素理论指出，“保健因素”(如工作环境、心理状态)的改善可减少员工不满。老年教师因教龄长，面临新课标与数字化教学的冲击，易因“能力适配焦虑”“职业价值感下滑”产生倦怠，这正是“保健因素缺失”的表现。校长推出的心理健康辅导，直接针对职业倦怠的心理根源，通过压力管理讲座缓解、疏导“新旧教学要求冲突”的焦虑，通过一对一咨询重建“教学价值认知”，本质是通过补充保健因素，降低教师对工作的负面情绪，为后续激励奠定心理基础；同时，从马斯洛需求层次理论看，这一措施也满足了教师的“安全需求”(心理稳定)与“情感需求”(被理解与支持)，助其从“被动应付”转向“愿意尝试改变”。

②骨干与优秀教师评选：激活“激励因素”，唤醒“成长动力”

双因素理论还指出，“激励因素”(如认可、成就、成长机会等)是提升工作满意度的核心。该校部分老教师可能因“晋升到顶”陷入“职业天花板”困境，进而产生“按部就班”的心态，这正是“激励因素不足”的典型表现。校长的评选改革打破“年龄与职称优先”的潜规则，将“新课标实践”等纳入标准，实质是用“多元认可”替代“单一晋升”；获评者获得的专项经费、培训机会，既是“成就认可”（满足尊重需求），也是“能力提升通道”（满足自我实现需求）。从公平理论看，这种以“实际贡献”为核心的评选，让教师的“投入”与“回报”更匹配，修复了过去“按资历分配”的不公平情形，能有效激发教师持续努力的动力。

③老教师数字化培训班：锚定“能力需求”，降低“改变阻力”

弗鲁姆的期望理论认为，激励效果取决于“目标吸引力”和“实现可能性”。老教师对数字化教学的接受度较低，本质是能力不足导致“实现可能性低”：他们常因不会用而不愿用，进而因跟不上改革步伐加剧职业倦怠。校长开设的数字化培训班精准解决了老教师的能力短板：通过实操培训降低“学会难度”，提升“实现可能性”；通过考核加分赋予“目标吸引力”。这些措施契合期望理论的“目标——能力——动力”逻辑，将“压力”转化为“可行目标”。

(2)不足及优化建议

①激励的个性化适配不足

亚当斯的公平理论强调“个体需求差异”。该校措施多为统一推行，但教师职业倦怠存在不同类型，如能力焦虑型、价值失落型、重视安逸型等，部分临近退休的老教师对“数字化培训”等也兴趣较低。如此一来，激励措施可能仅对部分人有效。因此，需分层设计以匹配个体需求：对“价值失落型”教师，可增设教学经验传承奖、支持其出版教案集、为其开设“名师讲堂”；对“重视安逸型”教师，可提供现成的数字化课件模板，减轻入门压力；对“能力焦虑型”教师，可开展“阶梯式培训”，从“基础操作”到“创新应用”分阶段进阶。

②激励的长效机制缺失

目标设置理论指出，激励需要“持续反馈与目标递进”。该校措施侧重“短期行动”：如心理健康辅导可能仅为有限几次讲座或咨询，缺乏长期跟踪，可建立教师心理状态月度监测机制；骨干教师与优秀教师评选也应形成动态体系，摒弃“一次性奖励”，转而激励“持续创新者”，如设置“终身教学成就奖”“专属教研工作室”；对数字化培训后的实践成绩，也需设置递进激励机制，以形成“努力——收获——再努力”的长效循环。

③“能力——激励”的衔接不足

期望理论指出，“实现可能性”需要“资源支撑”。老教师数字化培训若仅开班授课，未配套“课后一对一帮扶”及必要保障机制，可能导致实际效果打折，部分老教师还可能因努力后仍学不会、用不熟而加剧挫败感；骨干与优秀教师评选若仅给荣誉不给资源（如教研专项经费），也会削弱激励的实际效果。对此，可对持续参与的教师设置累积奖励，动态追踪其能力提升成效；为数字化培训班配置“课后帮扶小组”，安排年轻教师一对一帮助老教师；赋予骨干与优秀教师“资源决策权”（如自主支配专项经费），确保“激励承诺”落地。

总的来说，材料中的校长抓住了老教师职业倦怠这一核心“痛点”，并运用双因素理论、期望理论等搭建了基本的激励框架，具有现实合理性；若能进一步结合个体需求差异，完善“精准激励”“长效机制”与“细节落地”，将更有效地唤醒老年教师的职业活力，实现“老教师有价值、学校有活力”的双赢。

2. 材料：

2022年1月，中共中央办公厅印发了《关于建立中小学校党组织领导的校长负责制的意见(试行)》，明确提出中小学校的党组织要全面领导学校工作。

问题：

(1)谈谈你对建立中小学校党组织领导的校长负责制的意义。

(2)中小学校党组织领导的校长负责制在实施过程中应注意哪些问题？［东北师范大学2025年研］

答：(1)建立中小学校党组织领导的校长负责制的意义

建立中小学校党组织领导的校长负责制，是党中央立足新时代教育事业发展全局做出的重大制度安排，其意义可从政治引领、治理效能、育人根本、队伍建设四个维度深化理解：

①筑牢教育的政治方向"压舱石"，确保办学守正创新

《关于建立中小学校党组织领导的校长负责制的意见(试行)》(以下简称《意见》)明确"党组织全面领导学校工作"，其核心是通过党组织的领导地位，将党的教育方针(如"坚持社会主义办学方向""落实立德树人根本任务")转化为学校办学的具体实践；在复杂的社会环境下，中小学校作为意识形态工作的前沿阵地，党组织能通过政治把关(如审核课程思政内容、规范校园文化导向、研判师生思想动态)，避免办学偏离"培养德智体美劳全面发展的社会主义建设者和接班人"的核心目标。例如，在落实"双减""家校社协同育人"等政策时，党组织可牵头统筹学校、家庭、社会资源，确保政策不打折扣落地，避免因单纯追求升学率或市场化倾向导致的教育异化。

②完善学校治理体系"坐标系"，提升管理协同效能

这一制度并非"党组织替代校长"，而是通过"党组织领导、校长负责、分工协作、权责统一"的机制，破解传统领导体制中"党建与业务两张皮""决策与执行脱节"等问题。《意见》明确了党组织会议与校长办公会的议事边界，即党组织会议研究决定"三重一大"事项，如学校发展规划、人事任免、重大经费使用、重要改革方案等，校长在党组织领导下依法依规行使职权，如组织实施党组织决议、负责教育教学日常管理等。这种分工既避免了"个人决策独断"，又防止了"集体决策低效"。例如，某中学在推进校园扩建工程时，先经党组织会议审议建设方案的合规性与育人功能，再由校长办公会落实施工进度与资金调配，既确保方向正确，又提升执行效率。

③聚焦立德树人"核心点"，推动育人全链条落地

党组织的领导能强化学校"育人"的整体性与系统性。传统办学中，部分学校存在"重分数轻德育""重教学轻思政"的倾向，而党组织可通过统筹德育资源，如组建党员教师德育先锋队、推动思政课与学科课融合、建立"家校社德育共同体"等，将育人目标融入教育教学各环节。例如，某小学党组织牵头制定《"红色基因传承"教育方案》，党员教师带头开发"党史小故事进课堂"校本课程，同时联动社区纪念馆开展实践活动，使德育从"碎片化"转向"全员全程全方位"，这正是党组织整合资源、锚定育人根本的直接体现。

④强化教师队伍"主心骨"，凝聚教育发展合力

教师是立教之本，党组织通过政治引领与关怀激励，能激发教师队伍的使命感。一方

面，党组织可将“师德师风”作为教师考核的首要标准，通过“党员教师示范岗”“老中青教师结对”等机制，引导教师践行“四有”好老师标准；另一方面，通过关心教师成长，如在职称评定、培训机会中兼顾公平与实绩、解决教师实际困难等，增强教师的职业归属感。例如，某中学党组织在“双减”政策实施后，及时召开教师座谈会，了解教师负担，牵头调整教研安排，如党员干部带头承担课后服务等，这样既推动政策落实，又缓解了教师焦虑，形成了“党组织引领、教师主动参与”的良好氛围。

(2)中小学校党组织领导的校长负责制实施中应注意的问题

这一制度的落地要避免“形式化落实”“权责错位”等风险，重点关注以下六方面问题：

①细化权责边界，避免“领导”与“负责”的模糊地带

细化权责边界就要严格区分“党组织会议”与“校长办公会”的议事范围，防止“党组织包揽具体事务”或“校长绕开党组织决策”。根据《意见》，党组织会议必须“前置研究”学校发展规划、重要人事、重大经费等“方向性、全局性”事项；校长办公会则负责落实党组织决议、处理教育教学日常事务(如课程安排、学生管理细则等)。在具体实践中，需要避免两类误区：一是“党组织过度行政化”，比如干预教师日常备课细节等；二是“校长决策越位”，比如未经党组织审议擅自调整学校办学目标等。具体来说，可通过制定《学校议事决策清单》，明确“哪些事项必须经党组织研究”“哪些可由校长自主决策”，比如，明确“教师招聘条件”须经党组织会议审议，因为其涉及政治素质要求，而“招聘笔试具体流程”则由校长办公会落实。

②破解“党建与业务两张皮”，推动融合式发展

部分学校可能出现“党建是党建、教学是教学”的形式化倾向，如仅定期开党员会议，未将党建与教学改革结合等。要破解这种局面，就需要立足“党建引领业务”的逻辑，将党组织作用融入教育教学关键环节。例如，党组织可牵头成立“党员教研攻坚组”，针对“新课标落实”“学困生转化”等教学难题开展专题研究；在德育工作中，以“党员班主任工作室”为载体，探索“思政+学科”融合教学模式；同时，也要避免以“行政任务”代替党建实效，如将“党建成效”纳入考核时，不仅看“开展了多少次活动”，更看“是否提升了教学质量”“是否强化了师德师风”。

③防止官僚主义与行政化倾向，保持与师生的紧密联系

党组织领导要避免“脱离教育一线”的官僚作风。一方面，减少不必要的会议与报表，避免用“行政指令”代替对教育规律的尊重(如不强行要求教师机械套用“党建模板”开展教学)；另一方面，建立党组织与师生的常态化沟通机制(如“党员教师联系班级”“党组织书记接待日”)，及时了解师生诉求。例如，在制定课后服务方案时，党组织应先调研家长需求与教师负荷，再结合政策要求形成方案，而非“自上而下拍板”。

④尊重教育专业性，平衡“领导”与“自主办学”的关系

党组织的领导要立足“把握方向而非替代专业”，在涉及教育教学、课程改革等专业领域时，应充分听取教师、教研人员的意见。例如，在调整课程设置时，党组织要审核“是否符合国家课程方案”(政治把关)，但具体“如何分配各学科课时”“选用何种教学方法”，应交由教研团队根据学生学情决定；对校长的专业管理权限(如教育教学常规调度)，党组织应给予支持，避免过度干预；同时，党组织可通过“邀请教育专家参与决策咨询”等方式，

提升自身对教育规律的把握能力。

⑤健全民主决策与监督机制，避免“一言堂”或“议而不决”

在落实这一制度的过程中，要特别发挥“民主集中制”的优势，防止党组织决策“少数人主导”。一方面，重大事项决策前应广泛征求教职工、家长代表意见（如通过教代会审议学校章程修订）；另一方面，明确决策后的监督流程，既监督校长对党组织决议的执行情况（如是否按审议方案推进改革），也监督党组织决策本身的合规性（如是否存在程序疏漏）。可设立“决策执行反馈小组”（由党员、教师代表组成），定期评估决策落实效果，及时纠偏。

⑥强化党组织自身建设，避免“领导地位”与“能力不足”的落差

党组织要加强自身建设，警惕部分学校党组织“弱化”“党员先锋作用不明显”等问题，具体来说，一是选优配强党组织书记，如优先选拔懂教育、善管理的党员干部，避免“仅按行政级别任命”；二是加强党员教师教育，如通过“党建 + 师德”培训，提升政治素养与业务能力，让党员真正成为“教学骨干、育人先锋”；三是避免党建活动“娱乐化”“形式化”，如减少单纯的“参观打卡”，多开展“课堂思政示范课”“家校矛盾调解”等务实性活动。

总的来说，这一制度的实施需要把握“引领不替代、统筹不包揽、把关不越位”的原则，既通过党组织的领导确保办学方向，又依托校长的专业管理激活学校活力，最终实现“党建强、治理优、教育兴”的良性循环。

3. **材料：**学校的一个主管教学的副校长马上要退休了，现在有三个候选人。张莉，女，52 岁，教学骨干，不怕得罪人，有一定的管理经验。马峰，35 岁，师德师风标兵，教学名师，年富力强，群众基础好。肖雄，44 岁，教学骨干，为人正直，有埋头苦干精神，但大局意识淡薄。

问题：你选择哪个候选人担任副校长？请说明具体理由。［湖北大学 2024 年研］

答：结合学校教学副校长岗位的核心需求（教学管理统筹、团队协调、战略规划能力等），以及三位候选人的综合特质，建议选择马峰担任副校长，具体理由如下：

(1) 马峰的核心竞争力

①年轻化与长期投入潜力

35 岁的年龄优势显著，任期可持续性强，能为学校教学改革注入长期动力，符合组织人才梯队建设需求。

②专业与师德双重权威性

作为教学名师与师德标兵，其专业能力与职业素养能赢得教师信服，天然具备引领教学创新的话语权。

③群众基础与沟通协调优势

“群众基础好”体现其良好的人际敏感度与团队协作能力，能有效凝聚教师团队，降低管理阻力。

④精力与创新活力

年富力强，更易接受如信息化教学、课程改革等新教育理念，适合推动教学模式创新，跟进教育行业发展趋势。

(2) 其他候选人的局限性

①张莉(52 岁)

年龄接近退休，任期有限，难以支撑学校教学改革的长期规划；“不怕得罪人”可能导致管理方式偏强硬，易引发教师抵触，影响团队凝聚力。

②肖雄(44 岁)

“大局意识淡薄”是其致命短板，副校长要统筹全校教学，缺乏全局性战略思维可能导致管理视域的偏狭。

4. 材料：

“教育高质量发展”

建设高质量教育体系，到2035年建成教育强国。党的十九届五中全会审议通过的《中共中央关于制定国民经济和社会发展第十四个五年规划和二〇三五年远景目标的建议》为我国制定教育领域中长期规划提供了基本遵循。连日来，教育系统认真学习贯彻全会精神，以昂扬向上的精气神开启教育高质量发展的新时代。

根据以上材料思考：作为学校的管理者，你心中高质量的教育是一种什么样的教育？[湖南师范大学 2023 年研]

答：作为学校管理者，我认为高质量的教育应当是以立德树人为根本任务，以学生全面发展为中心，能够有效回应时代要求、社会需要与个体成长需求的教育。它不仅关注学生的学业成就，更着眼于其品格塑造、能力培养和终身发展潜力的培育。高质量的教育是系统的、科学的、充满活力的教育，主要体现在以下几个维度：

(1)坚持正确的育人方向，落实立德树人根本任务

高质量的教育必须将“培养什么人、怎样培养人、为谁培养人”作为根本出发点。它致力于培养德智体美劳全面发展的社会主义建设者和接班人，注重理想信念教育、社会主义核心价值观的融入，引导学生树立正确的世界观、人生观和价值观，形成良好的思想品德和社会责任感。

(2)构建“五育并举”的育人体系，促进学生全面发展

高质量的教育应打破“唯分数”“唯升学”的狭隘导向，真正实现德育、智育、体育、美育和劳动教育的有机融合。德育重在涵养品格，智育重在启发思维，体育重在强健体魄，美育重在陶冶情操，劳育重在锤炼实践能力。学校应通过系统化的课程设计、丰富的实践活动和科学的评价机制，为学生提供均衡而完整的学习经历。

(3)注重内涵发展与效能提升，追求有温度、有效率的教育过程

高质量的教育不仅关注“教什么”，更重视“怎么教”和“学得如何”。它要求：课程内容体现基础性、时代性和选择性，与国家战略、社会需求紧密衔接；教学方式倡导启发式、探究式、合作式学习，保护学生的好奇心，激发创新意识；教育评价突出过程性、发展性和多元性，促进学生个性化成长和优势发展；师生关系民主平等，校园氛围和谐包容，让学生在被尊重、被信任的环境中健康成长。

(4)强化教师队伍建设，夯实高质量发展的人才基础

教育的高质量根本依靠教师的高素质专业化。学校应着力打造一支有理想信念、有道德情操、有扎实学识、有仁爱之心的教师队伍，通过完善教研机制、优化激励机制、保障专业发展支持，激发教师教书育人的积极性和创造性。

(5)推进教育治理现代化，营造协同共育的良好生态

高质量的教育离不开科学的学校治理。它要求建立依法办学、民主管理、社会参与的现代学校制度，推动管理重心从“控制”转向“服务”、从“行政主导”转向“专业引领”；同时，积极构建家校社协同育人机制，整合各方资源，形成育人合力。

总体而言，我心中的高质量教育，是能够真正回归育人本质、尊重教育规律、呼应时代变迁的教育。它既承载着为国家培养人才的使命，也关乎每一个学生的终身幸福和人生出彩。作为学校管理者，应立足校情，系统规划，以学生为中心，以教师为关键，以创新为动力，以文化为滋养，扎实推进学校教育迈向更高质量、更有效率、更加公平、更可持续的发展新阶段，为建设教育强国贡献力量。

5. 近日，江苏一位家长发布的短视频火了，他在视频中怒喊：我就退出家长群，怎么了！起因是这位家长认为老师总是让家长帮忙批改作业，自己承担了太多教师应负的责任，完了还要昧着良心说老师你辛苦了。这迅速引发了广大家长的共鸣，“压垮成年人只需一个家长群”的微博话题建立后，短时间内阅读量破亿，登上热搜榜。这件事情还上了央视的晚间新闻，央视新闻点评：家长批改作业，是老师的缺位。

请用教育管理学的相关理论分析这个现象并思考有效的管理办法。[扬州大学2021年研]

答：这则材料主要反映了如下教育管理问题：

(1)优化家校合作

①当前家校合作存在学校教育“越位”的问题，即校园将自身承担的教学工作转嫁给了家庭，给家长“布置作业”。这就导致了校园教育膨胀，而家庭自身教育变得贫弱乏力：原本是培养感情、培养品格的教育内容让位于学校的教育教学工作，影响了少年儿童的全面发展。

②家庭和学校都承担着育人的职责，二者共同构建起孩子健康成长的支持系统。学校教育主要覆盖知识的学习、技能的培养以及态度和价值观的形成，是集体化的过程；家庭则主要通过日常生活的互动来培养孩子的习惯和性格，是个性化的过程，二者有各自的教育功能和规律。

③家校合作的方向不是让家庭变为学校，而是让家庭更像家庭，有魅力的家庭才有利于孩子的成长；家校合作不能将家庭变为第二课堂，把父母变为老师的助教。

综上所述，学校管理者和教师应学习和思考家校合作内容、途径、边界等，在实践中，科学合理引导家长主动参与学校教育，而非强制逼迫家长被动参与学校教育。

(2)加强教育督导

①教育行政部门三令五申地下达针对中小学生的“减负令”，学校应对此引起足够的重视，要求教师科学合理布置家庭作业，避免给学生和家长造成过重的负担，真正实现减负目标。对于学校是否执行、落实这一国家教育政策，各级教育督导部门要定期开展专项督导检查，每学期公布督导报告；教育行政部门要严格责任追究，对加重小学生课业负担的有关负责人和直接责任人进行问责。

②当下一种现象值得警惕，即从行政管理思维出发，而不是从教育和培养人的思维出发来管理学校，导致一些非教学任务挤占大量的教学时间，这样的后果就是教师没有充足的时间和精力投入到教学活动中。为遏制这一形式主义现象，教育督导必须发挥应有职能。

③学校必须加强教师职业道德教育，对教师的管理要落到实处。由于一些学校管理上的松弛，部分不负责任的教师出于减轻自身工作量的动机，把批改作业之类本应该是自己职责之内的工作量转嫁给家长，严重影响教学质量的提升，对学生、家长、学校都是不负责任的。这种的情况也有待于教育督导机关和人员予以纠正与惩处。

6. 习近平总书记指出：全国广大教师要牢固树立中国特色社会主义理想信念，带头践行社会主义核心价值观，自觉增强立德树人、教书育人的荣誉感和责任感，学为人师，行为世范，做学生健康成长的指导者和引路人。不仅如此，同时还要牢固树立终身学习理念，不断提高业务能力和教育教学质量。牢固树立改革创新意识，踊跃投身教育创新实践。

结合上述材料，运用《教育管理学》相关知识，分析一个优秀的教师需要具备怎样的素质，并阐明如何提高教师的专业化水平。［河北大学 2019 年研］

答：(1)优秀的教师需要具备的素质

教师的专业素养是教师从事专业活动必须具备的专业品质。教师的专业素养主要包括以下四个方面的内容：

①高尚的师德

a. 教师的道德首先表现在对教育事业的忠诚上。热爱教育事业，是搞好教育工作的基本前提。

b. 热爱教育事业必须具体体现在热爱学生上。热爱学生是教师职业道德的核心。对学生冷漠、缺乏热情的教师绝不是一个好教师。

c. 教师的道德还突出地表现在教师自身的道德修养上。教师劳动的示范性，决定了教师在思想、品德和作风上必须成为学生的表率。

②现代人的素质

教育要促使人的现代化，取决于许多条件，其中教师自身个性品质的现代化，就是一个至关重要的条件。教师自身个性品质的现代化，不仅是促使学生个性品质现代化的重要条件，同时也是搞好教育工作的必要条件。教师必须自觉加强这方面的修养，抛弃积淀在自己头脑中的陈腐落后的传统观念和思维方式，跟上时代精神的步伐。

③渊博的知识和多方面的才能

a. 教师必须精通所教学科的基础知识，熟悉学科的基本结构和各部分知识之间的内在联系，了解学科的发展动向和最新研究成果。

b. 教师还应具备一定的科研能力。教师要能对某一学科的发展有所建树，同时，也应有对他人成果进行分析、鉴别并提出个人见解的能力。

c. 教师还应有比较广博的文化修养。因为各门学科的知识都不是孤立的，而且教师面对的是正在成长中的年轻一代，兴趣广泛，求知欲强，所以，教师应该广泛涉猎各种知识，形成比较完整的知识结构。

d. 教师还应具有多方面的兴趣和才能。学校的活动是丰富多彩的，教师应该是这些活动的组织者和参加者。如果教师在文艺、体育和劳动技术方面有某种特长，就更有条件接近和深入学生，赢得更多的教育机会。

④掌握教育科学和教育能力

掌握教育科学，不仅可以指导教师的教育教学工作，同时也是教师进行教育科学研究和提高教育能力所必需的。站在教育第一线的广大教育实际工作者应该成为教育科学研究的积极参与者，而且他们也最有条件进行教育科学研究。

(2)提高教师职业专业化水平的措施

①提高教师素质，改革师范教育

a. 要通过教师本身的专业知识及能力与教师职业道德的提高来获取。与此密切相关的是对教师教育的改革。改革师范教育首先要改变传统的由单一的师范院校培养教师的做法，积极创造条件，让普通高等院校参与教师培养工作，以保证和提高教师的专业知识与技能的必要水平。

b. 改革教师教育课程。对师范院校的课程改革一方面要强调专业基础课的加强，相关学科知识教育课程的增设。另一方面要充实教育专业课程的内容，适当延长教育实习的时间，加强对教育实习的指导。普通高等院校的教师教育必须努力确保教育专业的教育及实习的数量与质量。

c. 建立起较完备的教师进修制度。教师进修是教师培养的第二个阶段，是面对现代社会科学知识量的剧增及内容日益更新的挑战，确保教师素质适应社会发展的需要。建立教师进修制度一方面需要设置数量充足，形式多样的教师进修机构，如教育学院、教师进修学校、暑假学校、教师之家、教师培训中心等；另一方面从教育形式上建立起脱产集中进修与在职经常进修相结合，较长时间的进修与临时开设讲座、讲习班、经验交流相结合等互相连接，彼此交叉的动态的教师进修系统。

②提高教师待遇

提高教师待遇意味着改变教师待遇偏低的状况。

a. 要努力使教师工资水平在国家财力限度内，尽快达到不低于或略高于其他行业中具有同等学力者的平均工资水平。

b. 改善教师工作条件。如果政府财力所限，要大幅度提高教师报酬就会有较多困难，但改善教师工作条件，如调整师生比例，给予教师休假、进修及升迁的机会，改善教师的居住条件等就成为提高教师待遇不可忽视的内容。这些措施有助于教师自身及社会大众对教师工作在社会发展中的作用、价值的肯定，提高教师职业的吸引力，有助于教师积极性、创造性地发挥。

③形成尊师的社会风气

社会风气是社会价值观的外在表现，社会大众是否尊重这种职业的社会价值，承认这种职业的重要性，也是决定这种职业是否达到专业化水平的一个因素。要使社会尊重教师为社会提供的服务，给教师以尊崇，或者说形成尊师的社会风气，是需要一定的措施或制度来实现的。具体些讲，如建立教师节制度，建立并充分发挥学校家长会的作用，就是说除了使学校家长会发挥家长与教师沟通交流共同教育青少年的作用外，还可以通过举办相关活动，集中表达家长及社会各界对教师的敬意与支持，进一步激励教师投身教育事业；此外，还可以利用大众传播工具，向社会广大人民群众进行教师职业特点、教师劳动的艰巨、优秀教师事迹的宣传和教育等。

7. **材料：**××中学是县里有名的重点中学。年轻的王校长调到该校后，采取了许多改革措施。他认，教学质量的高低取决于教师学术水平的高低。

抓好科研，促进教师的学术水平，是提高教学质量的关键。因此，他把学校管理的重心由原来的教学管理转为科研管理，期待着这一改革会带来学校教学质量的明显提高。然而，事与愿违。许多教师埋头科研，虽然写出了一些论文，但由于没有深深地扎根于教学的土壤，缺少对教学实践问题的研究，学术水平并没有得到根本的提高。相反，一方面，许多教师忙于科研，无暇认真钻研教材和研究学生，对教学采取应付的态度；另一方面，学校因放松了教学管理，出现了教学上的紊乱无序，这样导致该校的教学质量明显下降。

请根据上述材料回答：

(1) 王校长的改革“指挥棒”导致了怎样的问题？

(2) 结合自己的工作，分析教学管理在学校教育管理中的地位。［青岛大学 2016 年研］

答：(1)王校长的改革“指挥棒”导致的问题

从材料来看，王校长将学校管理中心从教学管理转向科研管理的“指挥棒”，引发了一系列连锁问题，具体可归纳为以下四个层面：

①教师教学投入严重不足

教师将精力集中于科研，“无暇认真钻研教材和研究学生”，对教学采取“应付态度”。教学是教师的核心职责，而改革后教师对教学的精力分配被挤压，直接导致教学准备不充分、课堂质量下降，违背了教育教学的基本规律。

②科研与教学脱节，学术水平“虚高”

教师的科研“缺少对教学实践问题的研究”，论文未“扎根于教学土壤”，仅停留在理论层面的文字输出，并未真正通过科研解决教学中的实际问题(如学生学习难点、教材处理方法等)，因此“学术水平并没有得到根本的提高”，反而陷入“为科研而科研”的形式主义。

③教学管理失序，基础保障缺失

学校放松教学管理后，“出现了教学上的紊乱无序”。教学管理涵盖课程安排、教学进度把控、课堂常规监督、教学质量评估等基础环节，这些环节的缺位导致教学流程失去规范，教师教学行为缺乏引导与约束，进一步加剧了教学质量的下滑。

④教学质量显著下降，改革目标完全偏离

王校长改革的初衷是“提高教学质量”，但管理重心错位，科研与教学的关系被割裂，最终导致“该校的教学质量明显下降”，与改革的预期目标完全相悖。

(2)教学管理在学校教育管理中的地位——结合工作实践的分析

教学管理是学校教育管理的核心与基础，其地位贯穿于学校教育目标实现的全过程，具体可从以下三方面结合实践分析：

①教学管理是学校“中心工作”的“保障轴”

学校的根本任务是“立德树人”，而教学是实现这一任务的主阵地，教师通过课堂教学传递知识、培养能力、渗透德育，学生的核心发展需求(知识习得、素养提升)主要通过教学活动完成。教学管理的核心作用，正是通过规范教学流程(如备课、上课、作业批改、评课等环节的管理)、优化教学资源(如教材选用、师资调配、教学设备保障)，为教学活动的有序开展“托底”。

以工作实践为例，若学校放松教学管理(如缺乏对备课的集体研讨要求、对课堂纪律的监督缺位)，教师可能出现“备课潦草”“课堂随意性大”等问题，学生的学习效果必然受影响，正如材料中“教学紊乱无序”直接导致质量下降，这一反面案例恰恰证明：教学管理是支撑教学这一“中心工作”的“保障轴”，没有有效的教学管理，学校的核心任务便无从落地。

②教学管理是协调“科研与教学”关系的“平衡器”

科研对教师专业发展具有重要意义，但科研的价值应该以服务教学为导向（即“教学相长”），教师通过研究教学中的真问题（如“如何提升学困生的课堂参与度”“新课标下教材内容的重构策略”），既能产出有实际意义的科研成果，又能反哺教学能力的提升；而教学管理的重要职能之一，就是明确“科研为教学服务”的导向，避免二者脱节。

以工作实践为例，科学的教学管理会通过“教学课题立项倾斜”“科研成果与教学实践结合度评估”等方式，引导教师将科研重心放在教学实践上（如组织“教学问题研讨会”，将教师的科研选题与课堂难题绑定）；反之，若像王校长那样将管理重心完全转向科研，忽视教学管理的“平衡”作用，必然导致科研与教学“两张皮”，最终既无法提升学术水平，又破坏教学根基。

③教学管理是学校“质量生命线”的“守护者”

教学质量是学校的核心竞争力，而教学管理是保障质量稳定与提升的“常态化机制”。从日常的教学常规检查（如作业设计的合理性、课堂教学的有效性），到阶段性的教学质量分析（如通过考试数据诊断学生知识漏洞、调整教学策略），再到长期的教师教学能力培养（如师徒结对、公开课打磨），教学管理通过“全过程、多层次”的干预，持续推动教学质量的优化。

以工作实践为例，在基层学校管理中，若能坚持“每周教学例会”（汇总教学问题）、“每月学情分析会”（针对性调整教学计划），并通过教学管理细则明确教师的教学职责（如规定每周备课时间、学生作业反馈周期），就能有效避免教师“应付教学”的情况。材料中教学质量的下降，本质上是教学管理这一“质量守护者”角色的缺失。当教学管理被弱化，质量自然失去保障。

综上所述，教学管理是学校教育管理的“核心支撑”，其地位不可被其他管理职能替代。学校改革必须以“教学为中心”为前提，通过科学的教学管理协调各方资源，才能避免陷入“重科研轻教学”的误区，真正实现教育质量的提升。

8. 根据材料回答问题。

材料：

卡了壳的“末位淘汰制”

黄谭中学是一所远离市区的，地理位置较为偏僻的农村初中。近两年来，按照P市教委的统一部署，在每年的暑期都要进行教师聘任制工作。去年由于是第一年开始实施教师聘任制，市教委的要求不是非常细致，为安定“军心”，校长打了擦边球，学校内部没什么大的波动，教师聘任工作进行得较为顺利。

转眼第二年的聘任制工作又到来了。为了进一步推进学校用人制度改革的深入，在教师聘任制实施细则中，P市教委明文规定，每校必须有3%～6%的教职工待岗。为了今年的工作更有力、更科学、更规范地开展，黄谭中学早在上一年聘任制工作结束后学校就进行了准备：建立健全了各类规章制度，制定了学校教职工考核细则量化表，并在教代会上通过。同时，在平时的工作中加强了监督、管理的力度。聘任前，召开了校聘任小组会议，最后确定了今年的考核方案：量化得分占80%，教职工民主测评占20%，根据考核总分确定出10%的教职工作为待聘对象，再由聘任小组最后确定一名待岗人员。

经过一番紧张、辛苦的工作，有两位教师进入了最后的名单。在最后的一次聘任工作小组会议上，针对两人的情况，大家进行了讨论。从两人的情况来看，李某某教学业务能力较好，但时常因身体或态度原因未到校上班。李某某量化考核分较低，而民主测评分较高；张某某刚好相反，从实际情况看，他教学业务能力较差，但平常到位情况较好。究竟应该淘汰谁？无记名投票表决的结果是：16人投票，8:8。"末位淘汰"卡壳了。

问题：

(1)如果让你来选择，你认为应该淘汰哪位教师？为什么？

(2)为什么"末位淘汰制"会卡壳？你认为"末位淘汰制"是否适合在学校管理中运用？［杭州师范大学2012年研］

答：(1)①如果让我选择，我认为应该淘汰教学业务能力较差的张某某。

②淘汰张某某的原因在于：

a. 教师评价是对教师工作现实的或潜在的价值做出判断的活动。

b. 新课程观下的教师评价强调对教师进行综合评价。就是用动态的、发展的眼光，对教师工作的各个环节进行系统、全程的、较长时间的、循环往复的评价。教师从事的教育活动是一个长期复杂的过程，工作中的任何成绩都是日积月累的结晶，仅仅依靠一两次的单项评价，不可能真实反映教师工作的整个发展过程。因此，在评价张某某和李某某两位教师时应该综合考虑。

c. 新课程观下的教师评价也应注重教师的个体差异。教师在个性心理、职业素养、教学风格、交往类型和工作背景等方面都存在较大差异，因此，教师评价过程中，应注重这种差异，采用个性化的评价方式，有针对性地对每一位教师进行评价。只有这样，才能充分挖掘教师的潜能，发挥教师的特长，更好地促进教师的专业发展和主动创新。

d. 教师的评价考核具有多维性与发展性的特点。教师的评价应处理好显性(教师出勤、任课节数等)与隐性(学生的品德教育等)的关系，定量(工作质量通过一定工作数量表现出来)与定性的关系，结果与过程的关系。教师的主要职责是教书育人，教学业务能力应作为考核评价的重点，同时注重教师的出勤，品德教育等其他方面。

e. 李某某教学业务能力较好，未到校上班也有身体不好的客观原因，并且李某某民主测评分较高，不能因为量化考核的分数较低就淘汰李某某。而张某某民主测评得分不高，教学业务能力较差，仅因为平常到位情况较好得到较高的量化考核得分。

综合以上考虑，我觉得应该淘汰张某某。

(2)教师"末位淘汰制"是指定期对教师的师德表现以及教育教学、科研等方面的成绩进行科学合理有效的考核，并根据考核结果使处于"末位"的一个或几个教师分流出现有教育教学岗位的制度。

①"末位淘汰制"会卡壳的原因在于它在执行上存在着不少问题，致使初衷与效果严重背离，理由有以下几个方面：

a. "末位淘汰制"意在引入竞争机制，增强学校全体教师的危机意识，促进教师爱岗敬业。但实际上这一制度真正触动的只是学校排名靠后的极少数教师，竞争面过于狭隘，起不到激发学校全体教师工作积极性的作用。

b. “末位淘汰制”中待岗人员的固定比例缺乏科学性。按照教委的额规定，各校每年必须有3%～6%的教职工待岗。这样可能会出现两种尴尬局面。一是优秀教师惨遭淘汰而“末位”的教师却高枕无忧。二是在所有教师都尽职尽力的情况下，必须有人被淘汰出局。

c. “末位淘汰制”的实施缺乏必要的前提。科学地评价教师是教师聘任的首要条件。只有建立在对教师工作进行了客观、公正、中肯和科学的评价的基础上，才能使教师的聘任工作有据可依、令人信服。然而到目前为止，教师评价的目的、内容、指标体系、方式以及结果的分析处理等问题都未能真正解决。因此，基于教师评价的“末位淘汰制”在实施过程中出现卡壳现象也就非常容易理解了。

d. “末位淘汰制”人为地加剧了人才闲置与师资紧缺这一矛盾。“末位淘汰制”要求每一所学校每年都必须淘汰和引进一定量的教师，这就需要学校在内部和社会上建立一个教师人才库以供不时之需。但是，就目前情况看，大多数学校的教师仍然比较紧缺。这也是导致“末位淘汰制”卡壳的重要因素之一。

e. “末位淘汰制”错误地导致了教师对学生的迁就。在教师考评中，学生评价是重要一环。有很多教师为了获得好的学生考评结果，不敢或不愿去指正学生的不足和错误，任其自然，严重影响了学校的教学教育质量。

②对于末位淘汰制是否合适在学校管理中运用，不能简单地进行判断，而要辩证地从正反两方面分析。

a. 除了上面提到的末位淘汰制存在的问题，我们还应注意到末位淘汰制还有可能有效地触动、激励学校教职员工，营造积极向上的学校氛围。

b. 教师职业的稳定性是这一职业工作性质所决定的，走马灯式地更换教师不利于教师了解学生，更无从做到因材施教。相对稳定也是教师职业吸引力的重要组成部分，国家也鼓励教师长期从教。

c. 在学校管理中，实施末位淘汰制必须结合学校自身的特点。在推行过程中，必须建立详尽、完善的操作方案，以保证实施效果。在实施之前，必须确立得到大家公认的教师专业标准，建立科学规范的考评制度；要将末位淘汰制与其他正向激励机制相结合，以驱动各个层次教师不断寻找专业成长。

9. 根据材料回答问题。

材料：

两类班级，两种管理

四川成都温江区公平镇中学开办两类“班型”：一类叫“普通班”，是学校为完成政府交给的义务教育任务而设，每年的学杂费是250元；另一类叫“封闭班”，招收外地务工经商人员的子女，实施封闭式管理，每年学杂费是3500元左右。为了保障“封闭班”学生的安全，学校规定“封闭生”未经允许不得私自出校门。但是总是有些顽皮的“封闭班”新生混在“普通班”学生中，溜出学校打电子游戏等。为此，学校决定借助不同颜色的校服来加强管理。规定“封闭班”学生每天都穿红色校服，“普通班”学生每天都穿蓝色校服。

学校“双色校服”的管理措施引起了部分学生及家长的争议。“封闭班”学生家长支持学校的做法，认为这有助于加强对“封闭生”的严格管理。“普通班”学生家长则认为学校的做法一方面容易给“普通班”的孩子造成自卑感，另一方面会让“封闭班”的学生产生“嫌贫爱富”的思想，因此给予强烈反对。学生们也纷纷认为学校“分色校服管理”从形象上强化了“封闭班”和“普通班”的概念。有些学生还称呼穿红色校服的为“红领”，穿蓝色校服的为“蓝领”，认为大多“红领”看不起“蓝领”，大多“蓝领”也不愿与“红领”交往。有着蓝校服的学生说，他们感到很自卑，不愿自己让人一看就是“穷人家的孩子”。

校方则认为“封闭班”替外地人解决了子女就学的大问题，同时也增加了学校的收入，使学校有余力改善办学环境。因此，“封闭班”还会继续办下去，同时会进一步加强与家长的沟通，让他们更好地了解学校的用意。

温江区教育局有关负责人认为，学校在管理上做出了积极的探索，有的家长发出质疑也是可以理解的。这说明学校和家长的沟通还不够，教育局也将帮助学校改进管理方式，有的学校不用校服颜色，而用胸牌颜色区分学生的方法就值得借鉴。

问题：谈谈你对以上材料的看法。［首都师范大学2011年研］

答：(1)材料中的中学开设了两类班级：“普通班”和“封闭班”。两类班开设的目的明显不同，“普通班”是为了完成上级教育部门交给的义务教育的任务而设置，“封闭班”是招收外来务工人员的子女，学杂费要比普通班高出很多。为了便于管理，该中学又实施了“双色校服”制度，从而引起了家长和学生的非议。但是教育部门的有关领导并没有认为学校的这种做法是不妥当的，而是建议用胸牌颜色来区分学生，实际上是一种换汤不换药的做法。

(2)材料中的两类班级，两种管理，反映出该学校管理者落后的管理理念。学校的管理理念是指人们对于学校管理活动的理性认识、理想追求及其所形成的管理思想观念和管理哲学观点，是学校的管理者在管理实践、思维活动以及文化积淀和交流中所形成的学校管理价值取向与追求，是一种具有相对稳定性、延续性和指向性的学校管理认识及理想的观念体系。随着时代的变化、经济的发展和社会的进步，要求现代学校必须改变过去经验式的、封闭式的管理模式，创新管理理念。具体来说，应从以下两方面进行努力：

①树立以人为本的管理理念。学校的管理应该是重视规范化的制度管理，但更应重视教师和学生的心理需要。学校的管理不是为了“管住人”，而是在于教育人；学校的管理不是仅仅停留在制度的制定和贯彻层面上，而是要深入“人心”，以人的素质的持续发展为本。调动人的积极性、创造性，促进人的素质的持续发展。知识经济时代的学校管理，应是一种人性化的管理，人的因素必须成为有效管理活动的核心因素。通过有效的学校管理活动反过来促进管理者的自我发展，形成良性循环。而该学校管理者的管理理念显然还停留在如何“管住”学生的层面，无论是分班教学还是施行“双色校服”制度，都已经对学生的自尊心产生了一定程度的影响，从而导致两种不同班级的学生互相看不起。这样的管理，既不利于学校的整体发展，也不利于帮助学生树立正确的价值观念，更没有体现以人为本的管理理念。

②树立创新的管理理念。学校的管理是一门复杂的科学和艺术，需要一定的经验。但是学校管理的对象千差万别，教育的发展越来越快，教育环境的变化越来越大，需要学校的管理必须不断发展，一成不变的管理模式已不能适应时代对教育的需要。过去的知识、经验已不可能满足现在学校管理的需要，现在的知识、经验已不可能满足未来学校管理的

需要。学校管理者要从经验管理中解放出来，加强教育理论和国内外先进思想的学习，研究社会大环境对教师和学生的思想观念、生活方式、思维方式的影响，使学校管理不断创新。该学校对于两类班级的不同管理方式显然是延续了以往学校教育中经常存在的“快慢班”的教学管理方式，这种管理，无论是从管理观念来看，还是从实施的效果来看，都已经过时，达不到预期的管理目标。因此，该学校的管理者应该创新管理理念，积极寻找更加科学有效的管理方式。

(3)如果我是该校的管理者，我会从以下几方面来加强学校的管理：

①取消两类班级、“双色校服”制度。这一制度人为地造成了学生之间的不平等。将学生分类本来就是有违教育伦理和教育规律的做法，如果从学校管理者层面就将学生分成三六九等，那么教师也就会在无意识中戴着有色眼镜来看待两个班的学生，学生之间自然也就会分成不同的等级。因此，应该取消两类班级、“双色校服”的制度，将两类学生融为一体，共同管理。

②在管理学生的过程中加强“软性教育”，给学生一定的自由度。现代社会是一个开放的社会，学生的思想也非常活跃，处于青春期的中学生更是对外界事物有着独特的敏锐性和探索的欲望。管理者妄图将学生困于学校之内，以行政命令式的管理方式限制学生的自由，这本来就没有体现以人为本的教育理念，在实施的过程中也能看出，并没有达到预期的效果。因此，应该注重对学生其他方面的教育，如安全教育、理想信念教育、自我管理教育等，通过这些来使学生认识到学习的重要性，从而使他们自觉遵守学校的规章制度，从而达到学校管理者的管理目标。

第二部分　章节题库

第1章　教育管理学的性质和特点

一、单项选择题

1. 以最早提出教育管理问题为标志，或以单独的教育管理论著出版为标志，教育管理学产生于(　　)。

A. 18世纪末期　　B. 19世纪初期　　C. 19世纪中期　　D. 19世纪末期

【答案】D

【解析】作为一门学科，教育管理学产生于19世纪末20世纪初，标志是这一时期发表了一批教育管理著作，如1875年佩恩的《学校行政》，1908年达顿、斯奈登的《美国的教育行政》等。

2. 教育管理学研究的核心是(　　)。

A. 学校管理　　B. 教育行政管理　　C. 教学管理　　D. 人才培养管理

【答案】A

【解析】学校管理是教育管理学研究的核心内容，是通过组织来实现的。学校组织不同于政府或企业组织。无论在组织的层次与结构上，在职务、责任、权力的配置上还是在信息的沟通与联络上都要考虑到文化、科学、教育的特点，做到指挥灵、信息通、效率高。

二、简答题

1. 教育管理学的性质是什么?

答：教育管理学是研究教育管理过程及其规律的科学，它具有以下重要性质：

(1)教育管理学是一门社会学科

教育是一种社会现象，它存在于一定的社会环境之中，社会环境中各个因素对教育的存在与发展有着激励或制约的双重作用。教育管理学就是研究在什么社会积极条件下，采用什么方法能够激发教育中的激励因素，改变制约因素，此外，在评价教育管理的质量时也是以其社会效益的大小为准绳的。

(2)教育管理学是教育科学的组成部分，又是管理科学的一个分支

教育科学是研究教育现象及其规律的科学，教育科学研究的范围十分广泛，如社会环境与教育环境、教育目标、教育对象等等。教育管理学就是研究对影响教育质量和效益的诸因素如何进行组合。因此教育管理学就成为教育科学中一个重要的组成部分。

(3)教育管理学同时还具有文化性

管理是人类社会特有的一种现象，它存在于社会生活的各个领域。管理科学就是研究管理者这种活动适合于社会生活的一切领域，其中也包括教育领域。但是教育管理又有自己的特点，它不同于其他行业和部门的管理。教育管理学就是把教育和管理结合起来，研究如何按照教育的客观规律来管理教育，对影响教育质量和效益的各个要素进行规划、组织、指导、协调和控制。

2. 简述管理活动的意义和特性。

答：(1)管理活动的意义

①管理是一个组织能够正常运转，并最终完成组织任务的根本条件，缺乏管理的组织只是一盘散沙。

②有效的管理是提高工作绩效的最主要的手段。

③通过有效管理能够提高士气，对维护组织生存至关重要。

④制定有效的管理措施能使组织成员职责分明，减少扯皮和推诿。

⑤有利于组织机构内信息更畅通，合理地分配社会资源，可以缓解组织中的矛盾冲突，保持社会和组织的稳定。

总之，在现代社会中，管理有着诸多意义，其重要性再如何强调都不过分。

(2)管理活动的特性

人类社会的管理活动具有一些鲜明的特征。

①管理活动受到一定的社会条件的制约，制约的社会条件包括社会生产力的发展水平、社会的生产关系状况、社会的政治制度、社会的文化历史传统等。这一特点也可以称作为管理的双重性，即自然属性和社会属性。

②管理活动所指向的对象是多方位的。诸如人、财、物、信息、事、时、空等。

③管理活动就整体而言是一种过程，不是一种短暂的、即时性的动作。大致可以包括几个阶段，即规划、组织、领导、协调、控制、决算、报告等。

④管理活动的技术手段和方式体现出鲜明的时代特征。

事实上，管理活动的特性很多，还有如管理具有层次性等。认识管理的特性，有助于领会管理这一概念所包含的全部意义。

3. 简述儒家管理思想的基本精神及其对教育管理的意义。

答：(1)儒家管理思想的基本精神

儒家代表人物是孔子。儒家管理思想的基本精神是“以人为本”，思想核心是“仁”和“礼”。“仁”是内在道德核心，主张“爱人”，要求管理者以道德关怀对待被管理者，反对苛政；“礼”是外在规范体系，明确层级权责，维护秩序稳定。二者相辅相成，形成“为政以德”的管理逻辑，即强调管理者通过道德表率(“其身正，不令而行”)而非权力强制实现治理，注重道德感召力的作用。孔子认为，统治者应遵循“庶之、富之、教之”的治理顺序，强调先保障民生富裕，再推行道德教化；同时以“义利之辨”规范利益分配，主张“见利思义”，反对管理者唯利是图；还将统治者的自我修养作为治理天下起点，主张“治人先治己”，即通过修持仁、义、礼、智、信实现“内圣”，再以道德表率、礼义规范、民生保障达成“安人”“安百姓”的治理目标。孟子持“性善论”，提出仁、义、礼、智“四端”，认为管理的关键不是改造人性，而是通过教化扩充善端；荀子虽持“性恶论”，但仍主张以“礼义”“师法教化”加以改造，本质均认同道德教化是管理核心手段。

(2)对教育管理的意义

①孔子阐明了教育与经济发展的关系，即经济发展为教育发展提供物质基础，教育必须在经济发展的基础上发展，受到一定时期经济发展的制约。这是我国早期的教育经济思想的萌芽，揭示了教育与经济的关系，为我国教育经济学、教育管理学发展奠定了思想基础。

②儒家主张“以人为本”的管理思想，强调人在管理中的关键作用。强调人的主体性，这就要求教育者在教育管理中要对人实施管理，要注重人的发展，满足人的需要，不可脱离人而空谈管理。

③儒家采取“仁”的管理思想主张，强调“仁爱”。因此在教育管理中，管理者要尊重人的主体性，以人为本，实行人性化管理，促进人的和谐、健康、可持续发展。

三、论述题

1. 谈谈你对教育管理现象和教育管理规律的看法。

答：教育管理学是研究教育管理的现象，揭示教育管理规律的科学。教育管理学是以教育管理现象和教育管理规律作为自己的研究对象的。我对教育管理现象和教育管理规律的看法具体如下：

(1)对教育管理现象的看法

教育管理学首先要研究教育管理的现象。研究教育管理的现象体现为教育管理的活动、教育管理的体制、教育管理的机制、教育管理的观念四个方面：

①教育管理活动。它从层次来说有宏观的教育管理活动、中观的教育管理活动和微观的教育管理活动。宏观的教育管理活动是指管理全国教育的活动，中观的教育管理活动是指国家对某一层次和某一方面教育管理的活动，微观的教育管理活动指教育行政机关内部和学校内部的教育管理。

②教育管理体制。它是教育管理机构与教育管理规范的结合体或统一体，包括教育行政体制和学校管理体制两部分。

③教育管理机制。它是指教育管理各部门之间的相互关系及其运作方式。从层次来说，它包括宏观、中观、微观的运作机制；从形式来说，它包括行政－计划式的运行机制、指导－服务式的运作机制、监督－服务式的运行机制；从功能来说，它包括激励机制和制约机制。

④教育管理观念。它是人们在实践的基础上对教育管理的一种系统的理性的认识，是对各种各类教育管理的认识而形成的各种各类教育管理观，是对教育管理中共同问题或核心问题的认识而产生的教育管理观。

(2)对教育管理规律的看法

①教育管理的基本规律是从总体上把握教育管理的现象各部分之间的相互关系这个角度而提出的。它是指在教育管理的现象中，教育管理的活动、教育管理的体制、教育管理的机制、教育管理的观念之间相互联系、相互影响而构成的教育管理的整体。因此，要管

理好教育，必须全面地把握这四个层面之间的关系，不可顾此失彼。

②教育管理的特殊规律是从教育管理现象四个层面的每一个层面内部各因素之间的相互关系这个角度而提出的，它又被称为教育管理的具体规律。这种具体规律有四个：

a. 教育管理活动的规律，是指教育管理活动的各因素之间有一种内在的必然联系，要按教育管理活动的规律办事，就要正确处理好这些因素之间的关系。

b. 教育管理体制的规律，是指教育管理体制的各因素之间有一种内在的必然联系，要按教育管理体制的规律办事，也要处理好这些因素之间的关系。

c. 教育管理的机制规律，是指教育管理的机制内部各构成要素之间存在的内在、必然且稳定的联系，要统筹协调层次机制、形式机制与功能机制三者的整体关系，形成"层级清晰、形式合规、功能互补"的系统合力；还要理顺同类机制内部的衔接关系，即协调好不同层次机制间的权责划分、协同配合等。

d. 教育管理观念的规律，是指教育管理各观念之间存在着一种内在的必然的联系，要按教育管理的观念规律办事，就要处理好人与物、集权与分权、严格与宽松之间的关系，否则也谈不上用科学观念去管理一个国家。

2. 试述教育管理学学科体系的层次划分。

答：教育管理学的学科体系可分为三个层次：教育事业的管理、学校和其他教育组织的管理、教育管理的自我管理。即教育行政管理、学校管理和学校管理者自我管理三个层次。

(1)教育事业的管理

社会主义教育事业是社会主义现代化建设的重要组成部分之一。教育事业管理包含以下内容：

①教育要面向21世纪，培养跨世纪人才，在教育的宏观管理上需要做好哪些理论上和实际上的准备？

②在实行科教兴国的战略方针中，什么样的科学和什么样的教育才能兴国？实际上有些科学和教育并不能兴国。

③我国目前正处于由计划经济体制向社会主义市场经济体制转型期，在新旧体制转换的过程中，各种权力、利益、地位、责任的调整，必然引发出一系列矛盾。这些矛盾也会影响到教育系统中来。对于教育管理人员如何分析现状，正确处理这些矛盾，也需要从理论上提高认识，在方法上提高有效性。

④实现教育由"应试教育"向素质教育转轨，这不仅是一种教育思想或教育理念的变化，也是探讨一种教育模式。使素质教育的目标和原则渗透到教育教学的全过程。实施素质教育是新中国成立以来基础教育改革中一次比较重要的改革，无论在教育理论上、教育体制上、教师队伍的建设上还是教学改革上都还存在许多问题有待进一步研究。

⑤我国必须制定教育事业的改革和发展规划，对各级各类教育的发展速度、规模、类型、结构、数量、质量、领导体制、投资体制、办学体制、评价体制提出明确的要求。

⑥为了依法治教，必须明确教育法在教育管理中的地位和它在法律体系中的地位，提高全民的教育法治观念，加大教育立法和执法的力度。保障我国教育事业沿着法制的轨道前进。

⑦我国地域广阔，人口众多，各地经济和文化发展不平衡。发展教育就是依靠智力脱贫，把人口负担变成人力资源优势。因此，我们必须研究如何改变中、西部地区教育的落后状态，特别是民族地区的教育和女童教育。

⑧在办学体制上如何改变政府包揽办学的格局，逐步建立以政府办学为主体，社会各界共同办学的体制。

(2)学校和其他教育组织的管理

学校是办学的实体，学校校长是法人代表，他受政府教育行政机关的委托对学校工作全面负责。学校的管理就是全面贯彻教育方针和教育法令、法规，把提高教育质量、健全教学与生活秩序、增进效益和调动教职工积极性作为自己的主要任务。在这一领域要研究的问题包括：学校与社区的关系；学校发展规划和计划；学校的组织建设；学校秩序；学校教育资源的配置；学校文化与管理机制等。

(3)学校管理者的自我管理

这是教育管理学研究的第三个层次，也是教育管理中的微观管理。正确的路线、方针、政策确定以后，干部就是决定的因素。既然干部如此重要，所以教育管理就要从提高干部的自身素质入手。以下几个方面是普遍需要关注的问题。

①学校管理者的影响力场

学校管理是学校管理者和被管理者相互影响的过程。这里既有管理者对被管理者的影响，又有被管理者对管理者的影响。

②学校管理者的类型

管理者有家长型管理者、棋手型管理者、关系和谐型的管理者、重视理性思考的学者型管理者、社会活动家型的管理者、有“维持会长”型管理者，还有无能的管理者等。美国学者布莱克和莫顿在《新管理方格》一书中，按照关心业务的程度和关心人的程度，各自划分为九个等级，然后把关心人的程度和关心业务的程度结合起来，形成了81种管理者类型。每个学校管理者都可以从管理方格图上找到自己属于哪种类型的管理者，同时也明确自己距离理想的管理者还有多远。

③学校管理者的智能结构

要想使自己成为一个成功的教育管理者就必须不断完善自己的管理智能结构。学校管理者的管理智能大致有下列五个方面：概念的能力；决策论证和可行性分析的能力；沟通和协调的能力；组织实施能力；自我反省和评价的能力等。

3. 有学者认为，当前在教育管理领域需要大力引入企业管理的理论与方法。你对此有何看法，请说明你的理由。

答：有人认为，学校组织是一种高度发展了的科层制组织，因此具有与军事机构、工业机构以及政府机构等相似的特征，故完全可借鉴这些机构所采用的管理方法，这一观点实质是认为学校组织的本质与其他组织无根本区别，其他部门的管理方法同样适用于学校；另一些人认为，学校不属典型的科层制，有科层制一面，更有教学的专业化一面，科层化与专业化之间通常会产生很多冲突，故韦伯的理论应用于学校有其局限性。为了解学校组织科层化的程度，一些研究人员于20世纪60年代还编制了相关的量表，如霍尔的“组织量表”，麦克的“学校组织量表”，普夫等的“亚斯顿访问调查表”等，这些量表为测评和分析学校组织的性质提供了依据。在各种学校组织性质的讨论中，最引人注目的是科恩、韦克等人提出的“松散结合系统”理论。这一理论认为，科层制理论解释教育组织并不合适，因为后者具有特殊性质，具体表现在三个方面：

(1)教育组织的目标不是具体明确的，这些目标总是用委婉、抽象的语言陈述出来，对清晰的决策起不了什么指导作用，把这些目标转变成明确的行动方案也是困难的。如什么是“优秀”“教育质量”等，根本不可能有一致的看法。

(2)教育组织所运用的技术也是不清楚的，“何为教学？学习过程何时发生？什么对此负责？不论在哪一个层次上，大多数教师都是在一种试验和错误的基础上行动的，行得通，就干下去，如果不行，再换别的。这种方法可以与现代人们对工业组织的技术的理解形成对照：鉴别和分出一辆成品汽车中的独立部件，要比鉴别和分出教学过程中的独立成分容易得多。在装配线末端，如果一辆汽车运转不灵，找出毛病的原因相对来说比较容易，而如果一个学校毕业生不会写作，确定毛病出在哪里的过程是相当困难和不精确的”。

(3)教育组织呈现出一种“流动式参与”的特点，人员流动性大，决策过程异常复杂，影响决策的因素也往往把握不定，不同的问题会吸引不同的利益集团和个人加入教育的决策过程，等等。由于存在上述特点，教育组织“与其把它们说成是一个具有内聚力的结构，还不如把它们说成是一个观念上松散的结合体”。学校系统和学校事实上是以结构松散为特征的。学校有很大的自主权和自由，在教室上课的教师只是极其一般地受到校长的控制和指导……虽然是相互关联的，但他们中的每一个都保持其特殊性和个别性。科恩等人20世纪70年代初提出的松散结合系统理论，在一定程度上揭示了学校组织的特殊性质，对指导学校管理工作有极大帮助，故学术界对此给予很高的评价，称其为“现代教育组织理论”。

总的来看，结构主义对教育管理的影响主要是在理论层面，但因为它涉及的是教育管理最基本的问题——学校组织的性质问题，所以引起教育管理学界这么多的关注和讨论。

第2章 现代教育管理的基本概念

一、单项选择题

1. 教育管理活动的中心任务是(　　)。

A. 提高教育质量　　B. 教书育人

C. 调动教师积极性　　D. 贯彻执行国家的政策法规

【答案】A

【解析】任何一个教育组织都十分重视教育质量问题，因为，教育质量是教育组织的生命线，也是其存在价值的体现，是教育管理活动的中心任务所在。学校的教育质量是学校管理水平的综合体现。学校组织的质量管理就是通过对全体教师进行以质量意识和社会责任感为基础的教育，采用科学的方法对教育教学工作的全过程进行设计、实施、考核与评价，鼓励教师科学地教，学生聪明地学。

2. 强调要根据地区的不同情况进行管理，要看到客观事物的变化，并按照这些变化来确定对策，这体现了教育管理活动的(　　)。

A. 方向性原则　　B. 有效性原则　　C. 权变性原则　　D. 综合性原则

【答案】C

【解析】权变就是权衡应变的意思。权变性原则要求我们一切管理工作都要从实际出发，因时、因地、因人制宜；既要有高度的原则性，又要灵活地选择管理方式和方法。管理者相信世界上没有十全十美的管理模式和管理方法。

二、概念题

教育管理现代化

答：教育管理现代化是指根据现代社会发展需求和教育改革方向，运用先进管理理念、方法和技术，对教育管理体制、过程及手段进行系统化、科学化、法治化和信息化改造，以实现教育治理体系与治理能力现代化的过程。其核心是构建高效、公平、开放、可持续的教育治理新形态，最终服务于立德树人的根本任务。具体而言，它包括以下五个方面的内涵：①管理理念现代化：确立以人为中心、服务导向、科学决策、可持续发展等现代治理理念，取代传统行政化、经验型的管理思维；②管理体制现代化：构建系统完备、科学规范、运行有效的教育制度体系，明晰政府、学校、社会之间的权责边界，推进管办评分离，提升治理结构的协调性和效率；③管理方式现代化：运用法治化、标准化、精细化等管理手段，结合大数据、人工智能等信息技术，实现管理过程的精准、高效和透明；④管理能力现代化：提升教育管理者和办学者的专业素养、决策水平和创新能力，形成遵循教育规律、体现时代要求、符合中国实际的教育治理能力；⑤管理目标现代化：最终目标是建设高质量教育体系，促进教育公平，提升教育服务经济社会发展的能力，办好人民满意的教育。总的来说，教育管理现代化是一个动态、持续的系统性变革过程，既是教育现代化的重要组成部分，也是推动教育现代化实现的关键支撑。

三、简答题

1. 如何理解管理是一种社会实践活动？

答：所谓管理是一种社会实践活动是指：管理的对象无论是改造一个旧系统或者建设一个新系统，它都表现为管理者依据一定的原理和方法，在特定的环境下，引导他人去行动，使有限的资源得到合理的配置，以实现预定目标的行为。可以从以下几个方面来理解：

(1)管理是一种理性行为

世界上任何管理者的行为都是在一定理论或观念的驱动下进行的。他们可以是以某种哲学思想为指导，也可能以政府的法律、法规为依据或某种价值观念为出发点。

(2)管理是管理者通过管理措施实现预定目标的一种行为

一切社会实践活动都是以预定目标为先导的，管理就是实现预定目标的行动。可以这样说，没有目标也就没有管理可言，管理是向着预定目标步步逼近的过程。管理者在社会实践活动中，首先要分析复杂的外部环境和自身的条件，在此基础上提出目标。然后把每个成员分散的目标集合成统一的目标，用组织统一的目标引导大家去行动。

(3)管理的关键在于决策

所谓决策就是管理者或决策人为了实现预定目标，在客观条件的约束下，从两个以上的可能性或可行性方案中，经过决策论证和价值判断选择出既满意又可行的方案的行为。管理决策一旦失误，速度越快、力度越大，其后果的危害性就越大。

(4)管理是对有限资源的开发和组合

资源泛指社会财富的源泉。它既包括自然资源如水资源、矿产资源等，也包括社会资源如资金、人才、信息等。社会上任何一个组织或团体，无论是企业、机关、商场、医院还是学校，它们的生存和发展都需要各种资源作为保障条件。所以，任何管理都是离不开资源的。在诸多资源中，人力、物力、财力、时间、空间、信息等资源对管理者来说最为重要。由于每种资源的性质不同，潜能也不同，管理者重要作用之一，就是对这些有限资源的特点和潜能进行研究，通过不断地开发和组合，使资源在消耗中又得到增殖，扩大其社会效益和经济效益。

(5)管理是在特定环境下进行的

从系统的观点来看，任何组织都是一个系统，它存在于一个更大的系统之中。这个更大系统就是环境，它对组织的存在与发展具有激励和约束的双重作用。组织的生存与发展永远离不开环境。管理者必须善于适应环境的变化，或者创造环境。任何不顾环境变化的管理，超越时空的管理都是注定要失败的。

(6)管理是消除矛盾和冲突的行为

在任何组织的发展过程中，矛盾和冲突始终是存在的。这里既有人与自然的矛盾，也有人与社会的矛盾以及人与人之间的矛盾。矛盾和冲突有两种：一种是建设性的矛盾与冲突；另一种是破坏性的矛盾与冲突。管理者在消除矛盾和冲突时，要严格区分两种不同性质的矛盾和冲突。最终使矛盾和冲突向着建设性的方向发展，防止矛盾和冲突带来的破坏性。

(7)管理是管理者与被管理者相互影响的行为

管理是人类特有的一种活动。它是由管理者和被管理者两类人所组成。管理者利用自己的权力、地位和信誉对被管理者的思想和行为施加影响，以便使被管理者按照管理者的意图去行动。而被管理者是否接受管理者的影响，取决于他对管理者的权力、地位、信誉和要求的认同程度。被管理者在接受管理者的影响时，也想通过自己的言行去影响管理者的行为。被管理者在接受管理者的影响时，他们不是被动的、消极的，而是用他们自己的价值观念、思维方式和道德标准来分析与评价，最后决定自己的态度和行动。所以说，管理不仅仅是管理者的行为，而是管理者与被管理者相互的行动。

由此可知，管理具有社会实践活动的特征，应该属于社会实践活动的一种。

2. 作为社会现象的管理，它所具有的重要职能是什么？

答：作为社会现象的管理，它具有两个重要的职能：一个是组织和开发生产力的职能，另一个是协调和控制生产关系和社会关系的职能。

(1)在组织和开发生产力方面，管理可以把处于分散状态的生产力诸因素进行合理组合，对生产运行过程进行有效控制，这样就可以达到扩大再生产的目的。马克思认为，“不论生产的社会形式如何，劳动者和生产资料始终是生产的因素，但是二者在彼此分离的情况下，只在可能性上是生产因素，凡要进行生产就必须使它们结合起来。”

(2)在协调和控制生产关系和社会关系方面，马克思把这种管理职能称作“监督劳动和指挥劳动”。他说：“资本家的管理不仅是一种由社会劳动过程的性质产生并属于社会劳动过程的特殊职能，它同时也是剥削社会劳动过程的职能，因而也是由剥削者和他们所剥削的对象之间不可避免的对抗决定的。”

根据马克思关于管理的两种职能的论述，也可以说明管理具有双重属性：管理的自然属性和管理的社会属性。管理的自然属性是同社会生产力联系在一起的属性，它具有组织共同劳动、协调生产过程的作用，是超越一切生产关系而存在的；而管理的社会属性是同一定的社会生产关系联系在一起的，是由生产资料所有制的性质来决定的。在有阶级的社会里，管理的社会属性的核心是为一定阶级利益服务的，它是有阶级性的。

四、论述题

1. 试述教育管理不同于社会管理的自身特点。

答：教育管理是社会管理的一部分，它具有社会管理的共同特点，但它又不同于社会管理，它具有自己的特点。其主要特点如下：

(1)管理育人

各级各类教育组织的主要功能就是为社会培养一定质量与规格的人才，教育管理也就成为育人的手段之一。因此，我们把管理育人视为教育组织和其他社会组织管理的主要区别之一。教育管理的育人体现在：

①教育管理通过构建良好的育人环境来为教师和学生服务。

②管理育人是指学校一切规章制度、工作条例、各种活动都要具有教育意义，有利于学生的身心健康。

③每个教育管理者，他们不仅是管理人员，同时还是教育者。他们在完成具体管理工作过程中要时时处处以自己的思想品德和模范行为去教育或影响别人。

(2)提高教育质量是教育管理的中心任务

任何一个教育组织都十分重视教育质量问题。因为，它是教育组织的生命线，也是其存在价值的体现。教育质量很差的学校也就失去了其存在的价值。所以，学校教育组织必须依靠教育质量赢得社会、政府、家长和学生对它的信任、理解和支持。教育质量也是提高学校知名度，争取优质生源的重要条件和扩大学校影响力的基础。

(3)调动教师的积极性和创造性是办好教育的关键

各级各类教育组织的成就、质量、效益、秩序都是全体教职工创造的。所以，办好教育必须依靠教师。教育管理者的主要任务就是全心全意地依靠教职工，把他们的智力和体力的潜力充分开发出来，为他们的智慧和才能的发挥创造机会和条件，消除影响教职工积极性、创造性的各种障碍和矛盾。

教师属于知识分子，是脑力劳动者。知识分子劳动的特点使他们的主体意识比较强烈，在处理理论与实践、政治与业务、历史传统与现实需要以及个人与群体的关系上，在对世界观、价值观、人生理想、信仰的追求、道德标准以及思维方式等方面又有认识上的差异。于是就形成了不同的知识分子群体。针对知识分子群体中的差异，教育管理者既要尊重、信任、支持和关心他们，又要帮助、教育他们，使他们能够认识自己的不足和缺点，能够不断地充实自我，完善自我，必要时还应重塑自我。

(4)教育管理主要是解决教育、教学过程中的矛盾和问题

我国的教育管理始终是把坚持社会主义政治方向，为社会主义现代化建设服务放在首位，强调学校工作要以教学为主，全面提高学生的素质。课堂教学是教学的主要形式，它要与各种社会活动、文化活动、体育活动、科技活动、生产劳动以及公益性活动相结合。整体思考，统筹安排，这样才能全面贯彻党的教育方针，全面提高教育质量，培养出社会所需要的各种类型的人才。但是在具体实施的过程中，往往会遇到许多矛盾和问题。如掌握书本知识与培养生活能力、工作能力的矛盾、教师面向全体学生与学生之间存在着差异所产生的矛盾、教师的主导作用与学生的主体地位的不协调以及世界的整体性和动态性与教学的分解性与静态特点的分歧等。教育管理就是要解决教育、教学过程中发生的各种问题。也只有在解决问题的过程中，教育事业才能发展和提高。

2. 试述当代教育管理学的发展趋势。

答：随着学科发展的日益加快，教育管理学在现代科学的影响下也出现了前所未有的发展，并呈现出了较为明显的发展趋势，包括以下几方面：

(1)教育管理研究理论基础的发展趋势

当代教育管理学理论研究受到行政学和管理学两种理论的共同影响。在管理学方面，当代教育管理学不仅受到以泰勒为代表的古典管理理论的影响，还受人际关系理论、行为科学理论以及当代许多新的管理理论，诸如社会系统理论、决策理论等理论的影响，使当代教育管理研究处于以多元理论为基础的趋势。

(2)教育管理研究内容的发展趋势

当代教育管理学则注重对教育管理的全方位多元化的研究：

①注重教育管理学的历史研究，从对教育管理学的历史回顾中分析其方法论的异同。

②注重教育管理学的理论研究，有学者从哲学的角度探讨了教育管理哲学的问题。

③注重研究教育研究与教育决策的关系，探讨教育研究与教育决策的互动模式。

④注重研究教育政策，探讨教育政策的价值观，对发达国家之间的教育政策进行比较。

⑤注重学校效能的研究，与此有关的是研究了校本管理和校长研究，探讨学校效能的标准、因素、模型，校本管理与外控管理的区别，校长的领导行为等。

⑥注重研究后现代主义、建构主义、女性主义对教育管理的影响。

(3)教育管理研究思潮、教育管理研究方法及手段的发展趋势

①从思潮看，当代教育管理研究由于开始注重运用泰勒的科学管理理论，体现出一种理性主义或科学主义思潮，后由于人际关系理论及行为科学理论的出现，教育管理研究中注重运用这些理论，注重人的问题的研究，体现出人文主义或反理性主义的思潮。

②从研究手段看，由于近现代科学技术的发展，教育管理研究手段越来越先进。现代通信技术，使得教育管理研究的空间和时间发生了很大变化，研究人员可在有限的时间和空间里做出高效率高水平的研究工作。

(4)教育管理研究理论层次的发展趋势

①从横向来说，教育管理的理论将由只注重规范理论向注重科学理论(陈述理论)和价值理论发展。

②从纵向来说，教育管理理论将由只注重现象学的层次，向注重元理论及方法学的层次发展。

总之，随着教育管理研究的深入，教育管理理论的层次将会同时在现象学、元学及方法学三个层次上扩大和加深，形成一个相对独立的具有一定理论色彩的全新的教育管理学的学科体系。

3. 试述我国教育管理改革的历史经验。

答：中华人民共和国成立以后，在中国共产党的领导下，教育领域各方面的工作都进行了多次改革。其中既有成功的经验，也有失败的教训。这些都是建设中国特色社会主义教育体系的宝贵财富，也是我国21世纪教育和教育管理改革的基础。总结起来，我国教育管理改革的历史经验如下：

(1)正确处理教育改革和社会政治、经济、文化改革的关系

①进行教育改革的原因

我国教育改革是整个社会改革的一个重要组成部分。教育为各个时期党的政治路线服务、为社会主义经济建设服务、为社会主义精神文明建设服务就成为教育改革的出发点。

②教育为政治、经济、文化服务

教育主要是通过传递文化、培养人才来为政治、经济和文化服务的。任何人违背了教育的特点和规律，用政治斗争或经济活动的办法进行教育改革是必然要失败的。把政治斗争的方法，经济制裁的方法移植到教育工作中也是达不到预期效果的。

(2)教育改革要调动各方面的积极性，坚持群众路线的工作方法

①自上而下的改革

这种领导改革的模式是：通过召开会议或发布文件的方式，自上而下地领导和推动教

育改革。其中包括学习文件、统一认识、制定规划、分类指导、总结经验、全面推广几个工作环节。但是在教育改革的实践中，基层组织的负责人、教师对改革的必要性和紧迫性的认识与上级领导的认识并不完全一致，但又要按照上级的文件去办，他们往往忽视了本地区、本校的特殊情况，使改革发生了偏差。

②自下而上的改革

基层组织负责人或教师对某种改革有积极性，但是得不到上级领导的支持和帮助，因而常常以失败收场。

实践证明，教育改革必须调动两个积极性，既要自上而下，又要由下而上，使二者相结合。

(3)教育改革是教育自身不断完善的过程

对待教育改革必须有科学的态度，防止片面化和简单化的倾向。每次改革都应当是对教育自身的完善和提高，而不是对过去教育成果的否定。

(4)对待教育改革的态度要积极，方法、步骤要稳妥

教育改革是一项系统工程。它需要社会条件的支持，而除此之外，没有积极的态度是不能推动教育改革的，没有扎扎实实的方法、步骤是不可能达到预期目标的。

(5)教师是教育改革的动力，而不是教育改革的阻力

①要相信教师、依靠教师

教育改革必须全心全意地依靠广大教师。没有广大教师的积极、主动参加，教育改革是不可能成功的。当他们对教育改革的意义和改革的内容缺乏理解的时候，要给他们留出思考问题的时间，允许他们发表不同的意见，在教育改革的实践过程中逐步统一大家的认识。

②正确区分政治问题、学术问题、世界观问题的界限

对待不同看法时，要具体问题具体分析。有的属于思想认识问题，有的属于学术观点问题，有的属于世界观、价值观问题，也有极个别的属于政治问题。对于不同性质的问题要采取不同的解决方式，不要胡乱上纲上线。

(6)教育改革要大胆探索，大胆实践

教育改革往往没有现成的理论和成熟的方案供人们采用。因此，要鼓励大家大胆探索、大胆实践，允许试验也允许失败。由于教育改革的成果(教育质量、教育的社会效益)不是在短期内能够显现出来的，因此，教育领导机关对于教育改革中某些经验和具体做法、成效，不能轻易下结论。

(7)世界上没有最完善的教育改革方案

每种教育改革方案都有利弊两个方面。教育改革要研究在什么条件下利大于弊，在什么情况下有可能弊大于利，在权衡利弊得失之后，做出自己的判断和行为的选择。在改革的实践中，发挥人的主观能动性，使有利的方面充分发扬，使不利的方面尽量遏制。

(8)教育改革是一场攻坚战、持久战

领导教育改革的人一定要充分地估计到教育改革的艰巨性和长期性，领导者选定正确的改革目标模式，只有坚定不移地走下去，最后才能成功。

4. 十八届三中全会提出我国要努力实现国家治理体系和治理能力现代化。结合时代背景，试述如何实现教育管理现代化？

答：要实现教育管理现代化，首先要把握教育管理现代化的内涵。

(1)教育管理现代化的内涵

首先，教育管理现代化是一个不断变革、创新和完善的动态发展过程，并且在发展过程中不断被赋予新的时代精神和内涵。其次，教育管理现代化是一种教育管理整体转化运动，不是一个孤立、狭义的管理现象，而是广义的整体转换；不是管理的某一方面的现代化，而是内容十分丰富的现代管理体系。教育管理现代化包括物质层面、制度层面、思想观念行为层面等三个层面的现代化。这三个层面相辅相成、密切结合，构成教育管理现代化的整体运动。

(2)教育管理现代化的实现途径

基于对教育管理现代化内涵的了解，要实现教育管理现代化可以从以下几个方面入手：

①加强教育管理信息化建设，逐步实现教育管理技术和手段的现代化

教育管理手段现代化是实现教育管理现代化的基础，教育管理手段现代化是指教育管理主体在进行教育管理活动时所采用的物资和技术及其具体操作的现代化。主要表现在以下两个方面：

a. 建立现代化的教育管理信息系统，即以现代技术方法和电子计算机网络为基础的自动数据处理系统，计算机在教育管理中的应用，如计算机教学管理，计算机教育行政管理。因此，要实现教育管理手段现代化需要加强教育管理信息库的建设，适当引进集财务、人事、档案管理于一体的优秀的管理软件。

b. 要加强信息技术教育，对教育管理人员进行培训，提高教育管理人员的计算机应用水平。

②进一步加强教育管理体制的改革，实现教育管理体制的现代化

教育管理现代化不能仅仅停留在物质层面上，在此基础上还需要向体制层面上深化。

a. 教育管理体制现代化是实现教育管理现代化的保证。要实现教育管理体制现代化，必须以“教育管理民主化”为指导方向，进一步加强教育管理体制的改革，并逐步推进教育管理体制的法治化建设。

b. 在办学体制上，政府要简政放权，进一步下放地方办学权限，形成政府、集体、社会其他力量相结合的多元化办学体制。开拓社会化、国际化的办学新模式；在管理体制上，对基础教育实行统一领导，分级办学，分级管理，充分调动地方各级政府的积极性，改革高等教育管理体制，建立政府宏观管理，学校面向社会自主办学的体制。

c. 在投资体制上，进一步强化教育投入主渠道——政府财政拨款的作用，同时积极吸引和鼓励社会力量投资办学，建立多渠道、多形式的相辅相成的教育投资体制，改善教育投资结构。

d. 在招生和就业制度上，将国家包学费、包分配改为高校学生自费上学、自主择业。

e. 在学校内部管理体制上，政府简政放权，扩大学校自主办学权，中等及中等以下各类学校实行校长负责制。

③完善对教育管理者的培养工作，促进教育管理主体的专业化和现代化

人是教育管理的中心，人的发展是教育管理的起点和归宿。人的现代化在整个教育管理现代化工程中居于核心地位，教育管理者作为教育管理主体，必须转变思维方式，完善知识结构，不断提升自己的综合素质，以适应教育管理现代化的需要。培养教育管理者需要做到以下几个方面：

a. 要转换思维方式，树立现代化的管理观念。思维方式是教育管理者素质最深层最核心的因素，传承、反思、转换、更新是转换思维方式的基本思路，对优良的传统和有效的做法要继承、发扬、推陈出新，要变习惯性思维方式为创造性思维方式。树立“以人为本”的管理观念、发展性管理观念、民主管理观、战略管理观以及知识管理观等现代化的管理观念。

b. 形成动态的知识结构。教育管理的科学化、专业化要求教育管理者必须学习各种教育科学知识，管理科学知识；教育管理的法治化要求教育管理者必须学习各种法律法规知识；教育管理的信息化要求教育管理者必须学习各种现代化设备(如计算机)的应用知识，这就需要教育管理者积极学习各种知识、新观点和新思想，形成动态的知识结构，以便满足现实工作的要求。

④分层实施，分类指导，构建“点，线，面”的教育管理现代化渐进模式

教育管理现代化是一个内容丰富、涉及面广的系统工程，同时也是一个随时代不断变迁、不断创新的过程。因此，我们不能企图一蹴而就，而是应该选择那些力所能及的目标作为“切入点”，运用“迂回推进，先易后难，分步到位”战略，因地制宜、因校制宜，把握实现教育现代化的主动权。

a. 所谓“点”就是将教育管理现代化的实施落实在具体的基层单位，比如一所学校，一个乡镇教办，一个县(乡)行政区域，通过这种“点”上的现代化带来一种整体的爆破，最终走向教育管理的现代化。

b. 所谓“线”就是将教育行政现代化和学校管理现代化齐头并进，相得益彰。

c. 所谓“面”就是教育管理区域现代化。按照全国的地理区域，每个区域分别按照本地域的特点因地制宜推进本地区的教育管理现代化。

在大力推进国家治理体系和治理能力现代化的今天，实现教育管理现代化是与时俱进的，且具有时代意义。通过以上途径，相信教育管理现代化可以书写新的时代篇章。

第3章　现代教育管理的理论基础及其流派

一、单项选择题

1. 最早出现的人性假设理论是(　　)。

A. 经济人假设　　B. 社会人假设

C. 自我实现人假设　　D. 复杂人假设

【答案】A

【解析】A项，经济人假设最早由英国经济学家亚当·斯密在其著作《国富论》中提出，它是最早出现的人性假设理论。B项，社会人假设是由梅奥提出的。C项。自我实现人假设最早是由人本主义心理学家马斯洛提出。D项，复杂人假设产生于20世纪60至70年代，代表人物有雪恩、摩尔斯等。

2. 被称为"科学管理之父"的人是(　　)。

A. 法约尔　　B. 泰勒　　C. 梅奥　　D. 巴纳德

【答案】B

【解析】19世纪末，随着资本主义工商业的发展，科学技术的进步，一方面推动了生产力的发展，另一方面又加剧了社会矛盾。这是资本主义社会基本矛盾的必然结果。资本主义世界出现了劳动生产率的下降和经济危机的爆发，困扰着广大的企业管理人员。在这个社会背景下，许多国家的工程技术人员和管理人员都在研究如何在一个企业范围内提高劳动生产率。在这些人中间成就比较显著的是美国工程师弗雷得里克·W·泰勒。泰勒自幼才华横溢，兴趣广泛，勤学好问，善于思考。他在工厂工作期间，有许多发明创造和技术革新成果，获得技术专利一百多项。他在管理方面曾进行过"铁块搬运试验""铲具的试验"和"金属切削试验"。这三项试验为他的科学管理理论的提出，提供了实践的基础。他的主要著作有《计件工资制》《工场管理》《科学管理原理》等。他逝世以后，人们在他的墓碑上刻上"科学管理之父——弗雷得里克·泰勒"来赞扬他的功绩。从严格的角度来看，他是历史上第一个管理行为系统化、科学化的人。

二、概念题

1. 经济人假设

答：经济人假设是一种人性假设理论，起源于享受主义哲学和英国经济学家亚当·斯密的关于劳动交换的经济理论，是指追求自身利益或效用的最大化是个体行为的基本动机，个人在选定目标后对达成目标的各种行动方案根据成本和收益做出选择。根据"经济人"的假设而采取相应的管理策略，可以归纳为以下三点：①管理工作的重点在于提高生产率、完成生产任务，而对于人的感情和道义上应负的责任，则是无关紧要的。从这种观点来看，管理就是计划、组织、经营、指导、监督。这种管理方式被称作任务管理。②管理工作只是少数人的事，与广大工人群众无关。工人的主要任务是听从管理者的指挥，拼命干活。③在奖励制度方面，主要是用金钱来刺激工人生产积极性，同时对消极怠工者采用严厉的惩罚措施。

2. 权变组织理论

答：权变组织理论是在系统理论的基础上产生的，以劳伦斯、洛西、伍德沃德为代表一种理论。该理论主张“如果……那么……”这一权变关系，认为组织权变关系依据环境自变数和管理因变数间的函数关系确定；不同的组织模式和管理方法的有效性，将随组织内外各种因素的变化而变化。因此，组织必须随机应变，没有统一的、一成不变的组织模式，不能把某种在特定环境中有效的组织模式和方法生搬硬套。

3. 期望理论

答：期望理论，又称“效价－手段－期望理论”，是美国心理学家维克托·弗鲁姆在1964年出版的《工作与激发》一书中率先提出的一种理论，其基本内容包括期望公式和期望模式。弗鲁姆认为，人总是渴望满足一定需要并设法达到一定的目标。在这个目标尚未实现时，表现为一种期望，这是目标反过来对个人的动机又是一种激发的力量，而这个激发力量的大小，取决于目标价值（效价）和期望概率（期望值）的乘积。用公式表示就是：$M=\sum V\times E$。M表示激发力量，是指调动一个人的积极性，激发人内部潜能的强度。V表示目标价值，这是个心理学概念，是指达到目标对于满足他个人需要的价值。E是期望值，是人们根据过去经验判断自己达到某种目标是大还是小，即能够达到目标的概率。目标价值的大小直接反映人的需要动机的强弱，期望值反映了实现需要和动机的信心强弱。这个公式说明：假如一个人把某种目标的价值看得很大，估计能实现的概率也很高，那么这个目标激发动机的力量越强烈。为了使激发力量达到最好值，弗鲁姆提出了人的期望模式：个人努力→个人成绩→（绩效）→组织奖励（报酬）→个人需要。

4. 跳板原则

答：跳板原则，又称法约尔跳板原则，是法约尔在1916年出版的《工业管理与一般管理》一书中提出的一种理论。该理论认为，在遇到一些需要快速办理的事情时，为提高办事效率，需要跳过原有的管理路径，在平行的两者之间建立直接联系的渠道，即建立跳板；若两者无法协调，再报告上级，由上级协调（即越级上报）。法约尔“跳板”理论旨在保持命令统一的情况下，迅速而及时地解决一般事务，从而使组织最上层得以从繁杂的事务中摆脱出来，专注于一些重大问题。

5. 科层制

答：科层制，又称“官僚体制”，是指像政府机关那样层次分明、制度严格、权责明确的组织模式。科层理论是由德国著名学者马克思·韦伯博士提出来的。在西方，官僚体制是与同僚体制相对应的一个名词，并非贬义。科层管理理论的基本观点包括：①职位分类；②权力分层；③法定资格；④委其责任；⑤遵纪守法；⑥理性关系；⑦固定工资。它既反映了工业革命对工商业发展的要求，也体现了法治社会的必然结果。这种以责任制为基础，以权力为核心的理性组织的权威性对提高行政组织的工作效率是有积极意义的。

6. 有限理性

答：有限理性是指人介于完全理性与非理性之间的一种状态。这是由诺贝尔经济学奖得主西蒙(Simon)提出的。西蒙认为，人类在经济的舞台上，面对了众多选择和决定，但是人储存和处理信息的能力却十分有限。许多人想要依理性来行事，但却只具备有限的理性。因此他们努力消化庞大的信息，而且因为没有能力深入了解所有的可能性，于是往往选择了还算“差强人意”的解决方案，而不是新古典学派经济学家主张的“最佳”解决方案。西蒙认为有限理性的理论是“考虑限制决策者信息处理能力的约束的理论”。他提议将不完全信息，处理信息的费用和一些非传统的决策者目标函数引入经济分析。

7. 非正式组织

答：非正式组织是人们在共同的工作过程中自然形成的以感情、喜好等情绪为基础的松散的、没有正式规定的群体，与“正式组织”相对。典型的非正式组织，如单位内的同乡、同学，棋友、牌友、球友等形成的小圈子。非正式组织不受正式组织的行政部门和管理层次等的限制，也没有明确规定的正式结构，但在其内部也会形成一些特定的关系结构，自然涌现出自己的“领导”，形成一些不成文的行为准则和规范。非正式组织的划分，一般可以从“安全性”和“紧密度”两方面来考察。非正式组织存在的根本原因，是人们追求一种在正式组织内无法达到的感情需求的满足。

三、简答题

1. 校本管理的含义。

答：校本管理是西方国家在20世纪80年代学校改革运动中出现的一种新的教育管理模式。其最初是作为教育行政管理体制改革的一项措施提出来的，是指教育主管部门将管理教育的权力逐渐下放给学校，赋予学校更大的权力和自由，学校按照自己的意愿和具体情况决定资源的分配、财政预算、课程设置、教科书的选择、人事安排等方面的方案和改革措施，从而达到优化学校教育资源，提高学校办学质量的目的。

理解校本管理的含义要把握包括校本管理的成因、基本理念和特点等方面。

(1)校本管理的成因

校本管理的出现是教育管理理论和实践不断发展的结果。随着社会的发展，学校必须有持续不断改进的能力，从追求短期、补救式的改进到追求综合的、长期发展的改进；从追求教育数量到追求教育质量；从追求学校维持到追求学校绩效；从外在控制，缺乏自主权到自我管理；从效率极低的管理模式到追求高效率的比较复杂的管理模式。校本管理就是在这些需求的刺激下产生的。

(2)校本管理的基本理念

校本管理的基本理念包括：教育假设，即教育目标多元化，教育环境复杂和不断变化；重视差异原则，即关注可以达成教育目标的各种不同的方法，强调管理过程的灵活性和自主性；以分权制为理论基础，强调学校应被赋予权力和职责去尽可能有效地解决所发生的和面对的问题；学校是一个自我管理的系统，应该根据自身的条件进行管理；强调人本原则，与强调人际关系和人的行为的现代管理理论相适应的。

(3)校本管理的特点

与传统的外在控制管理相比，校本管理有两个基本的特点：其一，学校是决策的主体，即决策应在学校范围内做出，学校在财政和管理上的自主权应该加强，游离于学校之外的行政组织的作用应当减弱；其二，学校是改革的主体，即有效的学校改革不仅依赖于外在程序，更为重要的是依赖于参与者分享决策的制定。

总而言之，校本管理是一种与传统的外在控制理论不同的，有一定的自主权和独立性的管理，其对学校的任务、管理策略、资源利用、学校成员的作用、成员间的相互关系、管理质量、绩效指标等都进行了精心设计。

2．在新公共管理思想影响下，20世纪90年代以来西方国家政府改革的主要趋势和特点是什么？它对教育管理的影响有何表现？

答：当代西方政府改革的基本趋势是走向一种“新公共管理”的实践模式，即采用商业管理的理论、方法及技术，引入市场竞争机制，以提高公共管理水平及公共服务质量。

(1)20世纪90年代以来西方国家政府改革的主要趋势和特点

①重新界定政府职能，将“掌舵”和“划桨”分开。政府是掌舵者，是公共服务的承担者和公共设施的所有者，但公共服务和设施可以通过市场来提供。

②运用市场原则，引进竞争机制。打破政府垄断，公共服务面向市场，向私营部门开放，实行多主体竞争机制，提升服务效率与质量。

③提高公共服务质量，强调顾客导向。改变传统行政体制的僵化弊端，将公民视为“顾客”，强调公共服务应回应顾客需求，制定明确的服务质量标准，追求公共产品的优质高效。

④政府管理的分权化趋势明显。中央政府将更多公共事务的决策权、管理权和财政权下放给地方政府甚至基层机构，旨在提高公共服务的回应性、效率及地方治理能力。

(2)西方国家政府改革的新公共管理趋向对教育管理的影响

①改革目标上的效率和质量取向。教育管理是公共管理的一部分，教育管理逐渐走向讲求效率和提高质量之路，开始衡量和评价教育经费的使用效率、办学效益以及教育对经济社会发展的作用。

②改革措施上的分权趋势。在教育管理体制上，更加注重分权管理，各级各类教育实行不同的管理体制，赋予地方和学校办学的自主权，以提高他们的办学积极性，适应社会经济变化发展的趋势和要求。

3．传统组织管理理论的代表人物是谁？这种理论的主要观点是什么？

答：(1)传统组织管理理论的代表人物很多，如韦伯、泰罗、古利克厄威克、穆尼和雷利等人。

(2)传统组织管理理论的主要观点如下：

①该理论是和行为科学学派相对而言的，其中心思想和特征是一种以工作任务为中心的组织理论。

②该理论把组织看成是个封闭系统，把组织管理的重点放在组织的内部，着重研究如何有效地利用已有资源，提高生产效率，生产更多的产品，获得更大的利润。

③该理论重视工作和物，而忽视人；重视基层操作，而忽视高层发展战略管理；重视

人的物质经济要求，忽视人的社会心理需求。

④该理论在加强组织内部的工作管理方面有一些原则和管理方法，诸如分工原则、专业化原则、统一指挥原则、行为的制度化原则和控制幅度原则等，以及要完成工作任务还要依靠权力、严格规章制度和依靠上层管理者的决策及个人作用。这种传统组织理论是现代组织理论的基础。

4. 简述巴纳德(Barnard)社会系统管理学派的主要观点。

答：社会系统学派是从社会学的角度来研究管理，把企业组织及其成员的相互关系看成是一种协作的社会系统。其创始人是美国的高级经理和管理学家切斯特·巴纳德。社会系统学派的主要观点是：

(1)组织是一个社会协作系统，是由相互进行协作的各个人组成的系统。

(2)协作系统由三个基本要素构成：

①协作的意愿

组织是由个人组成的，每一个人都能够自觉自愿地为组织目标的实现作出贡献。没有这种意愿，就不可能将组织成员的个人行为有机地结合成在一起共同协调的组织活动。但不同组织成员的协作意愿的强度是不同的，同一成员在不同时期的协作意愿也是不断改变的。

②共同的目标

共同的目标是协作意愿的必要前提。没有共同的目标，组织成员就不知道要求他们提供何种努力，同时也不知道自己能从协作劳动的结果中得到何种满足，从而不会导致协作活动。因此，管理人员的一项非常重要的职责就是帮助组织成员加深这种认识，并努力避免组织目标和个人目标的背离。

③信息沟通

组织的共同目标和不同成员的协作意愿只有通过信息沟通才能相互联系，形成动态的过程，没有信息沟通，不同成员对组织的目标就不可能有共同的认识和普遍的接受；没有信息沟通，组织就无法了解组织成员的协作意愿及其强度，也无法将不同成员的努力形成协作劳动。因此，为了使组织的成员有协作的意愿，并合理地进行动，还必须有良好的信息沟通。

(3)关于经理人员及其职能：

巴纳德认为，经理人员只有作为组织这个协作系统的联系中心，并对组织成员的协作努力进行协调，才能使组织正常运转，实现组织目标。经理人员的职能主要有三项：

①建立和维持一个信息沟通系统。

②从不同的组织成员那里获得必要的服务，包括：招募和选聘能够提供适合的服务的工作人员，维持组织的“诱因”和职工的士气，以保证协作系统的生命力。

③规定组织的共同目标，并用各个部门的具体目标来加以阐明。

5. 试比较正式群体和非正式群体。

答：正式群体和非正式群体是根据构成群体的原则和方式的不同而划分的群体种类。

(1)正式群体与非正式群体的区别

正式群体是指为实现组织目标，按照一定的规章制度，而建立起来的组织内部的群体。这类组织有既定的目标，有固定的编制和群体规范，有明确的分工和严格的组织纪律。正式群体是建立在组织效率逻辑和成本逻辑基础之上的，按照组织的规程行事的。如工厂中的车间、班组，军队中的班、排，学校中的班级、教研室等。

非正式群体是指自发形成的，无固定目标，无成员间的地位及角色关系的群体。非正式群体也有一定相互关系的结构和规范，但是往往没有明文规定，群体成员中会自然涌现出首领，群体成员的行为受群体中自然形成的规范所调节。非正式群体是建立在感情逻辑基础之上的。如趣味相投的朋友、街道或同院的伙伴等等，都属于非正式群体。

(2)正式群体与非正式群体的联系

正式群体与非正式群体往往是同时发生作用、交互影响的。两者相比，在形成特点上具有普遍性、自发性、随意性、选择性等特点。前者在组织中的人际关系系统中起主导作用，后者具有满足个体需要、保护心理健康、沟通信息、调节平衡等正式关系所不能替代的功能。在管理过程中，正式组织和非正式组织是相互制约的，因此，管理者必须有坚定的信念和热情，不仅要使组织中的正式组织对每个学生都有吸引力，都有满足感；而且还要善于分析组织中的非正式群体，不强制性地压抑组织成员的需求，引导他们个体的需求、情感和个性合理地释放。一般可以通过组织变革创新、社会角色变换、加强交往指导、组织多样化活动、创设各种教育情境、开展自我管理、非正式群体正式化等方式，充分发挥正式群体的主导作用和引导各种非正式群体的健康发展，使组织的人际关系更趋丰富、协调。

6. 简述人际关系学说对学校管理实践的主要影响。

答：人际关系学说是指美国哈佛大学心理学家梅奥在霍桑实验基础上提出的一种新的管理理论。这一理论把“人”作为研究的重点，强调人是社会人，人的行为是复杂的，群体行为对个人行为产生很大的影响。人际关系学说引入学校管理后，极大地改善了学校中的人际关系，对教育管理实践起到了非常深远的影响，主要体现在：

(1)促进学校更加重视教职员的主体地位，采用科学的方法了解社会与学校中各种因素对个体或群体行为的影响。

(2)使得学校行政人员以新的眼光分析学校系统的特殊性，从而改变了传统的学校管理方法。

(3)让教师更充分地参与管理，学校在制定计划时倾听教师的意见，做到民主参与决策，改善管理人员和教师的关系。

(4)促进教育管理人员分析、研究教职工、学生的需要层次和结构，改善学校内外的人际关系，以增强群体意识和组织的凝聚力。

总的来说，在人际关系学说的影响下，学校管理更加趋向于以人为中心，趋向于民主管理。

7. 行为科学管理理论对教育管理理论研究产生了怎样的影响？

答：行为科学是20世纪30年代开始形成的一门研究人类行为的新学科，一门综合性科学。行为科学把以“事”为中心的管理，改变为以“人”为中心的管理，由原来对“规章制度”的研究发展到对人的行为的研究；其中，人性假设是行为科学管理理论的出发点，激励理论是其核心内容，群体行为理论是其重要支柱，领导行为理论是其重要组成部分。行为科学对教育管理理论的影响是深远的：

(1)在理论上，受行为科学的影响和启发，教育管理领域进行了大量的理论化工作，如围绕学校组织的性质、作为社会系统的学校的意义，教育领导、教育决策、教育管理、学校人际沟通、学校组织气氛、教师激励等等，研究者在实证调查的基础上提出了大量的理论，这些理论极大地充实了教育管理的理论体系。

(2)在研究方法上，行为科学基本的研究手段——实证研究，包括编制问卷、访谈调查等，被大量运用到教育管理领域，打破了以前的研究框式，使得教育管理的研究更为严谨和科学；在学科建设方面，由于采用了行为科学的理论和研究方法，教育管理学的学科建设出现了极大改变，科学的成分大大增强，学科的体系也日趋严密和完善。

8. 简述泰勒科学管理理论在学校管理中的适用性。

答：泰勒的科学管理理论强调成本、效率、效益、程序化、标准化和定量化，推动了学校由传统的粗放式管理向着集约式管理迈进，在学校管理中具有很强的适用性：

(1)泰勒的科学管理理论有助于推动学校管理中学校效能的提升。

学校效能是指学校发挥某些积极作用的能力及其实际结果，首先应从以下三个方面来理解学校效能：

①优秀的工作成果，包括质与量两个方面在内的学校教育成果，这些成果可以基本满足学校所面对的公众的合理要求。

②高质量的校内组织和人员素质。

③通过改革创新而实现的对环境变化的适应能力，学校既能从变化的环境中努力吸收更多的资源，又能通过自身完善对社会做出更大贡献。

近年来，随着人们对教育的公共性事业的性质向准公共性事业性质这一思想的转变，学校效能问题成为世界范围内教育管理专家关注的热点问题，学校效能和学校效率成为学校管理的目标和尺度，如何提高学校的效能，如何提高学校管理的效率，成为学校管理者们思考的问题。

泰勒的科学管理理论为教育管理专家们提供了理论的思考视角，泰勒的科学管理理论把提高劳动生产率作为科学管理的目的和中心，并且提出了一系列的提高劳动生产率的思想和方法，如用科学的方法对工人在生产过程的操作程序进行观察和试验，分析每项工作的动作和时间，除去多余的和错误的动作，在这个基础上制定合理的日工作量标准；从原材料、使用的工具、工艺过程、检验方法一直到劳动者，一律标准化，进行标准化管理以及岗位标兵制度和差别计件工资制等。这些思想和方法在学校的管理中具有很强的适用性，如制定详细的教学计划，完成教学计划所应达到的标准，所应用的方法与所使用的教材；教师必须具备的资格和工作准则；学校人力资源的规划，教职工的聘用和培训以及对教职工的激励等，在学校管理的这些方面泰勒的科学管理理论都具有很强的适用性。

(2)泰勒的科学管理理论有助于推动学校关注教育投入、成本和收益，提高学校的经济效益。

从20世纪初开始，教育经济学界开始把目光转向一系列的热点问题，如教育产业、教育商品、教育市场等；同时，随着学校的数量也迅速增长，政府、社会团体、个人对教育的投入也大大增加。这种巨大的投入引起了企业界和政府部门对办学质量和效益的关注。在这种背景之下，泰勒的科学管理理论成为了检验学校管理水平的主要标准之一。

学校管理者不仅仅重视学校的质量问题，也开始更多地关注学校的成本和效益的问题，对教育投入进行成本计量和分析，建立教育经济效率和经济效益的指标体系和计量方法，把办学效益作为评价和考核学校管理水平的主要标志。

9. 校本管理理论关于教育的假设是什么？

答：(1)校本管理的概念

校本管理是20世纪80年代在英美等发达国家的教育改革运动中兴起的一种学校管理新潮流，其本质是以学校为本位或以学校为基础的自主管理。它强调教育的主管部门将其权力逐渐下放给学校，给予学校更大的权力和自主决策的空间，使学校能够按照自己的意愿和具体的情况来决定资源的分配、学校财政的预算、课程的设置、教科书的选择、学校人事决策等方面的改革措施，从而达到变革学校已有的管理体系，优化学校教育资源，提高学校的办学质量的目的。

(2)校本管理关于教育的假设

校本管理在管理理念上与传统的学校管理有很大的区别。校本管理是从学校自身需要出发的，所有的成员(包括学校董事会、督学、校长、教师、学生、家长等)都有一定的自主权与决策权。它关于教育的假设是：

①教育目标多元化，这种多元化是植根于多元化的顾客预期之上的。

②复杂和变化的教育环境，教育的社会环境、经济环境、内部环境都是动态、变化的。

③有教育改革的需求，校本管理理论认为，学校不是完成游离于学校之外的行政权威所赋予的教育任务的工具，学校有自己的教育理想，有改革的动力和需求。

④以有效和协调为导向，校本管理理论遵循分权管理的原则，寻求效率和问题的解决。

⑤追求质量，校本管理要求提高学校绩效，达成教育目标，提高教育质量。

10. 简要说明人际关系理论。

答：针对古典管理理论过于强调制度化管理，把人当成只注重眼前利益的“经济人”，忽视人的社会需要等缺陷，人际关系学说提出了一套全新的管理理念。

(1)人际关系理论的主要观点

人际关系理论的主要代表人物有梅奥、罗特利斯伯格等，他们在多年的工厂管理实验(霍桑实验)的基础上提出了以下观点：

①经济诱因并非唯一动力，非经济性社会因素会显著制约经济动机的实际效果。

②员工往往以非正式群体成员的身份，而非孤立的个体来应对管理措施。

③与非正式群体形成的社会规范相比，人的生理能力对生产效率的影响更为有限。

④高度专业化并不必然带来最优的生产组织形式。

⑤非正式组织常被员工用作抵御管理层专断行为的保护机制。

⑥非正式社会结构与管理方之间存在持续的相互作用和动态影响。

⑦较小的管理幅度并非实现有效管理的必要条件。

⑧非正式群体中的领导者在很多时候与正式管理者同样具有重要影响力。

⑨人并非机械系统中被动运转的齿轮，而是具有主动性和社会性的行为主体。

人际关系理论更强调员工的动机、满意度、非正式组织的意义等对提高劳动生产率的价值。人际关系理论家坚信，只有充分调动人的工作积极性，改善组织中的人际关系，才能达到有效管理的目的。

(2)人际关系理论的影响

人际关系理论对教育管理学界的影响主要是在20世纪的四五十年代，这些影响反映在：

①在人际关系理论的影响性下，提倡改善学校人际关系及民主管理学校的著作、论文在当时大量涌现，推动了人际关系理论在教育界的传播。

②人际关系理论使学校行政人员对满足教师心理需要、提高教师士气的意义有了一定认识。

③在人际关系理论的影响性下，有识之士呼吁学校在制定计划时倾听教师的意见，做到民主参与决策，以求改善学校中上下级关系。

④部分教师开始有意识向学生灌输合作意识，以提高学生人际交往能力。

从总体上看，人际关系理论以及相随而来的民主管理思想，对当时的欧美教育行政管理产生了一定的积极影响，正如一位专家后来评论的那样，在人际关系学说的影响下，“独断专行的学校管理者不见了，师生享有了比以往任何时候都多得多的自由，学校也成为学习和工作的快乐的场所”。

四、论述题

1. 试述古典决策模型的理论假设及其主要步骤。

答：古典决策模型，又称规范决策理论，是基于“经济人”假设提出来的，主要盛行于1950年代以前。古典决策理论认为，应该从经济的角度来看待决策问题，即决策的目的在于为组织获取最大的经济利益。

(1)古典决策模型的理论假设

古典决策模型的理论假设是：作为决策者的管理者是完全理性的，决策环境条件的稳定与否是可以被改变的，在决策者充分了解有关信息情报的情况下，是完全可以做出完成组织目标的最佳决策的。

(2)古典决策模型的主要步骤

根据古典决策模型的内容可知，古典决策模型包括以下步骤：

①明确问题。这一阶段是决策的前提，须做好以下几项工作：a. 查明问题的范围、程度和特点；b. 分析问题的原因；c. 预测事态发展趋向。

②设定目标。确定目标是决策的核心内容，它体现决策者的价值选择、对情势的分析认识，以及他付出代价取得成绩的意愿和勇气。目标是制定和选择行动方案的依据。确定目标要选择正确的价值标准，决策目标要有准确性，同时要满足约束条件的要求、要有明确的时间规定，在可能的情况下，尽量使决策目标数量化。

③拟订备选方案。科学决策的精髓就是决策者有选择的自由，没有选择就没有决策。

只有对一批适合各种不同条件要求、达成不同水平结果的方案进行比较、权衡，才能合理决策。

④方案选择。在这一阶段，经过对方案的评价决定哪个方案可以选用。这一阶段有两个问题要注意，一是选择方案的标准，另一个是选择方案的方法。

古典决策理论忽视了非经济因素在决策中的作用，这种理论不一定能指导实际的决策活动，从而逐渐被更为全面的行为决策理论代替。

2. 站在社会经济发展的角度论述继承和传播传统文化为根本目标的教育价值观、以现实功利为目标的教育价值观及面向未来，追求创造目标的教育价值观三种教育价值观的变化对教育行为的影响。

答：教育价值观是指人们对教育这一社会现象的价值认知与评价体系，具体表现为：它既包含对教育的存在与发展之于人的生存、发展及生存环境所具有的意义的判断，也涵盖人对教育自身的功能、作用与价值的系统性评价。其核心是将教育领域中主体（如教育者、受教育者、社会）与客体（如教育内容、教育活动、教育资源）之间的关系，从认知层面进行系统化梳理与理论化建构，最终形成的思想体系。这一体系深刻影响着教育者的教育实践与受教育者的学习选择，成为教育行为决策的重要依据。不同发展阶段的社会相应地孕育出三种不同的价值观，这些价值观影响着各自社会发展阶段的教育行为，主要体现在以下几方面：

（1）继承和传播传统文化为根本目标的教育价值观及其影响

①在以农业和手工业为主导的社会里，经济和社会发展是相对稳定的，没有大工业的革命性。这样一种社会环境和社会秩序决定了教育的“后喻文化”的特点。生活在这样一个时代的人认为，过去的一切都是美好的，教育的作用就是把人类已有的知识、经验、道德传递给下一代，以便让下一代人像老一代那样思考和工作。它是以继承和传播传统文化为根本目标的教育价值观。

②对教育行为的影响：

a. 以古代的圣贤作为学生的楷模和榜样。

b. 重视教育的选拔功能，教育就是培养少数“精英”，教育是成为人上人的阶梯。

c. 教育的目的不是为了应用知识，发展能力，而是改变自己身份和社会地位的一种手段。

d. 学习的内容是以古代圣贤的著作为蓝本，学习古代语言和圣贤的遗训为主。

e. 在大学里，学术性课程与职业性课程是不相容的。大学是研究学术的地方，不是工匠的作坊。

f. 教师上课就是照本宣科，不敢偏离“经典”，虽然心中有书，但是目中无人。

g. 学生学习的主要方式是：背诵、模仿、改错。忽视学生的兴趣、想象力和创造力的发挥。

（2）以现实功利为目标的教育价值观及其影响

①以现实功利为目标的教育价值观发生在工业革命以后。工业文明主要体现在：统一、集中、规模、同步、竞争、效率、标准化以及时间等方面。与工业文明要求相适应的是教育的变化，把工业化的模式强加于教育，学生要像机器一样不停地学习、严守纪律、服从

等级权力的指挥。人们被标准化的物品所包围，在标准化的学校里接受标准化的教育，学校像工厂，班级像车间。

②对教育行为的影响：

a. 以现实的利益为目标，以当代的创业者、发明家、冒险家、劳动模范、先进工作者、战斗英雄作为学生的学习榜样。

b. 学习的目的是获得谋生的手段。

c. 学习的内容是人类一切有价值的知识。

d. 在学习方法上改变了传教士式单纯的背诵、模仿和改错的方法。

e. 在教学的组织形式上，个别化教学被集体的课堂教学的形式所取代。

总之，在工业时代教育就像一部机器，按照工厂化模式对受教育者进行不同层次的加工。它束缚了人的思维，压抑了人性。

(3)面向未来，追求创造目标的教育价值观及其影响

①面向未来、追求创造的教育价值观，是工业时代向信息时代过渡的产物。社会对人的需求及国际竞争方式的转变，催生了这一价值观念的变革。这种教育价值观认为：

a. 人类的未来，也就是社会的未来，完全取决于教育的未来。

b. 信息时代是充满机遇的时代。信息变化的加快为任何事业的发展提供了更多的机遇。

c. 信息时代是知识爆炸的时代，人类的知识急剧增长。未来要求人们具有更强的信息加工能力和处理能力。

②对教育行为的影响：

a. 教育内容的更新。教育内容是教育活动的核心问题。现代教育内容正在逐步拓宽，对当代世界性问题做出反应的新教育内容正在不断出现。对于人类社会一切优秀成果都要积极学习，随着时代的发展而不断更新；对那些属于糟粕的东西则应该予以抛弃。

b. 教育是人的主体性行为。教育对学习者来说，具有他人不可代替性，教师的一切努力都代替不了学生对学习的投入程度和掌握科学的学习方法。

c. 教育是一种创新性的活动。以往的教育侧重于适应现实的功能，但是以开拓和创造未来为目标的教育则侧重于创新。信息时代人们还可以借助于电脑技术进行“虚拟现实”的教学软件的制作，使创新性学习在技术条件上有了保障。

d. 教育时空观的变化。以往的教育把学习当作人生长河的一个阶段；而以开拓和创造未来为目标的教育则把接受教育看作是人一生的事情，提倡终身教育的理念。并且学校是人受教育的基本场所，但不是唯一场所。信息时代要求社会一切组织都具有学习的功能，社会是学习型社会，组织是学习型组织。

e. 选择教育内容和方法。信息时代的教育内容需要扩展，教育方法需要更新。

f. 教师观变化。如何看待教师的地位和作用也是教育价值观的重要组成部分之一。信息时代师生关系发生了很大的变化，教师的角色将由单一角色向多元角色过渡。在不同的场合或情境下教师既是教育者，又是受教育者。教师不再是高居学生之上无所不知的全能人。

3. 论述科学管理理论、科层管理理论、人际关系组织理论的主要观点和对教育管理理论与实践的影响与启示。

答：科学管理理论、科层管理理论、人际关系组织理论是现代管理理论的重要的理论流派，这些主要理论流派的主要观点对教育管理理论与实践产生了深远的影响与启示。

(1)科学管理理论的主要观点和它对教育管理理论与实践的影响与启示

科学管理理论是由泰勒提出的。19世纪末，资本主义世界出现了劳动生产率的下降和经济危机的爆发，困扰着广大的企业管理人员，在这个社会背景下，"科学管理之父"美国工程师泰勒，在总结前人研究成果的基础上，又通过对工人劳动过程的观察、测量和试验，提出了科学管理理论和方法。

①"科学管理"理论的主要观点

a. 科学管理的目的和中心在于提高劳动生产率。正如泰勒所说："培训和发掘企业中每一个工人的才干，使每个人尽他天赋之所能，干出最高档的工作——以最快的速度达到最高的效率。"

b. 管理人员要采用科学的方法对工人在生产过程的操作程序进行观察和试验，分析每项工作的动作和时间，除去多余的和错误的动作。在这个基础上制定合理的日工作量标准。这是"用准确的科学研究和知识来代替旧式的个人判断和个人意见，这包括每项工作所采用的方法和完成每项工作所需要的时间。"

c. 每个工人能否完成日工作量标准呢？这取决于标准化管理。就是说，从原材料、使用的工具、工艺过程、检验方法一直到劳动者，一律标准化。

d. 为了造就标准化的工人，必须对工人进行岗位培训，达不到厂方规定标准的工人，不能上岗。

e. 为了鼓励工人打破定额，建立了岗位标兵制度和实行差别计件工资制。

f. 宣扬科学管理是一场伟大的"心理革命"，工人和厂方的管理人员不要相互对立，要"以友好合作和互相帮助来代替对抗和斗争"，"双方把注意力从被视为最重要的分配剩余的问题上移开，而把共同注意力转向增加剩余上。"

②科学管理理论对教育管理理论与实践的影响与启示

科学管理理论中心和目标是提高劳动生产率，强调成本、效率、效益、程序化、标准化和定量化，有力地推动了教育由传统的粗放式管理向着集约式管理迈进，在教育管理中具有很强的适用性：

a. 科学管理理论有助于推动学校管理中学校效能的提升。学校效能是指学校发挥某些积极作用的能力及其实际结果。近年来，随着人们对教育的公共性事业的性质向准公共性事业性质这一思想的转变，学校效能问题成为世界范围内教育管理专家关注的热点问题，学校效能和学校效率成为学校管理的目标和尺度，如何提高学校的效能，如何提高学校管理的效率，成为学校管理者们思考的问题。

b. 科学管理理论有助于推动学校关注教育投入、成本和收益，提高学校的经济效益。从20世纪初开始，教育经济学界开始把目光转向一系列的热点问题，如教育产业、教育商品、教育市场等；同时，随着学校的数量迅速增长，政府、社会团体、个人对教育的投入也大大增加。这种巨大的投入引起了企业界和政府部门对办学质量和效益的关注。在这种背景之下，科学管理理论成为了检验学校管理水平的主要标准之一。

(2)科层管理理论的主要观点和它对教育管理理论与实践的影响与启示

科层管理理论属于古典组织学派的一个分支。科层体制是指像政府机关那样层次分明、制度严格、权责明确的组织模式。科层体制又称为"官僚体制"，科层理论首先是由德国著名学者马克思·韦伯博士提出来的。

①"科层管理"理论的主要观点

a. 职位分类。每个组织的存在都有其组织任务，组织任务的完成必须依赖各个工作部门，每个工作部门下边还有若干个工作岗位，每个工作岗位都应该专业化。组织的建设就是从职务岗位的划分开始的。

b. 权力分层。组织按照等级原则，从顶层到基层有一条权力线。每个层次有着不同的职务、责任和权力。这个体系就是科层体系。

c. 法定资格。每个岗位的人员必须是称职的。所以，组织以"法"的形式规定了每个职位的任职资格和条件，对他们考核的标准和方法。

d. 委其责任。除了按照规定必须通过选举产生的公职人员外，官员是委任的，而不是选举产生的。在授权的时候，还要委以责任，他的行为必须对上级行政组织负责。

e. 遵纪守法。官员不属于任何一个社会组织的成员。他是为全体公民服务的，但他们必须遵守行政组织的纪律和规则。

f. 理性关系。组织内部各个成员之间只讲理性(原则)不讲感情。

g. 固定工资。官员领取固定的工资，有明文规定的升迁制度。不得依行政职位之便，获得工资之外的任何报酬。

②科层管理理论对教育管理理论与实践的影响与启示

跟科学管理理论相比，科层管理理论对教育管理具有更大的影响，对教育管理具有更大的适应性。

a. 学校组织具有分工的专业化特点。

b. 学校内部有着明确和严格的纪律和规章制度。

c. 学校管理的理性化程度高。

d. 教职员是按照自己的职务、责任、工作量领取工资。

e. 以学校组织建设的程序化和规范化来促进学校管理的效率的提高。

目前，我国教育管理改革中推行的校长负责制、教育目标责任制、教师聘任制、结构工资制、管理干部考核制以及各种岗位责任制，科层管理理论对这些改革都具有一定的参考价值。

(3)人际关系理论的主要观点及其对教育管理理论与实践的影响与启示

人际关系理论是由美国哈佛大学工业心理研究所的梅奥教授在霍桑实验基础上首先提出来的，其《工业文明的人性问题》一书全面系统地论述了人际关系学说。

①人际关系理论的主要观点

a. 人是社会人，这是人际关系学说的理论出发点。梅奥反对管理中把人当作工具人(机械人)或经济人，而认为人的行为不仅只是受着物理和生理的因素的影响，更为重要的是受着社会心理因素的影响。

b．工作条件、工资报酬不是影响工效的第一要素，工效的高低主要取决于士气，而是其又来源于人与人之间的和谐关系。

c．每个人都生活在群体之中，群体行为对个人行为发生很大的影响。群体可分为正式群体和非正式群体两类。管理人员既要强化正式群体，又不要忽视非正式群体的作用。

d．管理人员要谨慎地处理人的行为，处理不当会伤害到人的感情。这是因为人的行为是复杂的，既有合乎逻辑的行为，又有不合理的行为，处理不当，会增加个人与管理者的隔阂。

②人际关系组织理论对教育管理理论与实践的影响与启示

a．人际关系组织理论认为人是“社会人”，工作效率更多受到社会心理因素的影响。因此，教育管理者应重视教职工的主观能动性，充分调动其工作热情、事业心、责任感与成就动机，为每位教职工创造发挥知识与才能的机会、提供必要条件。

b．人际关系组织理论认为群体行为对个人的行为产生深远的影响，教育管理者要重视非正式群体对个人行为的影响，正确地引导非正式群体的行为，形成组织中正式群体和非正式群体对个体作用的合力。

c．人际关系理论重视组织内人际关系的作用。因此，教育管理者要善于分析、研究教职工、学生的需要层次和结构，改善学校内外的人际关系，增强群体意识和组织的凝聚力，不断扩大领导集体的影响力场。

第4章　教育行政体制

一、单项选择题

1. 决定各国教育行政体制形式不同的根本点，在于(　　)。

A. 对教育行政权力的划分与行使的方式不同

B. 政体不同

C. 文化背景不同

D. 社会发展水平不同

【答案】A

【解析】教育行政体制形式是指国家以什么方式来干预教育活动，也就是教育行政组织的形态。根据教育行政权力的划分及行使方式的不同，教育行政体制可以分为集权制和分权制两种基本类型。

2. 处理好政府与学校的关系，主要是指处理好集权与分权的关系，其核心是(　　)。

A. 提高投入　　B. 简政放权　　C. 制定政策　　D. 加强协调

【答案】B

【解析】下放权力给地方和学校是现代教育发展的需要，是现代教育特征的直接反映，是一种大趋势。随着我国政治、经济体制改革进入深水区，教育领域也呈现出日益复杂化、专业化、区域化的态势，且变化速度加快。这些变化迫使教育组织要提高自身的反应速度和灵活性，而简政放权正是适应这一形势的基本对策之一。

二、概念题

教育行政体制

答：教育行政体制是指一个国家的教育行政组织系统，或理解为国家对教育的领导管理的组织结构形式和工作制度的总称。它主要由教育行政组织机构的设置、各级教育行政机构的隶属关系及相互间的职权划分等构成。教育行政体制一般是依据宪法和有关法律的规定而建立的。教育行政机构的种类可以从不同的角度进行划分：从法律规定所管辖的区域范围来划分，可分为中央教育行政机构和地方教育行政机构；从行使职权的业务性质来划分，可分为一般权限的教育行政机构和专门权限的教育行政机构。教育行政体制是国家行政体制中的重要组成部分。教育行政体制随着社会政治、经济的发展变化、国家行政体制的发展变化而发展变化。

三、简答题

1. 我国教育行政体制的主要特点。

答：我国现行的教育行政体制具体有如下特点：

(1)党对教育行政的领导

党对教育行政管理的领导主要是政治路线、政策的领导，而不是直接行使教育行政组织的职能。

(2)统一领导下的分级管理

①从教育行政组织上讲，是指中华人民共和国中央政府一级设国家教育部，地方在省、市、县、乡镇四级分设教育厅、局、科、室(组)等各级专门的教育行政组织。

②从教育行政内容上讲，我国的教育方针、政策、宏观规划等大政方针均由党中央与国务院制定，由各级教育行政组织具体贯彻执行。

③高等教育实行中央、省(自治区、直辖市)、中心城市三级办学体制。由国家教育部，中央各有关业务部门及各省市自治区人民政府及其所属的教育行政机构实行管理。

④中等职业技术教育主要由地方负责。即省、自治区、直辖市所属的中等专业学校，由省、自治区、直辖市领导，有关业务部门主管，属中央各部门办的，地方应给予协调和配合。

⑤基础教育由地方负责，分级管理。地方负责具体政策、制度、计划的制定和实施，对学校的领导、管理和检查。省、市、县、乡镇四级对基础教育的管理也有具体职能上的分工。

综上所述，我国现行的中央统一领导下的分级管理的教育行政体制，是以中央集权为基本，中央行政与地方行政相结合的体制。

2. 简述教育行政的主要职能。

答：教育行政的职能是指教育行政系统(或组织)所具有的作用和职责，主要包括计划、组织、管理、监控、服务等职能。

(1)计划职能

教育行政的计划职能就是根据政治、经济及社会发展的需要对教育的发展方向、速度、规模做出计划，以保证教育事业的稳步发展。制定计划，实质上就是做出决策。从内容上说，应包括三个层次：①对教育的发展目标及采取的措施做一个原则上的决定；②为了执行这个决定，必须拟订具体方案，方案既要有实施的时间表，还要有教育资源的配备；③要把实施方案转化为具体的行动设计。这三者是互相联系、由一般到特殊的逐层包容的关系。

(2)组织职能

教育行政的组织职能是指为实现教育发展目标及教育计划所建立的组织机构体系，并通过该体系的各项运作活动，实现对人力、物力、财力等教育资源的合理配置与有效调度。组织职能的核心问题是组织机构的体制问题。

(3)管理职能

教育行政的管理职能是指教育事业发展所需要的教育资源的管辖使用等，以维持教育活动的顺利进行。具体的如教育人员的聘任，经费的使用，教育设备的配备，教育内容，课程设置等。

(4)监控职能

教育行政的监控职能是指为了实现教育发展及教育行政的既定目标和计划，使教育活动及教育行政活动有秩序、有节奏地进行，并避免偏离目标，使其不断向前推进所采取的监督和控制措施。

(5)服务职能

教育行政的服务职能是指国家教育行政为地方和学校提供诸如信息、咨询、协调、资助等服务项目，在决策环境和管理条件上对下级施以影响。通常分权制的教育行政突出强调教育行政的这一职能，而集权制的教育行政对这一职能并未给予高度的重视。

3. 中央集权制教育行政体制的特征及优缺点。

答：(1)中央集权制教育行政体制的特征

实行中央集权制的国家一般设教育部或教育委员会，其职能是管理全国所有的教育机构，确立学校教育方针和原则，编制教育经费计划和管理教育经费，制定教学计划、教学大纲以及考试的时间和内容，管理学校教职员人事，制定学校规则，监督检查和指导全面的教育工作。地方教育行政机构贯彻执行国家的方针、政策、规划。法国教育管理属此类型。有些国家为补充教育集权制的不足，在教育行政机构之外设立由各方面代表组成的各种咨询审议机构，回答行政当局的咨询，行使有关教育的各种诉讼、惩罚案件的预审或终审等职权。

(2)中央集权型教育管理体制的优点

①有利于发挥统一领导的作用，制定全国统一的法规政策和教育标准。

②便于推进全国性的教育改革，有利于统一思想，统筹全局和均衡全国的教育事业的发展。

③有力调节各地教育发展的不均衡，充分发挥中央管理教育的积极性。

④有利于集中贯彻党的教育方针，集中力量办大事。

(3)中央集权型教育管理体制的缺点

①中央集权型的教育管理体制强求统一，权力高度集中，容易产生管理中的官僚主义，不利于科学管理、民主管理的推行。

②中央集权型的教育管理体制，易造成中央高高在上，发号施令，脱离实际，不能够充分做到因地制宜。

③中央集权型的教育管理体制，制度整齐划一，缺乏弹性和灵活性。

④中央集权型的教育管理体制，用统一标准和程序管理经济文化水平参差不齐的各地教育，结果往往是适得其反，事倍功半。

⑤在中央集权型的教育管理体制下，各地方的实际需要容易被忽视，且会束缚和影响地方政府对本地教育事业发展的主动性、积极性和创造性的发挥。

4. 教育行政体制改革后，中央政府在权力下放的环境中应当采取什么途径和方法实施宏观调控？

答：教育行政体制改革后，加强中央对教育系统的宏观调控就是要处理好教育管理集权与分权的关系。可采取以下途径加强宏观调控：

(1)解决对教育系统的管理，要加强统筹规划，确定各级各类教育发展的规模、速度、布局，抓好各种教育形式的协调，使教育事业从外部到内部都得到协调发展。

(2)要加强教育政策的弹性幅度和稳定性。我国现行的教育政策弹性小且不够稳定，使教育系统的发展缺乏一个较大的回旋余地和相应的稳定，往往造成大起大落的发展变化。

(3)要加强教育法规建设。健全的教育法规是现代教育的标志，是对教育系统进行控制、约束的手段。应继续加强教育立法及教育法的实施工作，以保证教育系统的健康稳定发展。

(4)突出教育投资的方向性，使教育系统协调发展，使教育经费获得较好的效益。

(5)加强教育督导与评价。健全教育督导评价制度、进一步明确各级教育督导机构的职责范围、充分发挥职能等。

四、论述题

试分析教育行政体制的类型及其利弊。

答：(1)教育行政体制的类型——集权制与分权制

教育行政体制的类型就是指国家以什么方式来干预教育活动，也就是指教育行政组织的形态。这是从教育行政权力的划分及行使方式的不同来区分的。

①集权制是指行政权力集中于中央政府或上级机关，其下属地方政府和下级机关没有或很少有自主权，一切措施都必须以中央制定的法令和指示为准。

②分权制是指下级机关和地方政府在其管辖范围内，有完全的独立权力，中央政府对其在权限内的事项不加干涉。

(2)教育行政集权制和分权制的利弊

①教育行政集权制的利弊

教育行政上的集权制有利于教育政策的统一，有利于统筹全局、规划教育事业的发展，也便于调节各地教育发展的不平衡，有利于统一办教育的标准，保持全国教育发展的整体水平。但教育行政上的集权制又极易使教育行政管理缺乏弹性，难于因地制宜地发展教育，也常束缚下级机关办教育的积极性、主动性和创造性。在教育上实行中央集权制的突出代表是法国。法国从教育事业是国家事业的观念出发，建立了代表国家权力的中央教育部，统一领导和监督全国的教育事业。其权力范围包括确定各级各类教育机构的目标、考试时间和内容、管理公立学校的教职员、确定教育经费等。

②教育行政分权制的利弊

教育行政上的分权制最大的长处在于，可以使教育行政管理具有弹性，避免一刀切，因地制宜地发展教育事业，可使教育适应各地的实际需要。权力保留在地方，还可以充分发挥地方、下级机关的主动性、积极性和创造性。但权力过于分散，会带来对教育事业的领导与管理上的政令不统一，地方各行其是等问题，以致造成教育发展上的盲目混乱、教育行政的整体功能难以发挥。实行分权制的典型代表是美国，美国联邦会议强调“自治办教育”的思想，主张把办教育的权限和责任留给州和地方学区及州所规定的其他机关。中央教育机构即美国联邦教育部没有实权，处于指导和资助的地位，其职能是服务性的。

从教育行政集权制与分权制的利弊分析中可以看出，正确处理好集权与分权的关系是教育行政体制中的一个重要问题。各国在处理这个问题上做了许多尝试，一些国家在其实践中逐步形成了教育行政上的中央与地方合作制，这是一种介于集权与分权两者之间的制度。如日本在第二次世界大战后，以地方分权为基本原则，中央文部省通过建立指导、建议、援助制度，措施要求制度及地方教育委员会的任命制度、教师任命制度等来加强中央与地方教育领导管理上的联系，即加强宏观控制，在保护地方办教育的积极性、创造性的前提下，统筹全局，使全国各地教育平衡发展。

我国现行的教育行政体制是依据1963年中国共产党制定的“统一领导，分级管理”的根本原则设立的，即中央政府一级设国家教育部，地方的省市县乡四级分设教育厅(局)、局(科)、组等专门性的教育行政组织。地方各级教育行政组织均受中央统一领导，可以说我国的教育行政体制基本上属于集权制。

第5章　教育行政组织及教育行政机关工作人员

一、单项选择题

1. 行政组织中上下级层级关系是一种(　　)的分配关系。

A. 职务和任务　　B. 职位和责任　　C. 权力和责任　　D. 权利和义务

【答案】C

【解析】行政组织的层级结构一般是按纵向分为许多层次，上下层为领导与服从的关系。行政组织不同，其层级多寡也不同，但有一点是共同的，即上级的任务偏重原则的制定与决策方面，所需人数较少，下级任务偏重具体执行，所需人数较多。可以说上下层级关系是一种权力和责任分配的关系。

2. 提高教育管理效率的首要因素是(　　)。

A. 充足的经费　　B. 现代化的设备

C. 高素质的工作人员　　D. 良好的环境条件

【答案】C

【解析】提高教育管理效率的一个重要措施是提高教育行政机关工作人员的素质。这是因为制约行政组织效率的诸因素中，人的因素，即行政机关工作人员的素质是最主要的因素，是提升教育管理效率的首要因素。

二、概念题

1. 教育行政组织

答：教育行政组织是指依据国家制定的教育方针、政策、法令以及规章制度等，领导和管理教育事业的机构。教育行政组织的纵向结构，即按其行政主体或者按其所拥有的权限和所管辖的范围，可分为国家教育行政组织与地方教育行政组织。其主要特征有：①教育行政组织是国家性质的社会组织，为国家权力所支持；②教育行政组织具有严密的体系性。

2. 教育行政机关

答：教育行政机关是指按照宪法和有关组织法的规定设立的，依法享有并运用国家行政权，专门从事教育行政管理的国家机关，它是国家行政机关的一个重要组成部分。在我国，中央一级的教育行政机关现为教育部，地方教育行政机关中，省一级为各地教育厅(局或教育委员会)，地县两级为教育局(教育委员会)。无论哪一级教育行政机关，都必须在其法定职权范围内行事，充分、及时地履行自己的法定职责，管理其权限范围内的教育事业。

3. 组织结构

答：组织结构是关于组织在运行中涉及的目标、任务、权力、操作以及相互关系的系统。它涉及组织的管理幅度的确定、组织层次的划分、组织机构的设置、各单位之间的联系沟通方式等问题。因此，组织结构也可以理解为一种组织形式，这种形式是由组织内部的部门划分、权责关系、沟通方向和方式构成的有机整体。

三、简答题

1. 简述行政管理的局限性。

答：行政管理是运用国家权力对社会事务进行管理的活动，也可以泛指一切企业、事业单位的行政事务管理工作。其对象包括经济建设、文化教育、市政建设、社会秩序、公共卫生、环境保护等各个方面。行政管理的局限性体现在以下几个方面：

(1)行政管理容易造成管理的僵化

行政管理强调法律、法规，强调事事按文件精神、政策条文、规章制度办事，强调统一、强调集中，对复杂多样的情况难以灵活处理，易于搞成“一刀切”“齐步走”的现象。

(2)行政管理容易造成管理的内耗

管理的层次越多，机构越多，关系越复杂，内耗也就越多，工作效率越低。

(3)行政管理容易将管理者个人的意见视同组织的意见

行政管理强调行政组织的作用，而各级组织的行政作用又是通过行政岗位上的管理者——人来体现的。管理者常会根据自己对某一现象的观察，发表个人的见解，并在一定的场合议论，而下级则会将其议论作为组织的意见来听。

(4)行政管理是“官本位”形成的组织基础

行政管理是分层管理。每一个管理层级上都设有一定的职位，每一个职位都有相应的职权，也负有一定的责任，拥有一定的利益。但如果行政管理缺乏相应的制衡、监督机制，行政岗位的职权就可能会膨胀，职责则会被漠视。

2. 简要说明，20 世纪 70 年代中期以来，受到“新公共管理”思想的影响，国内和国外在教育行政管理和学校管理中采取了哪些与之相应的新的政策和措施？(讲出 4 个方面)

答：20 世纪 70 年代以来，全世界掀起了公共管理改革的新浪潮，一种新的公共行政理论、管理模式——“新公共管理”思想应运而生。其精髓在于将现代经济学和私营企业管理理论和方法引入公共部门的管理中，引入竞争机制来提高政府工作的效率。在“新公共管理”思想的影响下，国内和国外在教育行政管理和学校管理中采取了以下与之相应的新的政策和措施：

(1)教育产业的开发和教育市场的开放

“新公共管理”思想将现代经济学和私营企业管理理论和方法引入公共部门的管理中，引入竞争机制来提高政府工作的效率，教育作为传统的公益行业受到冲击和改造，教育产业不断开发，教育市场也不断开放，借此来提高教育部门的运营效率。

(2)教育管理权力的下移和学校办学自主权的扩大

“新公共管理”思想强调管理的弹性化，主张权力的下放，国内外教育行政管理体制改革中，不断呈现出分级管理的均权化趋势，各国都越来越重视下放管理权力，提高学校办学的自主权，充分调动地方和学校的办学积极性和创造性。

(3)实行教师聘任制

"新公共管理"思想把市场机制引入公共服务，更注重管理绩效和管理效率，在学校管理中实行教师聘任制，提高教师工作的积极性，这也是在教育这一准公共部门中引入竞争机制的表现。

(4)实行校长负责制

"新公共管理"思想强调放松管制，强调公共部门的企业化管理，公共政策领域中的专业化管理，绩效的明确的标准和测量。这些都为各国在学校管理改革中扩大校长的权力、实行校长负责制奠定了基础。

3．简述如何提高我国教育行政组织的效率和效能。

答：教育行政组织作为一类行政组织或者作为国家行政组织的一个构成部分，是指依据国家制定的教育方针、政策、法令以及规章制度等，领导和管理教育事业的机构。我国教育行政组织职能未能有效发挥，根源在于多重因素的叠加：一是各级各类教育行政组织的职权界定模糊，导致机构层级冗余、部门设置繁杂，进而滋生人浮于事的现象；二是教育行政组织中，无论是领导者还是普通工作人员，整体素质有待提升，且干部队伍结构不合理。这些问题共同制约了教育行政组织的效率与效能，使其难以充分履职。为此，可以通过以下措施来提高我国教育行政组织的效率和效能：

(1)转变教育行政组织的职能

随着教育事业的发展及教育活动的日益复杂化，要求教育行政组织改变以监督控制，特别是对下级教育行政组织和教育机构直接控制为主的职务活动，突出计划职能和指导服务职能的发挥，以调动下级教育行政组织及教育机构的积极性，有效地促进教育活动的开展。这也是世界各国教育行政组织活动的一种发展趋势。

(2)使教育行政组织结构合理化

教育行政组织结构所设置的教育行政机构的数量、层次划分、规模大小都要有利于教育行政组织的效率与效益的实现。不能因人而设，也不能因一时需要而随意乱设。在我国现行的教育行政机构设置上，决策、执行机构臃肿，层次重叠，人员冗多，而监督反馈系统则很不健全，机构少，人员不足，应该在实现教育行政组织的合理化过程中逐步加以改善。

(3)提高教育行政工作人员的素质

教育行政机关工作人员的素质是指心理方面固有的特点和胜任工作所应具备的基本条件，具体为政治思想素质、身体素质、文化业务素质、智能素质。提高教育行政机关工作人员的素质，要通过全面有效地实施公务员制度，特别是大力加强工作人员的在职培训去实现。

4．韦伯的行政组织体系的主要内容。

答：韦伯是德国著名学者，提出了科层管理理论，他的《社会组织与经济组织理论》一书是从社会学角度分析行政组织的性质和职能的名著。其行政组织体系的主要内容有：

(1)明确的分工

组织内每个职位的权力和责任都有明确且书面化的规定，员工需根据专业能力承担特定工作，避免职责交叉或模糊，实现劳动的专业化分工。

(2)层级化的权力体系

组织构建自上而下的等级链条，上级对下级拥有指挥权，下级需服从上级指令并对其负责，形成清晰的命令与汇报关系，确保权力运行的有序性。

(3)正式的规章制度

组织依靠客观、统一的规章制度(如流程、纪律、标准等)规范管理行为，而非依赖管理者的个人意志。规章制度具有普适性，所有成员要严格遵守，保障组织运行的稳定性。

(4)非人格化的管理

组织运作中排除个人情感、偏好等非理性因素的干扰，管理者依据规章制度和职位要求开展工作，对待下属一视同仁，确保决策与执行的客观性和公正性。

(5)职业化的管理人员

管理人员是专职从业者，而非兼职或基于私人关系任命的人员。他们需具备相应的专业能力和职业素养，以组织工作为职业目标，而非依附于特定个人。

(6)固定的薪酬与晋升制度

管理人员享有固定的薪金待遇，薪酬标准与职位等级、职责范围相匹配；晋升需遵循明文规定的标准(如资历、业绩、专业能力等)，而非基于私人关系，保障职业发展的公平性和可预期性。

(7)建立文牍制度

对所有正式决定都要做记录，这样使工作正规化，可以核查，从而避免决策个人化、随意化。

第6章　教育政策与法律

一、单项选择题

1. 在政策的制定时，广泛听取各政党、团体及不同职业的人的意见，在充分讨论、对话和协商的基础上，协调各方的利益关系，最终达成具有妥协谅解色彩的决定，这一公共政策的制定模式是(　　)。

A. 经营模式　　B. 竞争模式　　C. 综合模式　　D. 团体模式

【答案】D

【解析】团体模式，又称政治协商模式，是指决策者在制定政策时，广泛听取各政党、团体及不同职业的人的意见，在充分讨论、对话和协商的基础上，协调各方的利益关系，最终达成具有妥协谅解色彩的决定。按照团体模式的理解，政策就是团体之间在目标与利益的冲突中达到的一种平衡。

2. 教育行政法规的制定者是(　　)。

A. 全国人民代表大会常务委员会　　B. 国务院

C. 教育部及国务院部委　　D. 省、自治区、直辖市人民政府

【答案】B

【解析】教育行政法规是最高国家行政机关(国务院)根据宪法和教育法律而制定的教育方面的规范性文件，包括国务院、教育部发布的决定、指示、命令、暂行规定、暂行办法、通知、条例、章程等。

二、概念题

教育行政法规

答：教育行政法规是最高国家行政机关(国务院)根据宪法和教育法律而制定的教育方面的规范性文件。从性质上说，教育行政法规主要针对某一类教育管理事务，因而其内容比较具体，而且具有较强的操作性。目前对我国教育管理工作有较大影响的教育行政法规包括《义务教育法实施细则》《征收教育费附加的暂行规定》《普通高等学校设置暂行条例》《学校体育工作条例》《学校卫生工作条例》《教师资格条例》《社会力量办学条例》《幼儿园管理条例》《残疾人教育条例》等。

三、简答题

1. 我国教育政策的表现形式有哪些?

答：我国教育政策主要体现在党和国家的有关文件中，其具体有以下几种表现形式：

(1)《中国共产党章程》

党章规定了党的最基本政治纲领和组织纲领，其中有关教育的内容是最根本的教育政策，也是制定其他教育政策的根本依据。《中国共产党章程》只有党的代表大会才有权制定

和进行修改。

(2)中国共产党全国代表大会的决议

中国共产党全国代表大会及其所产生的中央委员会是党的最高领导机关。它们所做出的有关教育工作的决议是党的重要教育政策。

(3)党的中央委员会制定和批准的文件，以及党的主要领导人代表中央发表的讲话

党的中央委员会是由党的全国代表大会选举产生的。在党的全国代表大会闭会期间，中央委员会执行代表大会的决议，领导党的全部工作，对外代表中国共产党。在中央委员会全体会议闭会期间，由中央政治局及其常务委员会行使中央委员会职权。为了贯彻落实全国代表大会的决议，中央委员会要制定和批准有关文件，其中也包括教育方面的文件，或者包括教育内容的文件。

(4)党的地方各级领导机关的决议

党的地方各级领导机关主要是党的各级代表大会和党的各级委员会。党的地方代表大会有权对本地区范围内的重大问题进行讨论并做出决议。党的地方各级委员会(简称地方党委)在代表大会闭会期间，负责执行上级党组织的指示和同级党的代表大会的决议，领导本地方的工作。

(5)党中央和国务院联合发布的决议、指示

在我国还存在着党中央和国务院联合发布文件的情况。这一形式的教育文件常具有规范具体教育行为的作用，有时甚至就是教育行为准则，其施行具有法律性效果。

(6)党中央各部门、国务院及各部委所制定和批准的有关教育政策性文件

党中央的各部门为了贯彻落实党中央的政策，需要根据本部门的特点，在本部门职权范围内，制定或批准一些有关教育的政策。国务院即中央人民政府，是国家最高行政机关。国务院及其所属各部委制定并发布的意见、指示、通知等，称为国家政策，其中也包括教育问题的政策。制定国家的教育政策要以党的教育政策为依据。

(7)各种群众团体及其与教育行政部门联合发布的文件

共青团、妇联、工会等组织是群众性组织。虽然它们不是国家机关，但它们根据自己的特点和职权范围所拟定的文件，得到党组织或者国家机关的批准，或者与党政机关联合发布时，亦具有教育政策的一般功能，有号召或者规范作用。这类文件，也应该看作政策性文件，按照执行政策的要求来执行。

2. 贯彻执行教育政策应做到哪几个结合?

答: 教育政策是国家政策体系中的一个分支，是国家为完成一定历史时期的任务所确定的关于教育工作的方针、策略和行动准则。贯彻执行教育政策要做到以下几个结合:

(1)原则性与灵活性相结合

在贯彻教育政策的时候，要牢牢把握其基本精神。与此同时，要依据实际情况，在不离开政策原则性的前提下，灵活地加以运用，只有这样，才能使政策的原则性都能落到实处。

(2)领导与群众相结合

群众是贯彻执行政策的主要实践者，要把政策原原本本地交给群众，让群众认识自己的利益，掌握自己的命运，这样才能提高群众执行政策的自觉性。所以教育政策的贯彻落

实，不但要有领导机关的积极性，还必须把它变为群众的自觉行动。

(3)执行与创新相结合

任何政策的制定，既是事物客观规律的反映，也是干部群众实践经验的概括和总结。所以，贯彻执行教育政策绝不能满足于照本宣科，而要强调创造性地贯彻执行，只有在执行中创新，才能使教育政策不断完善。

3. 简述教育法规在法律体系中的地位。

答：教育法规的地位主要是指教育法规在我国法律体系中所处的位置。教育法与国家宪法和其他法律有明显而密切的关系，表现在以下几方面：

(1)教育法规与宪法的关系

从教育法规与宪法的关系看，宪法是国家的根本大法，宪法中有关教育的条款是制定和规划教育法规体系的法律依据。因此，可以说宪法是教育法规的最高原则，教育法规是宪法中对教育各方面所做原则规定的具体化，是实现宪法中所确立的教育权利和义务的保障。

(2)教育法规与行政法规的关系

从教育法规与行政法规的关系看，教育法规中有相当一部分与行政法规交叉的教育行政法规。因为管理教育是国家行政机关的基本职能之一，制定教育行政法规是国家中央行政机关进行宏观管理的方式之一。而且教育行政作为国家行政的一部分，必然要具备国家行政的一般特点。由此教育行政法规的内容、表现形式及其制定与实施等方面也会具有国家行政法规的一般特点，并要受到国家行政法规基本原则的指导。

(3)教育法规与国家其他部门法的关系

从教育法规与国家其他部门法的关系看，教育法规与其他部门法的实施往往具有相互依存和支持的特点。具体而言，一方面，在其他部门法规中，有关于教育方面的行为规则需要以教育法规的形式进一步明确规定施行细则，以便其在教育领域实施；另一方面，教育法规的实施也需要其他法律部门的支持。教育法规的法律强制力，需要援用行政法、民法或刑法中某些追究法律责任的制裁手段。

总之，教育法规是我国社会主义法律体系不可缺少的一个组成部分。一个国家的法律，如果缺少教育这个部门的法律，即是不完善的法律。

4. 简述教育法规与教育政策的异同。

答：教育法是关于教育的法规。具体讲，它是举办教育事业所必须遵循的准则、依据和规范。它是国家权力机关制定的有关教育方面的法律文件的总称，是国家法规的一部分，具有法的一般特征。

教育政策是国家、政党为了实现一定历史时期的路线和任务，根据当前的情况和历史条件制定的具体行为准则。

(1)教育法规与教育政策的相同之处

①从一定意义上说，教育法规和教育政策是一致的。在我国，党和国家的政策集中体现了人民的意志和利益。社会主义法的实质就是共产党的主张和人民意志的统一。因此，从这个意义上说，政策和法是一致的，而法是政策的具体化、定型化、条文化。也可以说，

教育法是以法律程序和手续确定下来的教育政策。

②从内容上讲，教育政策是教育法的渊源。从教育法的形成过程来看，教育政策是制定教育法的指导思想和依据。从贯彻实施上来看，教育法又是教育政策得以贯彻的有效形式。

(2)教育法规与教育政策的不同之处

①教育法规与教育政策的制定程序不同。教育政策是由党中央和中央政府所授权的部门或地方政府制定的，不经过立法程序；而教育法是经过立法手续制定的，有制约性。

②教育法规与教育政策的约束性不同。教育政策体现着一种意向，回旋余地较大，在具体贯彻中常常可以因人、因事、因条件而异；而教育法规体现为一种规范，明确规定教育机构、个人在一定情况下可以做什么，应当做什么，或不应当做什么，并以这种规范作为评价集团、个人行为的标准。这种规范有确定的质和量的界限，具有强制性的约束力。

③教育法与教育政策的稳定性和连续性不同。教育法较教育政策具有更强的稳定性和连续性。教育法一旦建立，就不能随意更改，或者说以教育政策代替、取消、改变教育法是绝对不能允许的。教育法的修改、补充乃至解释，都必须依照法定的程序。当然，教育法的稳定性和连续性是相对的，因为随着情况的不断变化，教育法也要有相应的废止、修改。但这种废止、修改也必须由法定机关依照法定程序进行。

5. 简要说明教育政策制定中的渐进模式。

答：政策制定的模式是指政策制定的机构和人员本着自己的价值取向，通过一定的途径和方法去应对或解决面临的政策问题。有学者根据国外戴伊、艾兹厄尼与德罗尔的分类和观点，将公共政策制定的基本模式分为八类，即理性模式、渐进模式、综合模式、组织模式、团体模式、精英模式、竞争模式、系统模式。其中渐进模式的主要内容及优缺点如下：

(1)渐进模式的主要内容

渐进模式是指制定新政策时只对过去的政策做局部的调整和修改，使新政策成为过去政策的延伸和发展。这一模式认为：一种方案和以往政策越不同，就越难预测其后果，也越难获得大众的支持，其政治可行性也越低。所以，决策者不必每年都对现行政策进行全面审查，只要根据以往经验，在现有政策基础上实现渐进发展、小范围调整就可以了。总的来说，渐进模式有优点，也有其局限性。

(2)渐进模式的优缺点

①渐进模式的优点在于，政策制定较为稳妥可靠，决策者不必花很多时间去调查和寻找所有的政策方案，决策时目标也比较单一，只要注重纠正、减少现行政策的缺陷就行了，不必做整体上的调整，执行起来阻力也比较小。

②渐进模式的局限性在于，它主要用于变动不大的环境，用于对总体上尚好的现行政策的补充和修改。但当环境发生巨变，需要对政策加以彻底修改时，它就束手无策了，有时甚至会成为前进的障碍。从这个意义上说，渐进模式是比较保守的模式。

6. 简述我国学生资助政策体系。

答：当前，我国建立起包括高校、普通高中、中职、义务教育阶段以及学前教育阶段在内资助政策体系，以国家奖助学金、国家助学贷款、学费补偿贷款代偿、勤工助学、校内奖助学金、困难补助、伙食补贴、学费减免等多种方式并举，同时实施家庭经济困难新生入学“绿色通道”。

(1)高校学生资助政策

其内容主要包括：①国家奖学金；②国家励志奖学金；③国家助学金；④国家助学贷款；⑤退役士兵教育资助；⑥高等学校毕业生基层就业学费补偿贷款代偿；⑦应征入伍服义务兵役学费补偿贷款代偿及学费资助；⑧勤工助学；⑨师范生免费教育；⑩学费减免；⑪绿色通道。

(2)中职学生资助政策

其内容主要包括：①国家奖学金；②国家免学费；③顶岗实习；④奖学金；⑤学校减免学费等。

(3)普通高中学生资助政策

其内容主要包括：①国家奖学金；②学校减免学费等；③社会捐资助学。

(4)义务教育阶段学生资助政策

在义务教育阶段全面免除了城乡义务教育阶段学生学杂费，对农村学生和城市家庭经济困难学生免费提供教科书，对家庭经济困难寄宿生提供生活补助，同时推行农村学生营养改善计划。各项政策主要内容如下：①免学杂费；②免费教科书；③寄宿生生活补助；④营养改善计划。

(5)学前教育资助政策

按照“地方先行、中央补助”的原则，从2011年秋季学期起建立学前教育资助制度，地方政府对经县级以上教育行政部门审批设立的普惠性幼儿园在园家庭经济困难儿童、孤儿和残疾儿童予以资助。幼儿园从事业收入中提取3%～5%比例的资金，用于减免收费、提供特殊困难补助等。各地进一步建立和完善相关优惠政策，积极引导和鼓励企业、社会团体及个人等捐资，帮助家庭经济困难儿童、孤儿和残疾儿童接受普惠性学前教育。中央财政根据地方出台的资助政策、经费投入及实施效果等因素，予以补助。

7. 简述教育法在教育行政管理中的作用。

答：教育法是关于教育的法规，它是举办教育事业所必须遵循的准则、依据和规范，是国家权力机关制定的有关教育方面的法律文件的总称，是国家法规的一部分，具有法的一般特征。教育法在教育行政管理中的作用，是指教育法对教育行政管理活动发生影响的方式、手段和结果。教育法在教育行政管理中的作用与教育法的本质、目的和特征是密切相关的。可以说，是教育法本质属性的外在表现。具体来说，教育法在教育行政管理中有以下几方面作用：

(1)教育法保证国家对教育的领导和管理

教育法建立的根本目的，就在于借助教育法这个工具来建立、维护和发展统治阶级在教育领域中的社会关系，并通过对教育领域中各种社会关系的法律调整，形成良好的教育秩序，从而顺利地实现国家对教育的领导和管理。

(2)教育法保证必要的教育行政管理秩序

教育法的建立，可以使教育行政管理系统中的子系统依照法律规定明确自己的职责、权利、义务、利益，从而使它们各自的职能获得正常的发挥，使彼此间的活动有条不紊地开展，进而使整个教育行政管理系统得以有效地运转。

(3)教育法加强了教育行政管理系统的稳定性

教育法具有法的基本特征，即规范性、强制性和稳定性。运用教育法进行教育行政管理，有助于把符合客观规律、行之有效的管理制度、方法、形式规范化、条文化，把它明确固定下来，并严格加以执行，从而可以大大加强教育行政管理系统的稳定性。

(4)教育法促进了教育行政管理系统的功效

提高管理活动的效率，增加管理系统的功效是现代管理理论和实践所追求的目标之一。正确地运用教育法，可以提高教育管理活动的效率，增加教育行政系统的功效，促进教育行政管理系统的发展。

8. 目前我国普通高等学校对贫困学生的资助政策有哪些？

答：按照《中国教育改革与发展纲要》的有关指导性原则，我国已初步形成了"奖、贷、助、补、减"的贫困学生资助制度，建立起了以国家助学贷款为主体的高校贫困家庭学生资助政策体系，努力保证考入公办全日制普通高校的贫困家庭学生顺利完成学业。目前，高校贫困家庭学生资助政策体系包括的主要内容有：

(1)以国家助学奖学金为主的奖学金制度

现行的奖学金包括国家助学奖学金、优秀学生奖学金、专业奖学金、定向奖学金等。奖学金制度是我国现行高校资助政策的开端，在学生资助工作中发挥了积极作用，起到了资助学生和激励学生奋发向上的双重作用。

(2)以国家助学贷款为主的学生贷款制度

学生贷款主要包括三种贷款形式：国家助学贷款；高校利用学校资金对学生办理的无息借款；一般性商业助学贷款。

(3)勤工助学制度

高等学校组织学生参加勤工助学活动，是高等学校收费制度改革的一项重要配套措施，是对广大学生，特别是贫困家庭学生的有效资助办法。

(4)特殊困难补助制度

特殊困难补助，是各级政府和高校对经济困难学生遇到一些特殊性、突发性困难时给予的临时性、一次性的无偿资助。特殊困难补助是高校资助政策的辅助性措施之一。

(5)减免学费制度

为帮助部分经济特别困难学生顺利完成学业，1995 年，教育部印发了《关于对普通高等学校经济困难学生减免学杂费有关事项的通知》，要求对普通高校中部分经济特别困难的学生，实行学费减免制度。具体减免额度由学生所在高校确定，根据本校实际，与其他有关政策统筹安排。

四、论述题

1. 运用所学教育法规和学校管理的理论，试分析全面贯彻教育方针和深入推进素质教育之间的关系。

答：从教育法规和基本的学校管理理论来看，要想理解全面贯彻教育方针和深入推进素质教育之间的关系，须先来理解素质教育和教育方针的含义。

(1)教育方针和素质教育的含义

①教育方针。教育方针是教育政策的最高表现形式。教育方针作为党和国家对一定历史阶段教育事业发展的总方向的规定，是教育基本政策的总概括。

②素质教育。素质教育是以提高民族素质为宗旨的教育。它是依据《教育法》规定的国家教育方针，着眼于受教育者及社会长远发展的要求，以面向全体学生、全面提高学生的基本素质为根本宗旨，以注重培养受教育者的态度、能力，促进他们在德智体等方面生动、活泼、主动地发展为基本特征的教育。

(2)全面贯彻教育方针和深入推进素质教育之间的关系

①我国法定的教育方针，是当前我国教育总的指导思想，也是推进素质教育的总方向。这一指导思想是全国统一的，违背这一总的指导思想，就违背了社会主义教育的基本原则。教育管理理论告诉我们办学必须坚持全国的教育方针，依法办学，培养为社会主义现代化服务的各种人才。因此，全面贯彻教育方针、促使学生德智体等方面全面发展，是全体教育工作者的基本职责，是依法办学的基本内容。

②素质教育是全面实施我国教育方针的主要内容，也是教育法规的基本要求。素质教育是以提高民族素质为宗旨的教育，它是依据《教育法》规定的国家教育方针，来制定教育目标和开展教育活动的。素质教育的本质就是全面贯彻教育方针，培养德、智、体、美、劳等素质全面发展的学生。而这一本质恰恰就是我国现阶段教育方针的主要精神所在，所以说素质教育是全面实施我国教育方针的主要内容。

③全面贯彻教育方针和深入推进素质教育之间是相辅相成、相互促进的。教育方针为素质教育指明了方向，素质教育是教育方针实施的重要环节和主要内容。二者在社会主义教育发展的进程中都发挥着巨大的作用，任何一个方面的缺失都会影响到教育发展的大局。

④全面贯彻教育方针和深入推进素质教育的总目标是一致的，这种一致体现在人的发展和社会发展的一致上。教育方针主要就是为了培养各级各类社会需要的人才来为社会服务，而素质教育的目的就是培养德、智、体、美、劳全面发展的人，最终实现人的最高需要。人的需要和社会的需要本质上都是一致的，相互促进共同发展的。人的发展促进社会的发展，社会的发展为人的发展提供更好的资源和环境。

总之，在我国现阶段的教育中，各级各类学校要在党和国家的教育方针和教育法规的指导下，深入贯彻有中国特色的素质教育，实现人和社会的和谐、快速发展。

2．试论述当前我国教育政策应具有的基本价值取向。

答：我国是人民民主专政的社会主义国家，中国共产党是执政党，共产党所做出的教育改革与发展的各项决定、决议、建议或意见、通知等，体现了党在一个时期对于教育工作的总体价值取向和人民群众对于教育的期望和要求，既是党的教育政策，也是国家的教育政策。对于当前我国教育政策应具有的基本价值取向，2012 年 11 月党的十八大关于教育问题的论述对此有很好的体现：党的十八大继续把优先发展教育、办好人民满意的教育作为教育改革与发展的中心任务，同时把教育问题作为改善民生与社会建设的首要问题，具体的价值取向如下：

(1)优先发展教育事业，保障教育财政经费投入党的十八大报告进一步强调了教育的战略地位。教育强则国家强，教育兴则民族兴。优先发展教育事业，就要做到：

①必须保障教育经费的投入。近年来，教育经费占国内生产总值(GDP)的比例有了较大幅度的提高，实现了4%的目标。2012年超过2万亿元的教育经费用于各级各类教育，占财政支出的20%。国家发展和改革委员会主任、党组书记张平在党的十八大记者招待会上表示，2012年国内生产总值可以超过50万亿元，用于教育方面的财政支出要超过2万亿元。在全国人大通过的预算中，2012年国家财政性教育经费支出为21984.63亿元，占国内生产总值的4%以上。中央预算内投资用于教育的比重达到7%左右。

②必须优化投入结构，做到四个倾向：a. 向农村地区、贫困地区、民族地区倾斜；b. 向农村义务教育、职业教育和学前教育倾斜；c. 向特殊困难学生倾斜；d. 向建设高水平教师队伍倾斜。

③进一步创新教育经费拨付机制，建立健全教育经费管理、监督与绩效评价制度，构筑确保教育经费发挥最大效益的政策制度保障，更是当前教育政策应该注重的内容。

(2)把立德树人作为教育的根本任务，全面实施素质教育

一段时期以来，教育实践中的片面追求升学率情况比较严重。这种倾向把分数和成绩作为考核学校、教师和学生的唯一标准，“一俊遮百丑”，理想、道德、人格教育严重缺位，学生的探索能力和创新精神的培养不受重视。党的十八大报告把“立德树人”作为一个明确的工作要求，为从应试教育转向素质教育再次吹响了纠偏的号角。表面上我们似乎都知道，教育是培养人的事业，教育不仅仅是给孩子分数，还要为孩子的生命奠基。但是，在中小学，分数往往成为教育至高无上的追求，成为衡量教育品质的标准。在大学，就业通常成为最急迫的任务，成为判断大学品质最关键的指标。如果分数与就业成为我们整个教育的根本目标，成为教育的重要追求，就严重偏离了党的教育方针，违背了教育的根本任务。立德树人，是教育的最高目标。培养什么样的人，体现了一个国家的教育价值观。教育是培养人的事业，是通过培养人，让人类不断走向崇高、生活得更加美好的事业。因此，教育政策的价值取向，需要带领我国当前教育为孩子塑造美好的人性，培养美好的人格和拥有美好的人生服务。

(3)大力促进教育公平，合理配置教育资源

教育公平是社会公平的基础，也是实现社会阶层合理流动的重要通道。党的十八大报告把促进教育公平作为一项重要工作，在明确教育资源优先向农村、边远、贫困、民族地区配置的同时，特别提出要支持特殊教育，提高家庭经济困难学生的资助水平，积极推动农民工子女平等接受教育，让每个孩子都能够成为有用之才。公平和效率的问题，始终是任何政策制定时必须面对的首要问题。是公平优先还是效率优先，既反映了不同阶段的不同价值取向。改革开放30多年来，中国教育取得了很大的成就，我们比较成功地解决了“穷国办大教育”的世界性难题，全面实施了完全免费的义务教育，实现了高等教育的大众化。但是我们对我国的教育仍不满意。这是因为教育的政策导向指向了效率优先，造成了城市和乡村、优质学校和薄弱学校之间的差距越来越大，择校热、补习风等群众反映强烈的热点、难点问题。所以，党的十八大再提促进教育公平，直指中国教育问题的病根子。教育问题是重大民生问题，教育公平是社会公平的起点，促进教育公平，应是今后相当长

一段时间中国教育政策应考虑的基本原则和前提。

(4)统筹发展各级各类教育，提升教育品质

党的十八大报告明确提出，办好学前教育，均衡发展九年义务教育，基本普及高中阶段教育，加快发展现代职业教育，推动高等教育内涵式发展，积极发展继续教育，完善终身教育体系，建设学习型社会。

(5)加强教师队伍建设，增强教师教书育人的荣誉感和责任感

党的十八大报告对教师队伍建设给予了极大的关注，明确要求进一步提高教师的师德水平和业务能力。在教育活动中，决定教育品质的关键人物是教师。教师强则教育强，没有一支高水平的教师队伍，就永远不会有高水平的教育。所以，如何进一步提高教师的社会地位，吸引最优秀的人才进入教师队伍；如何进一步加强教师的职业认同和专业发展，让教师真正拥有职业的尊严和幸福，是当前我国教育政策亟须考虑的价值取向。

(6)重视教育在社会主义核心价值观体系建设中的特殊作用

党的十八大报告在阐述关于扎实推进社会主义文化强国建设时指出，要加强社会主义核心价值观体系建设，全面提高公民道德素质。这两个方面的问题虽然是从文化发展的角度来谈的，但其实都离不开教育，因为，教育是建设社会主义核心价值观体系、建立中华民族共同精神家园的最根本基础。

上述六个方面对于教育在我国的战略地位、教育资源配置的制度安排、各级各类教育的改革与发展的总体方面进行了总体的政策规定，构成了今后一个时期我国具体的教育政策制定和教育发展的总政策，将对我国中长期教育政策取向和教育与社会的和谐发展产生重大而深远的影响。

第7章　教育计划

一、单项选择题

1. 教育预测成败的关键是(　　)。

A. 选取合适的预测方法　　B. 明确预测目标

C. 判断预测成果　　D. 论证

【答案】A

【解析】教育预测是指人类在教育领域中从事的预测活动，也就是以教育现象为预测对象，对其发展趋势或倾向做出科学的估计。教育预测具有预测活动的基本特征即前提性、时间性、描述性，其成败关键在于选取恰当合适的预测方法。

2. 教育规划方案的制定要以事实为基础，符合社会和教育发展的规律，而不应盲目追赶时髦，造成教育目标与实际脱节，这表明教育规划具有(　　)。

A. 系统性　　B. 预见性　　C. 目的性　　D. 客观性

【答案】D

【解析】教育规划有客观性。客观环境不断发展变化，教育计划或实施方案在实行中，也要相应地做这样或那样的修改和补充。这就需要根据教育计划实施过程中出现的新问题、新倾向，预测它们的未来后果，并依此对教育计划进行必要的修正、调整、补充，以避免因盲目性而引起失误。

二、概念题

教育资源利用效率

答：教育资源利用效率，从宏观角度讲，是指整个社会全部教育活动的投入产出状况，或国家为教育部门所投入的资源的利用效率；从微观角度讲，是指一定部门，一定地区或学校教育活动中的投入产出状况，特别是学校教育过程中的教育资源的利用效率。由于我国的基本国情制约，用于发展教育资源十分有限，所以，一方面要广辟教育投资来源，增加对教育的投入，另一方面又要合理利用教育资源，提高教育资源的利用效率，减少教育浪费。

三、简答题

1. 简述选取合适的教育预测方法应考虑的相关因素。

答：教育预测是指依据教育发展的规律，利用科学预测的原理和方法，对未来教育发展的前景做出推测的活动。选取合适的教育预测方法是预测成败的关键环节。不同的预测方法各有特点，它们对未来教育发展预测的效果都不尽相同。在选取预测方法时需要考虑以下几个相关因素：

(1)教育预测的任务和目的。

(2)各教育预测方法的优点和局限。

(3)教育预测人员的水平。

(4)教育预测所需时间、资料、财力的状况。

一般来说，逻辑判断预测方法投入的人力、物力、财力和时间较少，因而，其预测结论也就不够精确。数学模型预测方法投入的人力、物力、财力和时间较多，因此，所得的结论也相对比较精确。但不能认为选择的预测方法越复杂越好，而应该根据实用标准来选择。

2．教育预测有哪些基本的类型？

答：教育预测的形式多种多样。从应用的角度出发，可以对教育预测做如下划分：

(1)宏观教育预测与微观教育预测

①宏观教育预测，是根据教育与社会、经济、科技、人口等的联系，从全局上对一个国家、地区、部门教育发展的总体预测。预测内容包括教育制度、教育结构、教育功能、教育形式、教育发展的速度和规模等。

②微观教育预测，是指对教育发展的局部问题的预测。它包括对学校某方面发展的预测、教育某方面问题的预测和个人教育前途的预测等。

(2)定性教育预测与定量教育预测

①定性教育预测，又称直观判断教育预测。它是根据已知的教育发展规律，运用逻辑推理的方法，对教育发展的趋势做出定性判断和推测。定性教育预测的特点是简便、易行，而缺乏精确性。

②定量教育预测，是根据教育发展过程中因素间的数量关系，利用各种数量化工具，通过建立教育预测的数量化模型，来预测教育发展的数量规律。定量教育预测的特点是预测结果明确，但预测过程比较复杂。

(3)短期教育预测、中期教育预测和长期教育预测

按照教育预测时间的长短来分类，教育预测可分为短期教育预测、中期教育预测和长期教育预测。一般短期教育预测的时限定为五年之内，中期教育预测的时限定为五年到十年，长期教育预测的时限定为十年以上。

(4)单一法教育预测和结合法教育预测

①单一法教育预测，是指在进行教育预测时，仅采用一种方法的教育预测方式。

②结合法教育预测，是指在进行教育预测时，同时采用多种方法的教育预测。在教育预测的实践中，使用结合法教育预测能够有效地提高预测的可靠性。

(5)单对象教育预测和多对象教育预测

①单对象教育预测，是指对单一教育预测对象发展的预测。

②多对象教育预测，是指同时对多个教育预测对象发展的预测。

3．简述学校管理计划的作用。

答：在学校管理过程中，明确计划的含义及特点有助于理解和掌握学校管理计划的作用。这种作用体现在：

(1)通过学校管理计划，可以对学校管理工作进行组织和安排，合理配置现有的管理资

源，使学校管理活动得以稳步、有序地向前发展。

(2)通过学校管理计划，可以对学校管理工作进行有效决策。计划和决策是紧密不可分的，有人甚至认为，计划工作基本上是抉择工作，只是在发现有一个可供抉择的行为过程时，才会提出计划问题。在这个意义上说，计划工作基本上是做决策。

(3)通过学校管理计划，可以选择有效的学校管理方法。学校管理方法是指为完成学校管理任务所采取的措施、途径和手段。方法本身具有目的性、灵活性和选择性的特点。方法的选择与确定，既要考虑到计划的目的和任务，也要考虑到计划的对象、内容和条件。即：计划的方向、对象、内容、条件与方法的目的、选择和灵活运用是紧密联系在一起的。

(4)通过学校管理计划，可以形成学校管理工作检查的标准。计划是学校管理过程的起点，是一种对未来发展状态的描述、设想，因而也是需要努力实现的目标。学校管理工作是否进行顺利、是否达到了预期的目的，关键看其计划是否实现。因此，计划也就成为衡量学校管理工作好坏的标准。这也是计划的鲜明方向性特点所决定的，是学校管理工作的客观要求。

4. 教育规划的含义、内容及特征。

答：(1)教育规划的含义

教育规划是指国家或地区教育主管部门就有关教育事业的发展目标、规模、速度及实现的步骤、措施等所拟定的较全面、长远的计划。其主要内容和特征如下：

(2)教育规划的主要内容

教育规划的主要内容包括：

①奋斗目标：明确教育发展的核心方向与量化指标，涵盖各级各类教育的在学人数、层次结构、专业设置，以及学校的数量规模、空间布局等关键维度。

②保障措施：制定支撑目标实现的资源配置方案，包括教师队伍的数量补充与素质提升、校舍场馆的建设标准、教学设备的配备规格与更新机制等。

③投资预算：规划教育发展的经费保障体系，明确实现奋斗目标及落实保障措施所需的经费总量、资金来源(如财政拨款、社会投入等)，并制定科学的经费分配与使用方案。

④实施计划：细化教育规划的落地路径，包含年度发展增速、阶段性工作指标，以及具体的实施方法、操作程序与推进步骤，确保规划可执行、可考核。

(3)教育规划的特征

教育规划的特征主要有以下两个：

①粗略性：教育规划并不具体确定有关的工作步骤和实施措施及具体工作时间表，而只是粗略规定各有关的发展指标，是对较大范围、较大规模以及较长时间内教育发展的总方向、大目标、主要实施措施及重大措施的设想。

②综合性：制定教育规划应以全社会及整个教育系统的发展为出发点。从教育行政管理上讲，为了加强教育事业的宏观调控，不但要制定好教育事业的发展规划，还要制定出单项的教育计划。

5. 简要回答编制教育计划的步骤。

答：编制教育计划包括以下几个步骤：

(1)信息的收集与分析

教育发展计划是综合性的计划，它要求与社会、经济发展计划相统一。教育发展计划目标的多元性等因素，使教育发展计划的作业领域扩大并复杂化了。因此，提供正确的信息或完整的资料是制定计划的前提。教育计划的制定必须建立在比较充分、可靠的信息收集的基础上。在此基础上了解教育从过去到现在的发展实态及倾向，正确进行现状分析并预测将来，为教育计划目标的设定与计划实施方案的拟定与选择提供依据。

(2)计划目标的设定

在收集与分析信息的基础上，要确定计划目标。目标的确定是以价值观为前提的，价值前提一般不能通过经验、观察、实验直接验证，它属于政策性的规定。因此目标的设定特别是计划目标的确定应该根据上级有关政策、任务和要求来进行。但这并不等于说计划目标的确定可以完全不顾事实前提，相反合理可行的计划目标必须建立在一定的有关事实情报的基础上。

(3)教育计划实施方案的策划及选择

这一步骤包含两个方面：一是提出多种替代实施方案；二是满意方案的选择。提出多种替代实施方案，实质上就是研究在达到目标过程中遇到的主要问题及其解决方法。满意方案的选择，即在提出各种替代的实施方案之后，在比较、评价这些不同方案中进行满意的选择。

(4)在实施中的调整

任何一个经过精心研究制定的计划或实施方案，在实际执行中总要进行这样或那样的修改和补充，这是因为客观情况总在不断地变化，实施这一步骤的关键是及时了解掌握计划执行的情况和问题。从组织措施上说，必须建立起有效的畅通的信息、反馈系统，在计划和方案执行之前，就要提出监督计划执行的方法。

6. 简述学校发展规划的内容及制定步骤。

答：制定学校发展规划，事关学校的前途与命运，是校长实现学校领导、学校实现健康、可持续发展的先觉性、基础性工作。

(1)学校发展规划的内容

学校发展规划主要包括四个方面的内容：学校基本情况及分析、学校发展的整体目标、学校发展的实践措施、学校发展的保障机制。

①学校基本情况及分析：在制定学校发展规划时，首先要深入、全面地了解学校方方面面的基本情况，即摸清家底。其次是要冷静、理性地分析这些基本情况，既不盲目自大，也不妄自菲薄。对学校现实情况的分析：学校发展的历史分析，学校发展的现状分析，教育发展的形势、政策和理论分析，学校发展的环境分析，学校面临的挑战与机遇分析。

②学校发展的整体目标：确定学校未来3～5年的发展目标。是发展规划中的重要内容，这个发展目标既包括学校发展的整体目标，也包括各方面具体工作的目标。科学、有效的整体目标具备五个条件：a. 与国家和地方教育发展目标相一致；b. 符合学校实际情况；c. 既有挑战性，又有实现的可能；d. 能够分解到学校各方面的工作中去，形成学校发展的目标体系；e. 目标在文字表述上必须清楚、明确，不可模棱两可。

③学校发展的实践措施：在学校发展规划中，要围绕学校发展的整体目标和目标体系，

制定一系列达成目标的措施。这些措施必须具备六个条件：a. 有针对性，能够立足学校现状，指向学校某一方面的工作；b. 讲求策略，能够迅速、高效地达到目标；c. 符合国家和地方法律法规；d. 符合教育规律和学生发展规律；e. 切实可行，具有很强的操作性；f. 不同的措施之间不会相互冲突。

④学校发展的保障机制：主要有组织机构及制度体系；人力资源；物质资源。

(2)学校发展规划的制定步骤

①明确制定学校发展规划的目的、意义、要求及相关事项。

②检查学校目前状况。

③确定学校的发展近远期目标和育人目标。

④根据已确定的学校发展方向和育人目标制定各部门具体规划，要明确提出今后三年里每一学年将采取什么样的策略。

⑤确立成功的标准。

⑥监控和评价如何跟进。

⑦从整体上审视学校发展规划文本。

第8章　教育督导

一、单项选择题

1．将教育督导形式分为督政和督学，其划分依据是(　　)。

A．督导范围　　B．督导内容　　C．督导目的　　D．督导对象

【答案】D

【解析】督政是指督促政府对教育依法进行经费投入，监督政府对国家制定的教育法规、出台的教育政策是否执行，是否执行到位。督学是指对学校办学质量、办学水平的督导，可见两种形式分别对应政府和学校，因此其划分依据是督导对象。

2．在督导评估活动中，督导人员要确立正确的督导评估目的，编制有效的督导评估指标体系，运用系统调查和现代的科学方法与手段，以客观事实和确凿的数据为凭据做出客观、公正、有说服力的结论，以体现教育督导的(　　)。

A．导向性原则　　B．科学性原则　　C．法治化原则　　D．民主性原则

【答案】B

【解析】教育督导评估活动具有很强的科学性。在组织实施督导评估活动中充分体现其科学性，是使督导评估产生积极效应的基础。①要确立正确的督导评估目的。②编制有效的督导评估指标体系。③全面而有重点地收集督导评估资料。④迅速而又比较准确地整理、分析、解释督导评估资料。⑤充分利用督导评估结果。⑥积极开展“元评价”。

二、概念题

教育督导

答：教育督导是对教育工作(包括教育行政工作和学校的组织领导、教育、教学、总务、人事工作)进行视察、监督、指导、建议的活动。具体讲，教育督导就是根据党和国家的教育方针、政策，按照督导的原则和标准，使用科学的方法，对教育行政工作和学校工作通过精密的观察、调查和考核，进而做出审慎的分析和评定，指出成绩和缺点，并提出积极改进意见，使教育工作质量不断得到提高的活动。

三、简答题

1．简述如何提高教育督导评估活动的科学性。

答：提升教育督导评估的科学性，是其有效发挥监督、指导与反馈功能，推动教育事业高质量发展的根本保障。需系统性地从评估标准、实施过程、队伍能力、结果运用及技术支撑等多维度共同发力。具体途径如下：

(1)构建系统且导向清晰的评估指标体系

指标体系是评估的科学基准，应紧密围绕国家教育方针和政策核心(如立德树人、教育公平)，设计涵盖质量、公平、效益与特色的多维指标。避免片面强调学业成绩，需综合定

量指标（如师资达标率、设备配置）与定性描述（如校园文化、学生综合素质），并针对城乡、学段、类型不同的教育机构实行分类评价，增强评估的针对性和可比性。

(2)规范评估流程与实施方法

建立“准备——实施——反馈”的标准化流程。评估前应明确目标并公示标准，指导自评；评估中需综合运用听课、访谈、查阅资料及问卷调查等多种方法，确保信息收集全面客观；评估后应及时形成书面反馈，指出成绩与问题，并提出可操作的改进建议。积极引入第三方专业机构参与评估，增强公信力和独立性。

(3)加强评估队伍的专业化建设

评估人员的能力直接影响评估质量。应组建来源多元、结构合理的评估团队，涵盖教育专家、一线教师及社会人士。建立持续的培训与考核机制，重点提升其政策理解、评估方法运用及沟通能力，同时实行责任追究与动态调整，保证评估的严肃性和专业性。

(4)强化评估结果的有效运用与闭环管理

评估的生命力在于结果运用。必须建立与资源配置、评优考核挂钩的激励与问责机制，及时向被评单位反馈结果并督促其制定与落实整改方案。通过“回头看”等复查机制，跟踪整改进展与成效，形成“监测——评估——反馈——改进”的管理闭环，防止评估流于形式。

(5)推动信息技术与评估工作深度融合

依托教育数字化战略，建设集成数据采集、分析与反馈功能的智能化评估平台。利用大数据技术自动获取和验证关键数据，提升评估效率与准确性；探索人工智能等技术在课堂观察、行为分析等场景中的应用，为评估提供更客观和深入的证据支持。

(6)建立评估体系的动态优化与公开监督机制

定期对评估指标、标准与方法进行修订，使其适应教育改革发展新要求。全面推进评估政策、过程及结果的社会公开，主动接受公众监督，并建立畅通的反馈与申诉渠道，以公开促规范，以监督促公正，持续提升教育督导评估的科学性和权威性。

2. 简述教育督导的基本原则。

答：教育督导的基本原则主要有以下几方面：

(1)导向性原则

坚持导向性原则，就是要在督导指导思想、指标设定、权重分配等方面，引导学校全面贯彻教育方针，深化教育改革，实施素质教育，全面提高教育质量。

(2)依法督导原则

贯彻依法督导原则，就是要求督导人员以党和国家的教育方针、政策、法律和法规作为督导工作的依据，把督导过程作为监督、检查、评估和指导教育法律、法规以及有关重大政策贯彻落实的过程。

(3)科学性原则

贯彻科学性原则，就是要求督导人员以科学的精神、态度和方法从事督导工作，制定周密的督导工作计划，运用系统调查和现代的科学方法与手段，以客观事实和确凿的数据为凭据，确保教育督导工作的实效性与科学性。

(4)民主性原则

贯彻民主性原则，就是要求在督导工作中要相信、尊重、依靠督导对象，倾听他们的意见，关心他们的疾苦，为他们服务，从而调动他们的工作积极性，充分发挥他们在督导工作中的作用。

3. 为什么督政是我国当前教育督导的主要任务？

答：从教育督导的对象而言，教育督导的任务主要是两个方面，一方面是督导政府包括政府设置的教育行政机构，简称督政；另一方面是督导学校，主要是中小学校，简称督学。督政与督学密切相关，督政离不开督学，督学是督政的基础。应该说将督政作为我国教育督导的主要任务是我国新型社会主义督导制度的一个特点，是我国的政体与教育管理体制所决定的，也是教育体制改革、发展教育的需要。具体原因如下：

(1)教育行政体制决定

我国现行的教育行政体制，属于从属制，而非独立制。就是说教育行政是国家行政的一个组成部分，各级教育行政机关必须接受各级政府的直接指挥与监督。教育的发展，教育行政部门的合作都离不开政府的重视和领导。这也是社会发展规律和教育自身发展规律的反映。就社会发展全局来看，现代经济和社会的发展要求各级政府干预教育。

(2)教育管理体制的改革和发展教育的需要

十一届三中全会以来的教育管理体制改革，旨在通过简政放权，实现中央教育行政管理职能向宏观调控的转换，建立基础教育地方化、由地方负责的管理体制。因此，各级政府特别是各级地方政府对教育工作的认识和教育管理的水平，对办好教育事业尤其是基础教育有着决定性的作用，建立专门机构了解和监督各级政府的教育工作也就成为必需。

(3)将教育置于优先发展的战略地位

我国改革开放以来，党和国家政府也把教育摆在优先发展的战略地位上。教育能否优先发展责任首先在各级政府，关键也取决于各级政府的诸如落实有关教育方针政策法规、对本地区教育事业发展的规划及实施、教师队伍的建设、教育经费的投入、引导各行各业支持教育等方面的工作情况。建立督导制度、开展督政工作正是为了加强政府对教育的管理，实现教育的优先发展。

4. 简述当前我国教育督导的基本任务。

答：我国教育督导的基本任务包括：

(1)监督和检查下级政府、教育行政部门和学校贯彻执行国家的有关方针、政策、法规的情况，教育、教学和教育管理工作的情况，以及其他有关事项。

在我国，由于各个地区经济条件不同，教育事业发展不平衡，同时各个地区、学校的领导和教师，在思想认识、政策水平、教育观念、实际经验上存在着较大的差距，因此，教育方针与各项政策的贯彻执行，常常得不到切实的落实。这就需要教育督导机构及督导人员专门承担起国家对教育行政机关及学校的工作质量、教育质量等方面的监督、监察任务。

(2)评价下级政府、教育行政部门和学校的管理水平、办学水平和教育质量。

评价下级政府和教育行政机关工作成效及学校经验实施的成果，是教育督导的一项主要任务。从现代教育行政管理的观点和发展趋势来看，积极开展教育评价，对于提高教育管理质量、贯彻教育方针政策和推动教育事业的发展，有着巨大作用。

(3)指导和帮助下级政府、教育行政部门和学校的工作。

指导是督导工作过程中重要的一个环节。指导的目的在于帮助下级行政部门和学校更有效地完成任务。成功的指导是以调查的事实和基于事实所做的评价为依据，以督导人员与被督导人员之间相互信任为条件的。

(4)反映下级部门、教育工作者的意见和要求，并向政府和教育行政部门提出反映意见和建议。

教育督导系统被视为教育管理的反馈系统。教育督导机构及人员通过反映下级教育部门、教育工作者的意见和要求，实现上级各项方针、政策、指令、任务执行情况及方针政策本身问题的“反馈”。反馈是检查决策是否正确、执行是否有效的依据。

(5)鼓励并协助下级教育行政部门、学校管理人员及教师，就日常管理、教育、教学活动中遇到的问题进行合作性的调查及研究，以寻求解决问题的方法及改革的依据。

教育督导人员就评价结果及调查中发现的实际问题应组织、协助、参与有关专家、实际工作者的合作研究，以推动教育工作方针的执行和教育质量的提高。

第9章　教育财政

一、单项选择题

1. 教育财政的首要职能是(　　)。

A. 选拔录用教育财务行政人员　　B. 配置教育资源

C. 筹措教育经费　　D. 改善教育投资效益

【答案】C

【解析】教育财务行政的首要职能，就是筹集充足的教育经费，为教育事业的发展提供资金保证。目前我国《教育法》已明确规定了教育经费的筹措渠道，教育行政部门承担着疏通这些渠道，使教育经费不断增长的职能。教育行政部门也只有具备了足够的财力，才可能较为有效地运用经济手段，对教育事业进行宏观调控。

2. 根据我国有关教育政策法规的要求，各级教育行政部门在制定预算时，必须根据地方财力，逐步实行(　　)。

A. 定额加比例的办法　　B. 定额加专项的办法

C. 项目加比例的办法　　D. 项目加额度的办法

【答案】B

【解析】国家教委、财政部颁发的《关于加强普通教育经费管理的若干规定》的通知中提出，各级财政、教育部门安排教育经费预算，应根据地方财力，逐步实行定额加专项的办法，以保证教育事业发展的需要。教育行政部门在安排所属单位和学校预算时，须认真执行勤俭办学的方针，实行“经费包干、结余留用、超支不补、自求平衡”的原则，学校有权统筹安排使用教育经费。

二、概念题

1. 教育成本

答：教育成本是指培养学生所耗费的社会劳动，包括物化劳动和活劳动。其货币表现为培养学生由社会和受教育者个人直接和间接支付的全部费用。按不同标准，教育成本有不同分类：①社会平均成本和个别成本；②社会成本和个人成本；③直接成本和间接成本；④货币成本和非货币成本；⑤固定成本和变动成本；⑥生均年教育成本和生均全期教育成本；⑦教育要素成本、教育工资成本、教育边际成本、教育单项成本、教育精神成本等。从成本核算角度，有不同计算公式：①教育成本 = 教育社会成本 + 教育个人成本；②教育成本 = 教育直接成本 + 教育间接成本；③教育成本 = 教育固定成本 + 教育变动成本。研究教育成本，进行教育成本核算和分析，有助于教育部门提高教育投资的使用效率和经济效益，提高教育和学校管理水平，有助于教育计划和学校计划的编制，教育经费的合理负担等。

2. 教育投资

答：教育投资，又称教育资源、教育投入、教育经济条件等，是指一个国家或地区根据教育事业发展的需要，投入教育领域中的人力、物力和财力的总和，或者说是指用于教育、训练后备劳动力和专门人才，以及提高现有劳动力智力水平的人力和物力的货币表现。从投资对象来说，主要由两大部分构成：①用于各级各类学校教育的投资，以培养后备劳动力和专门人才，这是主要部分；②用于成人教育的投资，以提高在职劳动力的智力水平，包括职工教育、农民教育、干部教育、知识分子教育，以及电大、函授大学和各种形式的业余教育的投资。从投资者即投资主体来说，教育投资主要包括国家投资、集体企事业单位投资和个人教育投资。教育投资具有周期性长、弹性大、长效性、间接性、多效性、高效性和特效性等特点。教育投资来源是多方面、多渠道的，主要包括国家投资、社会投资和受教育者家庭或个人投资。我国教育投资体制实行国家财政拨款、社会团体和劳动群众多渠道筹集的方针。

3. 教育需求

答：教育需求，就社会而言，是指在一定时期内国民经济各部门以及社会各方面对各类专门人才和受过一定教育的劳动者的数量、质量和结构等方面的要求；就个人和家庭而言，是指个人和家庭为满足某种精神和物质需要，对接受各级各类教育的要求。前者由一定社会的科技和经济发展的水平、规模和速度决定。反映社会经济发展对人才培养的客观需要，是制定教育发展计划的依据。后者受个人精神充实的欲望、就业与收入的选择、家庭经济条件和对子女未来的期望等因素的影响，从宏观来看，亦受人口增长，人口结构变化和人口流动的影响。

三、简答题

1. 简述教育经费预算单列的基本内涵。

答：教育经费是指为教育事业发展或组织化、制度化了的教育活动所支出的费用。教育经费预算单列的基本内涵有四点：

(1)提高教育经费预算的等级

将教育事业费和教育基本建设投资合并，由“款”级升格为“类”级，将教育经费在国家预算支出中的第二次分配升格为第一次分配。

(2)赋予教育部门对教育经费预算的编制权

教育经费预算在平衡教育经费需求和供给的基础上编制，先由教育部门按教育经费的需求预算，然后会同财政和计划部门，根据国家财政可能，平衡需求与供给，提出教育经费预算建议并纳入国家预算，报同级政府和人民代表大会审议批准。

(3)教育经费的分配权和管理权归教育部门

包括教育经费在内的国家预算经人民代表大会通过后，由财政部门划拨给教育部门，教育经费在各级各类教育和学校(包括非教育部门举办的教育和学校)的分配、管理、监控由教育部门行使。

(4)教育经费预算单列到县级

目前我国的财政分为中央、省、市、县四级，因而，教育经费预算单列到县级。

2. 什么是教育费附加？它属于什么性质的经费？它的适用范围是什么？

答：(1)教育费附加的含义

教育费附加是为发展地方教育事业、扩大教育经费来源，国家规定计征并主要用于发展义务教育事业的一种税收。

(2)教育费附加的性质

教育费附加属于国家财政性教育经费支出，但不属于教育财政预算内拨款。它不能用以顶替教育财政拨款，否则就失去其扩大教育经费来源的本意。因而必须做到按专项经费管理，实行专款专用。

(3)教育费附加的适用范围

教育费附加主要用于改善中小学教学设施、办学条件和补充学校公用经费。农村乡统筹中的教育费附加，由乡人民政府组织收取，由县级人民政府教育行政部门代为管理或者由乡人民政府管理，用于本乡范围内乡、村两级教育事业。

3. 说明教育经费的衡量指标。

答：一般情况下，教育经费的衡量指标主要有：

(1)公共教育经费占国内生产总值的比例

公共教育经费占国内生产总值的比例，为不同经济发展水平国家的教育经费提供了可比参数。以2005年为例，公共教育经费占国内生产总值的比例，中亚平均为3.2%，东亚及太平洋地区平均为4.7%，北美和西欧平均为5.7%。

(2)教育财政预算占国家总预算的比例

教育财政预算是经法定程序批准的政府用于教育的年度财政收支计划，可分为中央财政预算和地方财政预算。在我国，中央财政预算由财政部提出，国务院审查，全国人大通过。预算是国家财政有计划地筹集和分配资金的主要渠道。教育财政预算占国家总预算的比例，在相当程度上反映了教育在政府所要兴办的各项事业中的地位。

(3)生均教育经费指数

生均教育经费表示每个学生平均拥有的教育经费，但由于不同国家和地区的经济状况、消费水平、物价指数的差异，相等的生均教育经费并不表示相同的教育条件，因此需将其换算成生均教育经费指数以具可比性。生均教育经费指数即生均教育经费与人均国内生产总值之比。

4. 简述国际上教育经费的主要拨款方式。

答：政府的教育经费分配方式主要体现为拨款模式。据世界银行对38个国家的研究分析，可将其归纳为四种不同模式：

(1)协议拨款模式

协议拨款模式的基本特点是：预算是根据上年基数、财政能力和发展要求提供增长系数，主要反映历史趋势和政治需要，对质量和效益的提高缺乏有效的激励机制。

(2)投入拨款模式

投入拨款模式的基本特征是：依据学生人数和单位成本拨款，在拨款公式中增加加权系数，以反映学校环境、学生层次及教学质量的差别。投入拨款的最大问题是拨款与招生政策的联系，即在学校拥有招生自主权的情况下，政府如何对拨款进行有效分配的问题。

(3)产出拨款模式

产出拨款模式将拨款与毕业生数量挂钩，以减少重读和辍学率。产出拨款单纯以毕业生的数量为依据，而忽略了质量问题，并且也无法解决学校所需的科研资金。

(4)质量拨款模式

用该模式实施间接拨款计划，对高中毕业生进行大学入学能力测验，招收优秀高中毕业生的大学可获得特别资助。质量拨款的根据是大学入学能力测验，但这种测验的信度和效度并不完全可靠，招收到优秀高中毕业生的大学的质量也不一定就高。

5. 简述教育经费管理的原则。

答：教育经费的管理原则主要有以下几方面：

(1)健全规章，依法办事

我国教育财务行政已建立起许多规章制度，但还不系统、不完善，有的还不尽合理。特别是教育财政方面的法规还没建立起来，每年正常的教育经费拨款得不到保证，对我国教育事业的发展带来了一些影响。当前我国改革形势发展也较快，许多旧的具体的教育财务的规章制度已经不再适用，新的规章制度又没有制定出来。因此，要加强教育财务行政工作，必须完善社会主义财政制度，使教育财政活动做到有法可依、有章可循。

(2)从实际出发，量入为出

一方面要充分认识教育在社会主义建设中的巨大作用，争取使教育经费有一个较大幅度的增长；另一方面，又要从我国当前现有的经济实力出发，根据生产的发展所能提供的人力、物力、财力来确定教育事业的规模和速度。要把需要与可能、目前和长远结合起来，做到既量力而行，又积极挖潜，广开财源，发展我国的教育事业。

(3)面向基层，服务教学

教育财政的活动的目的是要促进我国教育事业的发展。这一任务的完成，需要通过教育财政的手段来调动办学单位的积极性。为此，教育财务部门的干部要经常深入基层，特别是要深入学校，了解情况，尽力解决学校经费中存在的难题。由于教学是学校的中心工作，为基层服务的一个重要方面，就是要求教育财务人员树立为教学服务的思想，积极为教学提供必要的条件。

(4)勤俭办学，讲求效益

勤俭节约是中华民族的传家宝。尤其在我们国家目前还不富裕，财力不足，教育经费缺乏的情况下，更应该注意勤俭节约，把有限的资金用在教育事业发展最需要的地方。由于我国当前教育投资的效益不高，在教育活动中浪费也比较大，所以讲求办学效益是当前一个十分紧迫的问题。

(5)经济公开，民主管理

经济公开是指教育财务部门在安排和使用教育经费时，应将有关教育经费的政策、标准予以说明。基层教育部门教育经费的使用情况，也应定期向所在单位群众公布。民主管理是指一些较重大的财政政策的变动或制定，要充分听取群众的意见，让群众参与财政政策的制定以及对教育经费的安排和使用进行监督。只有这样，才能真正形成民主理财的风气，保证教育经费安排得当，使用合理，充分发挥教育经费在促进教育事业发展中的作用。

6. 简述教育经费管理的基本制度。

答：教育经费管理有以下基本制度：

(1)教育预算制度

教育预算是国家预算的重要组成部分。国家各级各类教育预算资金的来源、分配、使用、收支规模等，都是通过编制教育财政预算来实现的。

(2)教育税收制度

教育税收是指国家各级教育财政机构或税务部门，依据国家有关法令和政策，强行将一部分国民收入以赋税形式征集起来，用于发展教育事业。

(3)教育会计制度

教育会计属于事业会计，本质上是预算会计。它是以货币为主要单位对教育系统各机构的经济活动过程所进行的综合、连续、系统的反映和监督，并以此为基础，对教育机构的经济活动进行科学分析、检查、预测和控制的一种综合性经济管理活动。

(4)教育决算制度

教育决算是指按照法定程序编制的、用以反映教育预算执行结果的年度会计报告。它是教育预算的继续和延伸，是上一年度的年终结账，也是下一年度预算编制的参考依据。

(5)教育审计制度

教育审计是国家各级审计机关依法对教育系统或教育机构的全部的或部分的经济活动事项进行严格、周密、认真的监督检查，以确定其真实性、合法性、合理性和有效性的一种综合性职能管理活动。

7. 简述我国教育财务行政的职能。

答：教育财务行政具有筹措教育经费、配置教育资源、改善教育投资效益等方面的职能。这些职能的具体内容如下：

(1)筹措教育经费

筹措教育经费是教育财务行政的首要职能，就是筹集充足的教育经费，为教育事业的发展提供资金保证。在不同的社会主义生产力发展水平下，教育所需要的物质条件是不同的。现代科技的发达，使学校的设施条件科技含量大大提高，并导致对教育经费的需求量不断提高。

(2)配置教育资源

教育财务行政承担着合理配置教育资源的职能，具体通过教育经费的分配和调节供需来进行。它的主要任务是一方面要使全社会每个公民平等地享有最低限度的教育资源，使每个公民获得同等发展机会；另一方面又要保证国家经济建设发展对高层次人才的需求，使一部分人能够通过平等竞争，享有较多使用教育资源的机会，成为高层次人才。

(3)改善教育投资效益

教育财务行政还要采取一定的措施，不断提高投资效益。从我国现实情况看，国家大幅度提高教育财政投资还有一定困难，教育经费从总体上看仍然远远难以满足教育事业发展的需要，因而提高现有教育投资的效益就更显得重要。

8. 试从公共物品、私人物品的供求特征角度分析教育资源的优化配置。

答：(1)公共物品和私人物品的特征

①公共物品是指具有非竞争性和非排他性的产品或服务。非竞争性是指一个人对该物品的消费不会减少其他人对其消费的可能性；非排他性是指很难或无法排除任何个体不付成本而享受该物品带来的利益。这类物品通常由政府或公共部门提供，以满足社会共同需要，其效用为整个社会成员所共享，不受个人消费意愿的影响。公共物品是市场经济无法有效提供的，必须由政府面向所有人提供，并不是只向哪些具体的人或哪些利益集团提供，因而公共物品具有整体的不可分割的特征。公共物品分为两种类型：纯公共物品、准公共物品。前者是同时具有非竞争性和非排他性的公共物品，如国防；后者是付费使用的非竞争性公共物品。

②私人物品是指在消费和使用中具有竞争性和排他性特征的物品。竞争性是指某人消费了这种物品，则他人不能消费，前提是稀缺和私有。排他性是指只有付费人才能使用。

(2)教育的产品属性

教育的产品属性是教育资源合理有效配置的依据。教育是一种准公共产品，而且由于教育类型的不同，其公共性也不同。

①从教育的"生产"方面来看，它并不具备纯粹的公共物品的特征：接收的学生越多，需要的教师就越多，校舍就越大，因此成本也就越高。当然，在超过一定的规模之后，教育具有一种"成本不变"的特征。但从消费方面来看，教育具有一些公共物品的特点，这是因为"教育的报酬"具有外部性，尤其对社会来说，其报酬远远超过了受教育者个人，并且，教育的性质越接近于公共物品，相对于整个社会的那部分报酬来说，受教育者个人获得的报酬份额就越少。

②从教育的类型来看，基础教育具有公共产品的特性很强，因为基础教育是国民素质教育，是整个社会延续和发展的基础，具有典型的外部性。高等教育具有准公共产品的性质，因为高等教育资源的稀缺性，以及竞争性和排他性，但高等教育也具有较强的外部性。职业教育和培训具有私人物品的性质，也具有准公共产品的性质。

(3)教育资源的优化配置

公共物品由政府提供，私人物品由市场提供。教育资源配置要由政府、社会、个人三方不同程度地承担。

教育具有准公共物品的属性，其非竞争性与部分非排他性特征决定了单纯依靠市场机制难以实现资源的有效配置，因此政府在教育资源配置中肩负着不可推卸的主导责任。具体而言：对于基础教育，因其属于强制性义务教育，是提升国民综合素质的基石，政府应承担主要供给责任，提供廉价甚至免费的优质教育资源，保障全民公平享有基础教育权利；对于高等教育，鉴于国家财政能力的有限性，且其具有一定的排他性与个人受益属性，要建立政府、学校、社会、受教育者共同参与的成本分担机制，平衡公共投入与个人责任；对于职业教育，由于其与个人职业发展、技能提升的直接关联性更强，私人物品属性相对突出，可以个人承担部分费用为基础，但政府需通过补贴、资助等方式重点保障贫困生等困难群体的受教育机会，同时引导企业等社会力量参与资源供给。

9. 简述教育服务的基本观点。

答：(1)教育服务，其主体主要是指各级各类职业技术学校教育，与物质生产领域联系紧密的高等专业技术学校教育，不应包含基础教育和义务教育。

(2)教育服务所提供的是一种特殊的使用价值，它与其他商品提供的特殊使用价值没有本质区别，因此，教育所提供的服务具有商品性，教育服务就是商品。

(3)教育服务作为一种特殊的商品，其特点在于：教育劳动并不物化为有形产品，而是以提供活动性劳务或服务的形式存在。这种服务本身具有价值，并可通过市场机制进行交换。它在本质上与其他物质形态或非实物形态的商品并无区别，区别主要在于其存在形式和消费方式的不同。

(4)教育服务买卖关系的实质内容是教育所培养的物质生产部门的劳动力，或者劳动力的劳动能力。教育服务作为买方，它需要培养劳动力的教育资金投入，即教育成本，也就是劳动能力的生产费用和再生产费用，也可称教育费用、学习费用。教育所培养的劳动力的价值，是伴随着劳动力教育程度即教育成本的提高而提高的。教育服务作为卖方则是将教育所培养的各种劳动力，投入劳动力市场，供业主选择和聘用。不同教育程度、具有不同劳动能力的劳动力，具有不同的价格，即工资水平。

四、论述题

1. 我国目前中小学乱收费的原因是什么？对此有何对策？

答：(1)中小学乱收费的原因

①政府在提供教育服务中，没有充分发挥其主导作用。改革开放以来，我国教育财政改革虽然取得了一定成果，但仍表现出“三个过低”：财政总支出中，教育经费所占比例太低；财政性教育总经费中，义务教育总经费比例偏低；义务教育总经费中，财政性义务教育投入太低。财政状况越差，财政教育事业费用满足程度越低，所需教育经费缺口越大。一些学校为了解决教育经费短缺困难，置国家政策和法规于不顾，采取各种手段乱收费。因而，公共财政直接投入不足是造成中小学乱收费现象的原动力之一。

②政策与法律制定的不完善为乱收费开了方便之门。学校的“多渠道筹资”政策为乱收费开了口子，表现有二：其一，以杂费之名为学费之实，收取名目繁多的“杂费”；其二，以“捐资助学”的名义向受教育者收取各种不合理的费用，如“赞助费”和“择校费”等。

(2)解决中小学乱收费现象的对策

①充分发挥政府对教育投入的主导作用。加大对教育的直接投入(加大对教育的经济性基础设施的建设)。政府财政投入就是教育经费的主渠道，并且这些年来我国国民经济的持续发展和国家财政状况的逐渐好转也为增加教育投入提供了更加有利的条件。因此，政府还要逐步加大对教育的投入。

②在义务教育免收学杂费方面，建议对《义务教育法》和“多渠道筹资”政策进行适当修改界定，实行真正的免费教育。《义务教育法》不足之处，是违背了义务教育“免费”的真正含义，为中小学乱收费提供了法律的依据。因而，必须尽快做出修改，为义务教育的普及清理障碍。保证在政府责任落实的条件下，学校不会因减少杂费收入而导致经济困难。

另外，面对我国“穷国办大教育”的现状，提倡“多渠道筹资”有一定的合理性，而在基础教育阶段，特别是义务教育阶段，就不应该提倡多渠道。因为义务教育是一种依照法律规定，由国家、社会、学校和家庭必须予以保障的国民教育，是一个国家民族文化素质的基础，也是一个国家民主进程的基础。义务教育属于纯公共产品的范畴，一般来说是政府的责任，主要由政府来举办，不应该再提倡多渠道筹资政策。

③鼓励社会力量办学。社会力量办学不仅可以解决教育投入不足的问题，而且可以满足人们多样化的教育需求。当前我国社会力量办学主要集中在学前教育和高等教育，而在义务教育阶段却比较少。目前我国除了继续鼓励社会力量举办高等教育外，还应大力鼓励社会团体和个人举办基础教育。这样国家不但可以节省教育经费，重构合理的教育投资结构，而且也可以缓解公共财政投入不足的压力，是使中小学乱收费现象能够得到缓解的有效途径。

2. 从“公共产品”“私人产品”“准公共产品”的角度论述三级正规学历教育服务的属性。

答：三级正规学历教育是指初等、中等、高等三级教育。三级正规学历教育中，基础教育应属于公共产品，职业教育和高等教育属于准公共产品。具体分析如下：

(1)公共产品、私人产品、准公共产品的含义

①公共产品和私人产品。公共管理理论把社会的产品划分为公共产品和私人产品。公共产品就是一个人的消费不会影响另一个人消费的产品，私人产品是指消费者支付了一定的费用就取得其所有权，并具有排斥他人消费的产品。公共管理理论认为，公共产品由政府和非营利机构向社会提供，而私人产品由市场向社会提供。

②准公共产品。准公共产品是指具有有限的非竞争性或有限的非排他性的公共产品，它介于公共产品和私人产品之间。对于准公共产品的供给，在理论上应采取政府和市场共同分担的原则。

(2)对三级正规学历教育服务属性的分析

①义务教育是提高全民素质的公民教育，是强制而免费的教育，具有较强的正外部性。义务教育无法通过市场来提供，而需要政府来提供。政府通过实施义务教育，可以更好地履行其另一职责——收入分配功能，确保社会公平。

②职业教育和高等教育作为准公共产品来看待，它们主要是指建立在普通教育基础上的专业性教育，其目标是向接受教育的消费者传授进入社会各个职业领域就业或满足求学者其他需求的各种专业知识和技能。如同其他各种有形产品或服务一样，职业教育和高等教育对于社会和个人都会产生巨大的效益。这种效益包括个人的收益和社会的收益两个方面，主要是受教育者的个人收益，同时具有一定的外部性。由于教育资源的稀缺性，这两类教育在一定程度上都具有部分的竞争性和排他性。

综上所述，在三级正规学历教育中，义务教育是一种具有强制性的教育，一种免费的教育，因此属于社会公共产品，而非义务教育，即职业教育和高等教育则具有部分排他性和竞争性，因此应属于准公共产品或混合产品。

3. 结合实际分析目前我国义务教育投资中存在的主要问题，并提出相应的对策建议。

答：义务教育投资是指投入义务教育领域中，用于公民基本素质培训的人力和物力的货币表现。义务教育投资是教育投资的组成部分，是实施和发展义务教育的物质保证。

(1)目前我国义务教育投资中存在的主要问题

①义务教育投资体制的弊端

我国现行义务教育投资体制是主要由地方政府(主要是县、乡两级政府)负责管理和多渠道筹措资金的体制。这种体制具有两个特点，其一是“地方负责”“分级管理”；其二是“多渠道筹措”。前者主要确立了发展义务教育的责任，在政府之间的分担模式。在这样的模式下，义务教育的责任主要在地方政府，落实到财政角度就是发展义务教育的经费主要由地方政府的财政来负担；后者确立的是义务教育的社会分担模式，即广开非财政来源渠道，树立“人民教育人民办”的思想，其实质是政府与社会力量共同分担义务教育的财政责任。

现行的义务教育投资体制存在弊端，表现在：

a. 义务教育投资体制实行“地方负责”“分级管理”，地方政府成为义务教育的主要承担者，导致了义务教育投资重心过低，县、乡两级财政不堪重负，从而造成义务教育投资水平不高。

b. 在现行的义务教育投资体制之下，由于我国经济发展水平与教育发展程度地区差异性较大，所以从宏观上看，这种体制缺少灵活性和适应性。主要表现在：

第一，现行的义务教育投资体制难以适应我国城乡和地区间经济发展的不平衡对义务教育投资带来的巨大影响。我国义务教育的投资体制，实际上默许了各地经济发展严重不均衡以及由此造成的义务教育投资造成的不平衡。

第二，现行的义务教育投资体制缺乏对义务教育投资主体的宏观调控和制约，教育资金在分配、使用、管理过程中存在不合理现象，特别是经济相对落后地区的义务教育发展无法得到有效保障。在一些政府部门，对于发展义务教育重要性和紧迫性的认识不到位，或者在口头上、报告中承认教育很重要，到实际解决问题时往往又变得不重要了。在具体工作中以各种理由和借口把有限的资金投入到经济建设方面或者一些所谓的政绩工程上去，以“长官意志”取代了对各级政府对义务教育投资的有效监督，造成了义务教育投资的制度性缺陷，使地方义务教育经费差额无法弥补，义务教育的质量难以得到保证，使教育机会均等的义务教育目标成为“天方夜谭”。

②义务教育经费在国家财政性教育经费总额中比例在减少。国家财政性教育经费是我国义务教育经费的主要的来源，在部分地区甚至是一个唯一的来源，在国家财政性教育经费总额一定的情况下，义务教育经费在国家财政性教育经费总额中的比例的大小，直接关系到义务教育经费的数量，直接影响到义务教育的健康发展。

然而，通过对最近几年的统计数字可以发现，我国基础教育占国家财政性教育经费中的比例仅仅维持在30%多一点的水平，这不仅远远地低于同等发展水平的发展中国家，而且也高于一些发达国家。而我国高等教育在国家财政性教育经费总额中的比例却一直保持在20%之上。这与我国教育事业的国情是相背离的，严重影响到了义务教育的健康发展。

③义务教育经费投入地区差异有增大趋势，包括在投资总量、来源结构、支付结构和生均费用四个方面，特别是农村义务教育投资存在着区域性不平衡。由于我国现行义务教育投资体制是主要由地方政府(主要是县、乡两级政府)负责管理和多渠道筹措资金的体制。义务教育主要由地方政府进行管理，义务教育经费也主要由地方政府进行承担。再加上我

国固有的地区间、城乡间经济发展不平衡的现实国情，这决定了义务教育经费投入在地区间存在着很大的差异，尤其是农村义务教育存在着区域性的不平衡，并且这种差异和不平衡有扩大的趋势，这严重地影响到了义务教育事业的均衡健康发展。

(2)对策建议

①转变义务教育的投资体制，突出国家义务教育主体地位，加大政府教育经费投入力度。

义务教育属于社会公共事业的性质决定了义务教育投资的主体是国家，对义务教育的投资，教育财政拨款是主要的，也是根本性的。我国目前义务教育管理从体制上把管理的重心下移给地方政府的同时，也将义务教育经费筹措的责任压在了各级政府的肩头。中央、省级政府对义务教育的投入非常有限，绝大部分经费由地方政府负担。在各地经济发展不平衡，加之国家对地方财政性义务教育投资缺乏宏观指导与调控的背景下，造成了义务教育投资的不平衡，从而加大了各地区之间义务教育发展水平的差距。

要想从根本上解决存在的问题，必须进一步明确国家对于义务教育投资的主体地位，大幅度提高中央、省级政府对义务教育投资的力度，逐步完善国家宏观调控和财政转移支付制度。

a. 通过转移支付制度使财政参与义务教育资源的配备。

b. 使转移支付资金成为义务教育发展的稳定财源，使地方政府不必因为通过多种渠道筹措资金，造成实际上政府责任的转嫁和加剧地区间的不平衡。

c. 通过确定国家财政转移支付中用于发展义务教育的比例，努力做好对贫困地区和少数民族地区的转移支付工作，拓宽在政府宏观调控下的市场参与力度，畅通义务教育经费筹措渠道，确保义务教育投资的“公平”“均等”，使适龄儿童接受平等的义务教育权利得以真正实现。

②实施区域发展非均衡投资战略，加强中小学薄弱学校的建设。

a. 强化中央政府的责任，增强对老少边穷地区基础教育特别是义务教育的投入，合理设置学校，改善教学条件，提高教学质量，确保适龄儿童能够接受义务教育，并适当提供一些补助，降低学生入学的教育成本。

b. 各级政府追加对非重点学校的投资，尽量消除在义务教育阶段所谓重点与非重点学校之间的差距，保证适龄儿童在公平的环境下接受义务教育。

c. 采取有效措施加强薄弱学校的领导班子建设，建立学校领导干部轮换与交流制度，配备管理能力强，业务水平高的优秀干部，鼓励优秀中小学教师及优秀毕业生到这类学校任教。

d. 建立和逐步落实帮扶责任制，使发达地区与落后地区建立长期稳定的帮扶关系。

e. 合理配置有限的经费，确定科学的投资比重。

长期以来，我国存在管事业发展的部门不管经费，管经费的部门不管事业发展的不良现象，进而造成了本来就有限的经费不能及时、合理地投入到事业发展最需要的地方去，促使义务教育投资效益不高。因此，要改变这种现象，必须合理配置经费。在经费投入的过程中，实行保证教育投资优先的原则、对义务教育实行高投入的原则、从实际出发保持投资逐步提高的原则。

第 10 章　教师人事行政

一、单项选择题

1．提高教育质量的关键在于(　　)。

A．教育课程行政　B．教师人事行政　C．学校组织管理　D．学校质量管理

【答案】B

【解析】教师人事行政就是教育行政部门通过一系列的规范制度和措施，对教师的选拔、任用、调配、培训、考核、工资、奖惩及福利待遇等事宜所实施的管理。教师人事行政是开发教师人才资源的重要手段，可以对教师实施综合管理和优化配置，是提高教育质量的关键。

2．教师队伍管理的合理结构原则是(　　)。

A．从教师队伍的发展趋势出发，不断调整教学人员的结构

B．从教师队伍的整体效益出发，合理选择和配备教学人员

C．从教师队伍的基本特点出发，扬长避短，查漏补缺

D．从完成教学任务的需求出发，组织和安排教学人员

【答案】B

【解析】合理结构的原则是指在教师队伍管理中，从整体利益出发，合理选择和配备教学人员。一是要用人所长避之所短；二是要全盘考虑形成优势互补；三是要在保持稳定的前提下，不断注入新的活力，在流动中实现结构的合理化。

二、概念题

1．教师资格制度

答：教师资格制度是国家对教师实行的一种特定的职业许可证制度。教师资格是国家对专门从事教育教学工作人员的最基本要求，它是公民成为教师的前提条件。当今世界上许多国家都实行教师资格制度，意在借此促进教师职业专门化，提高教师的社会地位，从而更好地建设和发展教师队伍。1993 年颁布、1994 年施行的《教师法》和 1995 年颁布并施行的《教师资格条例》中，对教师资格做了明确而详尽的规定。①教师资格的条件：a．必须是中国公民；b．必须遵守宪法和法律，热爱教育事业，具有良好的思想品德；c．必须具有教育教学能力，包括进行教育教学所必要的身体条件；d．具有规定的学历或者经国家教师资格考试合格。②教师资格的认定。达到了上述教师资格条件，并不意味着自然取得教师资格，还必须经过法定机构的认定，才能取得教师资格。对此，需要注意以下几点：a．认定教师资格，应当由本人提出申请。b．不同的教师资格分别有不同的认定机关，如幼儿园、小学和初级中学教师资格，由申请人任教学校所在地的县级人民政府教育行政机关认定；高级中学教师资格经县级政府教育行政机关审查后，还要报上一级教育行政机关认定。

c. 认定机构有一定的时间限制。教育行政机关或者受委托的高等学校在接到公民的教师资格认定申请后，应当对申请人的条件进行审查；对符合认定条件的，应当在受理期限终止之日起 30 日内颁发相应的教师资格证书；对不符合认定条件的，应当在受理期限终止之日起 30 日内将认定结论通知本人。

2. 教师专业化

答：教师专业化是指教师职业具有自己独特的职业要求和职业条件，有专门的培养制度和管理。它的基本内容包括：①教师专业既包括学科专业性，也包括教育专业性，国家对教师任职既有规定的学历标准，也有必要的教育知识、教育能力和职业道德的要求；②国家有教师教育的专门机构、专门教育内容和措施；③国家有对教师资格和教师教育机构的认定制度和管理制度；④教师专业发展是一个持续不断的过程，教师专业化也是一个发展的概念，既是一种状态，又是一个不断深化的过程。

3. 教师工资制度

答：教师工资制度是指中国实施的关于教职工工资的规定和办法。中华人民共和国成立后，20 世纪 50 ~ 70 年代实行职务等级工资制，1985 年开始实行以职务工资为主要内容的结构工资制，其特点是把工作人员的工资待遇同本人负担的实际职务密切结合起来。所谓结构工资，是由基础工资、职务工资、工龄津贴和奖励工资四部分组成。中小学、幼儿教师同时实行教龄津贴。高等学校教学人员职务名称按教授、副教授、讲师、助教分列；实验人员按高级实验师、实验师、助理实验师、实验员分列；科研人员及其他各类专业技术人员，按国务院有关部门确定的职务名称系列分列。中小学教学人员职务名称按高级、一级、二级、三级教师分列。高等和中初等学校行政管理人员也有相应的职务名称，职务工资以职务确定。工资的前三部分按国家统一标准规定，奖励工资以个人劳绩而定。工龄和教龄工资标准统一，数量因工龄和教龄长短而异。1993 年 10 月后实行职务等级工资制，与国家机关职务级别工资制脱钩，以体现教育事业单位特点。教学人员工资由职务等级工资和津贴两部分构成。职务等级工资为工资构成中相对固定的部分，占工资的 70%，主要体现工作能力、责任、贡献、劳动的繁重复杂程度，适当体现年龄差异；津贴具有浮动工资的职能，主要体现各类人员岗位特点、工作实绩和劳动的数量与质量，占工资的 30%。这次工资改革，具体贯彻了《中国教育发展纲要》的精神，落实了《教师法》中的有关规定，较之 1985 年的工资改革有了实质性的进展。

4. 教师考核

答：教师考核是指学校和其他教育机构根据国家制定的教师职务任职条件和职责，运用定性和定量结合的方法，对教师工作进行定期与不定期的考查与评价。《教师法》确立了我国实施教师考核制度。教师考核是教师管理中一项经常性、基础性的工作。其目的与作用在于：为教师的使用、培训、晋升、提级提薪、奖惩提供依据；引导教师按教育规律办事，以提高教育质量。根据《教师法》的规定，我国负责教师考核的机构是聘任教师的学校或其他教育机构，教育行政部门对教师考核工作进行指导、监督。教师考核内容包括政治思想、业务水平、工作态度、工作实绩四个方面。考核的方法，按形式分为教师自评法、学生评价法、教师相互评价法。我国《教师法》在总结我国的教师考核实践经验基础上，借鉴国外有益的理论与尝试，提出了实施教师考核的两项原则，即公正、客观、准确的原则和充分听取意见的民主性原则。

5. 教师聘任制度

答：教师聘任制度是由学校或者教育行政部门根据教育教学需要设置工作岗位，聘请具有教师资格的公民担任相应教师职务的制度。其特点是任职条件因需要而定，聘任双方均有相应的权利与义务，双向选择，地位平等，任职期限固定，任务与酬金明确，聘任期满后根据本人表现、工作能力、单位工作岗位需要，决定去留。《教师法》规定：“学校和其他教育机构应当逐步实行教师聘任制。教师的聘任应当遵循双方地位平等的原则，由学校和教师签订聘任合同，明确规定双方的权利、义务和责任。”其基本内容包括：①学校根据教育教学和科研工作的需要，设置相应的教师职务岗位，并规定其明确的职责；②在定编定员的基础上确定各级教师职务的合理结构比例；③由学校校长在具有相应教师任职资格的教师中择优聘任；④学校和教师双方遵循地位平等的原则，签订聘任合同，明确双方的权利、义务和责任；⑤教师职务有一定的任期，教师在任职期间，领取相应的职务工资。

三、简答题

1. 在教师评价中所坚持的“公正原则”的含义是什么？它在教师管理实践中有什么意义？执行时的要求是什么？

答：(1)“公正原则”的含义

公正原则就是在教师评价中，实事求是，按照实际情况进行考核，不带任何偏见、私见，不凭主观意志做出判断，使评价结果与事实相符合。

(2)“公正原则”在教师管理实践中的意义

①有利于保护教师的工作积极性，使考核发挥奖优惩劣的激励作用。教师评价是学校人力资源管理的重要环节，它是对教师工作的诊断和总结，坚持公正原则能使教师认识到自身工作的不足和优点，能保护教师的积极性，使大家共同提高绩效，提高教学质量。

②有利于建设团队，形成良好的校风。评价是组织中重要的管理手段，具有风向标作用，公正的评价能使教师形成互助、和谐、团结的组织氛围，进而形成良好的校风。

③有利于体现教师的个体价值。学校是文化单位，是知识分子群聚的社会组织。教师劳动的精神活动性质和为人师表的自我意识，使得他们特别重视自我的价值，重视个人的声誉和个人在组织中的地位，要求获得别人的尊重，也期待有良好的人际关系。公正评价有利于他们体现自身的价值。

(3)教师评价中坚持“公正原则”的要求

①贯彻这条原则，要求考核主体克服凭印象、凭经验的主观臆断，而是注重调查，尊重事实，坚持以评价标准为尺度进行考察鉴定。

②要求考核主体要充分注意和结合自己学校的工作环境、学生特点等具体情况和实际水平对学校内教师个体进行综合评价。

③要求考核主体有科学合理的绩效考核工具，精细、明确的考核指标体系，考核工具要有较高的信度、效度，这样才能真正考核出教师的实际绩效。

2. 教师管理应遵循哪些基本原则?

答: 教师管理的原则是指在教师管理活动中必须遵循的基本要求和活动规范。它是进行教师管理活动的具体指导思想，也是衡量教师管理活动的具体工作标准。教师管理要达到预期的目的，就必须根据教师的特点，结合人事管理的一般规律，贯彻执行以下几条原则：

(1)选贤任能的原则

教师管理的选贤任能的原则是指在教师管理工作中，根据德才兼备的标准来选拔和任用教师。选贤任能的原则要求教育管理者在教师管理工作中，严格把握质量关，真正把那些具有较高素质的教师选拔到教师队伍中来，同时根据不同教师的特点合理安排好工作，发挥每一位教师的作用。

(2)合理结构的原则

教师管理中的合理结构原则是指在教师管理工作中，从整体效益出发，合理选择和配备教学人员。既要充分发挥每一位教师的作用，又要提高教师管理的整体效益。合理结构的原则要求教育管理者，一是要不拘一格地使用具有不同条件的教师；二是以目标为根据，形成一个教师的整体；三是要保持教师队伍的正常流动，在正常的流动中，不断重新有效地配置教师资源，在流动中实现结构的合理化。总之，教师队伍的合理结构，就是要使教师队伍的数量结构、质量结构、年龄结构、能力结构、专业结构、性格结构、知识结构等趋向合理化。

(3)教育激励原则

教师管理的教育激励原则是指在教师管理工作中以教师为中心，充分发挥管理的教育作用，正确采用各种激励机制，在管理中促进教师思想觉悟的提高。教师管理中的教育激励原则要求人们，一是对于学校领导人员来讲，在教育的问题上，尽可能为教师提供培训提高的机会，用人与育人相结合；在激励的问题上，表扬与批评相结合，运用各种激励手段和机制，调动教师工作的积极性。二是对于教师来说，应加强管理中的自主性和自觉性，通过自我教育、自我管理来提高自己的水平和能力；在与其他教师的关系上，互相学习，取长补短，严于律己，宽以待人，达到共同提高的目的。三是在运用教育和激励原则的时候，必须注重教师的需要问题。

(4)绩效的原则

教师管理中的绩效原则，是指在教师管理工作中重视教师管理的工作成果和工作效率，并且以对学校实际贡献的大小作为衡量、评价和奖惩教师的标准。绩效的原则要求教育管理者：一是应该制定科学、公正的评估标准；二是实行严格的岗位责任制，引进竞争机制；三是建立科学的考评制度。对教师的考核要规范化和制度化，严格执行各种制度，做到奖惩合理、赏罚分明。

以上原则是教师管理中必须遵循的原则，反映了人们现阶段的认识水平和管理水平。随着学校管理的不断向前发展，人们对教育管理原则的认识也会不断加深，也更能准确反映教师管理的规律，从而更好地指导教师管理工作。

3. 你认为教师是一种专门性的职业吗？为什么？

答: 我认为教师是一种专业性的职业。这是因为：

(1)教师作为一种职业，是在一定的历史条件下产生的。其中的促成因素主要有以下几个方面：人类教育活动，尤其是学校的出现，是教师职业产生的基础；社会生产力的发展是教师职业产生的根本原因；统治阶级的要求，是教师职业产生的重要原因。

(2)教师职业的专业化是一个不断发展的过程。随着人类社会的发展，人类教育由简单到复杂，不断地对教师的社会功能、职业素质、职业角色等提出新的要求，使教师职业变得越来越复杂、越来越专业化。教师职业的专业化过程大体上可以分为以下三个阶段：教师职业的非专门化阶段；教师职业专门化的初级阶段；20世纪60年代以后，教育面临着一系列的挑战，教师的素质问题受到空前的关注，促使教师的发展从最初的满足于数量转变为提高质量，这成为进一步推动教师专业化的动力。

(3)根据学术标准衡量，教师是一门专门性的职业。社会学者根据职业的本质、特征将其划分为专门职业和普通职业。作为专门职业具有三个基本特征：一是需要专门技术和特殊智力，在职前必须接受过专门的教育；二是提供专门的社会服务，具有较高职业道德和社会责任感；三是拥有专业性自主权或控制权。根据学术标准衡量，教师职业是一种专门性职业，它需要经过专门的师范教育训练、掌握专门知识和技能、通过培养人才为社会服务。

综上所述，教师作为一种职业是在一定的历史条件下产生的，教师职业的发展过程就是教师职业的专业化过程，教师需要经过专门的师范教育训练、掌握专门知识和技能、通过培养人才为社会服务。因此，教师是一门专业性的职业，并且是一门专业性很强的职业。

4. 简述教师心理挫折产生的条件及其预防机制(挫折后的表现)类型。管理者如何对待和帮助教师调整挫折情绪和行为?

答：(1)教师心理挫折产生的条件

教师心理挫折通常在以下情况中产生：

①当理想与现实发生冲突时。对社会的认识过分理想化时，一旦见到丑恶现象或不公平的现实，则容易感到失望。

②成就需要强烈而成功的可能性不大时。如果教师对自己的要求超出个人的能力或环境所允许的条件，或学校对教师提出的要求过高造成过重压力时，都会产生强烈的不安和失败感。

③当教师面临多种角色期待，而这些期待之间互相矛盾和冲突时，可使教师产生挫折感。

④当教师产生工作中的失落感、疏远感时。如果教师对所在组织和人群缺乏归属感，人际关系不佳，或工作环境恶劣而个人无能为力时，都会产生这种感觉。

(2)教师心理防卫机制的类型

面临挫折和冲突，有人可能面对现实，积极想办法去解决，有人可能产生一些摆脱挫折困扰的心理防卫，以消除和减轻焦虑状态。这些心理防卫机制有：合理化、改变目标、暂时转移注意中心、压抑、投射、文饰、逃避和自居。前三种反应属积极性的，而后边几种则表现消极，长期存在会形成不良的心理品质。

(3)对待和帮助教师调整挫折情绪和行为的对策

管理者可从以下几个方面入手，帮助教职工消除遭受挫折后的不良情绪或不佳表现：

①要正确认识和理解教师的挫折及表现。管理者对受挫者的不佳表现要豁达大度，满腔热情地给予帮助，创造解决问题的气氛，而决不能疏远或打击。

②创造条件让受挫者将情绪释放出来。可以通过私下交谈或开会，让他们诉说自己的不满，也可以暂时回避让其发泄。

③针对受挫原因，改善受挫者的处境，尽可能消除那些引起挫折和冲突的因素。

④对教职工进行思想教育，引导他们树立正确的世界观、人生观，让他们正确对待挫折，培养不畏困难、百折不挠、乐观进取的精神。

5. 从管理角度说明如何解放和发挥教师集体、个人在教育、教学中的创造性？对你的观点作简要的理论说明。

答：教师在教育的过程中处于主导地位，解放和发挥教师集体、个人在教育、教学中的创造性对于提高教育、教学的质量和效益有重要意义。解放和发挥教师集体、个人在教育、教学中的创造性要从以下方面着手：

(1)加强政治思想教育，提高教职工的思想境界

对教师的教育和引导要注意理论的深刻性和实事求是。教师作为有较深知识和理论修养的人，他们希望能听到科学地阐明社会发展规律的理论。对教师的教育一定要讲实话。

要树立榜样，以供教师学习。领导干部特别要注意以身作则，为人师表。这两者都做到了，会使教师产生认同感，觉得自己应该努力工作。

(2)为激发教职工直接工作动机和间接工作动机创造条件

管理心理学认为，个体动机可以区分为指向不同需要的两种类型。一类是直接工作动机，这类动机与工作对象的意义、性质、内容、过程和成果有关，人们从对工作的参与中获得某种满意的感受，使有关的需要得到满足，从而产生积极性。另一类动机是指向工作以外需要的动机，这类动机包含获得物质和精神奖励，如工资、奖金、表扬、荣誉称号及职务和职称的晋升等，还包括对良好的社会环境和学校条件追求和向往等。

这两类不同动机对调动人们的积极性，其作用是不同的。指向工作意义、内容的动机无疑更能激发人们的工作主动性和创造性，但还要看它的强度如何。间接性工作动机能否激发人们的积极性，还要看个体对它们需要的程度和它们在一个什么样的管理结构中发挥作用。比如，工资制度如果是在平均主义管理的结构中执行，无疑极少具有激励作用；但如果是在一种按劳取酬的竞争环境中执行，那么就能起到调动人的积极性的作用。

教职工是在一个文化环境中从事工作的，他们的工作特点和所受的文化教育造成他们对成就的需要、自尊的需要、知识的需要更为强烈。在调动教师的积极性时，应充分注意这些特点，全面地、辩证地对待教职工的这两类动机。具体做法是：

①创造条件，发挥教师的主动性和创造性。可以向教师提出挑战性任务，比如，解决教育教学上的难点，让他们发挥聪明才智去寻求解决的办法；可以让教师在力所能及的范围内承担多样化的工作，满足其智力上的多方面需要；可以提高工作的整体性，给教职工个人以更大范围内的连续性责任(如让教师教一个班，从初一到初三，使他们对学生初中阶段教育全面负责，在工作中充分发挥自己的创造性)；还应引导教师参与学校各项工作的管理，给他们充分发表自己意见的机会，使他们真正体验到自己的主人翁地位。

②在可能的情况下，应尽量照顾教师的兴趣，发挥他们的特长。这样他们不仅感受到

工作乐趣，还会体验到领导的关心和照顾。

③通过目标管理，给教师以更大的工作自主权，让教师在职责范围内自己选定恰当的方法去解决问题。领导者应尽可能少地直接插手教师的工作，必要的指导应在和谐的气氛中进行。

④形成良好的干群关系和教师之间、师生之间的人际关系，营造一种互相鼓励、互相严格要求、互相支持的团结、向上的学校气氛。

⑤恰当运用奖惩制度，建立和完善科学的、系统的晋升、提级制度和工资制度。奖酬制度能否起到作用，受到一系列条件的制约，这要引起领导者的注意。美国心理学家维克托·弗鲁姆的期望理论，指出激励水平的高低是被激励者的期望值和奖酬对他的效价共同作用的结果。期望值是指被激励对象对可能达到的目标或能获得的奖酬可能性的估计，如果主观上认为可能性大，积极性就会高，否则就会较低。效价是指被激励对象对奖酬的重视程度。由于人们的个性和条件不同，对奖酬重视程度也不一样。这一理论告诉我们，当物质和精神奖励强度不足以引起人们的兴趣或由于教职工个人对它们不感兴趣时，奖酬不会起到激发积极性的作用。

(3)处理好教职工的心理挫折

教职工在工作和生活中并不总是一帆风顺的。当遇到困难和矛盾时，容易产生心理挫折，导致情绪低落，影响工作积极性。领导者应该帮助教职工消除遭受挫折后的不良情绪或不佳表现，以使他们保持良好的情绪，提高工作的积极性和创造性。

6. 教师激励的重点是什么？

答：教师激励的重点是群体激励。这是因为：

(1)教师激励的基本目的是调动教师积极性，促进教育教学工作质量，加速实现学校预定的办学目标，而学校的教育教学工作是由学校全体教职员工共同承担的，学校教育教学工作质量的改善以及学校办学目标的实现也是以全体教职员工共同努力为基础。

(2)群体激励的优点在于，对于成绩并不突出的教师来说，集体获得的奖励肯定了他们的成绩，能够增强他们的信心。对于工作不太认真的教师，集体的荣誉也会使他们产生压力和动力，为维护集体的荣誉，他们在以后的工作中就会提高自觉性，严格要求自己，努力使自己的工作符合先进集体的标准，这就达到了更有效、更广泛地激发和调动全体教师工作积极性的目的。

7. 简述教师管理的基本内容。

答：教师管理是教育管理的一个重要领域。从历史的角度来看，教师管理的内容是随着教育事业的发展而逐渐丰富完善的。一般来说，现代教师管理的基本内容主要包括教师的任用、教师的评价、教师专业发展的领导和教师的激励等几个方面。具体如下：

(1)教师的任用

完整的教师任用应当包括新教师的招聘和在职教师的岗位聘任两个部分。

①新教师的招聘。为了满足教师管理制度改革的需求，保证新师资的质量，我国于1995年12月颁布了《教师资格条例》，以法规的形式对各级各类教师的资格分类、教师资格条件、教师资格考试及教师资格认定等做出了较为严密的规范。

②在职教师的岗位聘任，实行教师聘任制，它是指在符合国家法律制度的情况下，聘任双方在平等自愿的前提下，由学校或者教育行政部门根据教育教学岗位设置，聘请有教师资质或教学经验的人担任相应教师职务的一项教师任用制度。1995 年颁布并施行的《教育法》和 1993 年颁布、1994 年施行的《教师法》充分肯定了这种教师任用方式。并将其确定为我国今后教师任用的基本方式。

(2)教师的评价

教师评价是在正确的教育价值观指导下，对教师素质、教学行为、工作过程和工作效果进行描述和价值判断的过程。其基本要求是：

①强调对教师进行综合评价，用动态的、发展的眼光，对教师工作的各个环节进行系统的、全程的、较长时间的、循环往复的评价。

②注重教师的个体差异。

③明确教师在评价中的主体地位。要尊重教师在评价中的主体地位，充分调动每个教师的主动性、积极性、自觉性。

④处理好教师评价中的三对关系：一是显性与隐性的关系，不仅要对出勤、课时、班级成绩、发表论文数量、参加进修情况等显性工作进行评价，还要注重如对学生的品德教育、思想熏陶等隐性工作的评价；二是定量与定性的关系，隐性工作以及一些显性工作无法用量化的指标进行评价时，需采用定性的方法进行评价；三是结果与过程的关系。

(3)教师专业发展的领导

对于教师专业发展，20 世纪 90 年代末，我国一些地方开始实行校本教师培训。校本培训是指一种由学校自行策划、自行组织、自行实施、自行考核的教师培训模式，其核心在于教师培训的自主化和个性化，完全服务于本校的实际需要，培训内容和形式根据本校及本校教师的特点来编制设定，培训者基本由本校的教师来担任。

(4)教师的激励

我国的广大教育管理者将教师管理引入激励理论，创造了多种行之有效的教师激励策略，其中包括物质激励、目标激励、制度激励、情感激励、榜样激励以及信息激励等。教师激励可分为个体激励和群体激励，而重点在于群体激励。教师激励的重点在于群体激励。群体激励不是要搞平均主义，也不是主张平均分摊教育资源，而是要在考虑全面的基础上突出重点，以有限的资源投入，换取最大的激励效应。

四、论述题

1. 谈谈学校管理中应如何有效地实施教师评价。

答：教师评价是在正确的教育价值观指导下，对教师素质、教学行为、工作过程和工作效果进行描述和价值判断的过程。教师评价的任务是对包括教师活动中抽象存在物和非抽象存在物等评价对象做出价值判断，并为教育决策提供依据。教师评价的目的在于方便决策，为改进教学和教师管理提供依据，达到促进学校发展、教师成长和发展的目的，以获得最大的教育功效。在学校管理中，有效地实施教师评价需做到以下几点：

(1)强调对教师进行综合评价

对教师进行综合评价就是用动态的、发展的眼光，对教师工作的各个环节进行系统的、全程的、较长时间的、循环往复的评价。教师从事的教育活动是一个长期复杂的过程，工作中的任何成绩都是日积月累的结晶，绝非一朝一夕的产物，仅仅依靠单项评价不可能真实反映教师工作的整个发展过程，也必然导致评价结论与教师实际工作表现的偏差。因此，有效的教师评价必须是综合评价。

(2)在评价中注重教师的个体差异

由于教师在个性心理、职业素养、教学风格、交往类型和工作背景等方面都存在较大差异，因此，评价应根据这种差异，确立个性化的评价标准、评价重点以及选择相应的评价方法，有针对性地对每位教师提出改进建议、专业发展目标和进修计划等。只有这样，才能充分挖掘教师的潜能，发挥教师的特长，更好地促进教师的专业发展和主动创新。

(3)明确教师在评价中的主体地位

教师既是评价中的客体，又是评价中的主体。因此，要尊重教师在评价中的主体地位，充分调动每个教师的主动性、积极性、自觉性。这样才能使评价的过程真正成为教师的自我认识、自我分析、自我改进、自我完善和自我教育的过程，使教师评价达到预期的目的。

(4)处理好教师评价中的三对关系

教师评价中的三对关系：一是显性与隐性的关系，不仅要对出勤、课时、班级成绩等显性工作进行评价，还要注重诸如对学生的品德教育、思想熏陶等隐性工作的评价；二是定量与定性的关系，对隐性工作以及一些显性工作无法用量化的指标进行评价时，需采用定性的方法进行评价；三是结果与过程的关系，通常结果优劣与过程的好坏是一致的，但某些情况下，教师工作结果并非工作过程的真实反映。在学校管理中，有效地实施教师评价就需要正确处理这三对关系。

2．试论我国中小学教师的聘任制改革问题。

答：中小学教师聘任制是我国为适应社会主义市场经济发展而进行的教师任用制度改革的重要组成部分，它是聘用双方在平等自愿的基础上，用人学校或教育行政部门根据教育教学的需要设置工作岗位，聘请具有教师资格的公民担任相应教师职务的一项重要人事管理制度。

(1)遇到的问题

①聘任制执行中存在权力监督缺位问题：单位领导人裁量权过大，导致人身依附关系强化，“关系聘任”等非规范行为滋生，违背了聘任制的公平初衷。

②人事管理体制僵化问题加剧：聘任制未有效破解“单位所有制”，反而通过刚性合同等方式固化人才归属，使人事管理结构更趋封闭，难以适应人才动态配置需求。

③人才流动机制不畅：受多重约束(如编制、合同、区域社保差异)影响，教师跨校、跨区域流动的渠道未真正打通，聘任制促进人才合理流动的作用未充分发挥。

④改革协同性不足：中小学教师聘任制改革与社会配套改革(人事、社保、编制等)脱节，形成“单兵突进”局面，制约了劳动人事管理的开放化转型，阻碍了整体改革深化。

(2)解决的办法

①完善学校内部人事管理体制，必须以校长的领导素质为前提。

②要建立公平的竞争机制。每个教职工在竞争面前人人平等，只以能力高低为用人的唯一标准。

③要建立一个有效的内部调节机制。

④为教师的成长提供发展机会。学校内部为教师尽可能地在业务培训与提高、升迁等方面提供发展的机会，并给其与职位职称相对应的各种合法权利。

⑤要大力提倡爱岗、敬业和奉献精神。要做好教职工的思想政治工作，尤其是落聘人员的工作。尊重教师、理解教师，把消极因素转化为积极因素，调动教师献身教育事业的积极性。

⑥实行结构和动态工资制。

3. 谈谈中小学绩效工资制的基本内容及完善措施。

答：绩效工资是指将工作人员的薪酬与个人或组织的工作业绩、业务成果直接挂钩的工资形式，其实施通常需要建立科学的业绩评价体系，但并非必然依赖“完全量化”(部分定性工作可通过综合评估纳入考核)。我国教育部于2006年发布《关于印发〈高等学校、中小学、中等职业学校贯彻〈事业单位工作人员收入分配制度改革方案〉三个实施意见〉的通知》，明确提出中小学实行岗位绩效工资制度。该制度规定，岗位绩效工资由岗位工资、薪级工资、绩效工资和津贴补贴四部分构成，其中岗位工资和薪级工资属于基本工资，实行全国统一标准；绩效工资则根据工作人员的工作实绩和贡献大小进行分配，体现激励导向。

(1)中小学绩效工资制的基本内容

①岗位工资，主要体现工作人员所聘岗位的职责和要求。工作人员按现聘用的岗位执行相应的岗位工资标准。主要岗位有：专业技术人员，管理人员和工人。

②薪级工资，主要反映工作人员的工作表现和资历。专业技术人员和管理人员设置65个薪级，工人设置40个薪级，每个薪级对应一个工资标准，不同岗位设有不同的起点薪级。中小学工作人员根据本人的套改年限、任职年限、所聘岗位及工作表现，确定相应的薪级工资。

③绩效工资，主要体现工作人员的实绩和贡献，是收入分配中活的部分。国家对绩效工资分配进行总量调控和政策指导。地方各级政府人事、财政部门和教育主管部门根据本地区中小学实际制定实施办法，调控本地区中小学绩效工资总体水平。各级教育主管部门根据所属中小学的社会公益目标任务完成情况、绩效考核情况、事业发展和岗位设置等因素，具体核定各中小学绩效工资总量。各中小学在核定的绩效工资总量范围内，按照规范的分配程序和要求自主分配。

④津贴补贴，分为艰苦边远地区津贴和特殊岗位津贴补贴。艰苦边远地区津贴主要是根据自然地理环境、社会发展等方面的差异，对在艰苦边远地区工作生活的工作人员给予适当补偿。特殊岗位津贴补贴主要体现对事业单位苦、脏、累、险及其他特殊岗位工作人员的政策倾斜，主要有中小学教龄津贴、班主任津贴、特级教师津贴、特殊教育津贴、工读学校补贴等。

(2)完善措施

中小学绩效工资的执行实施过程中有其不足的地方。为此，实施一些有效措施以进一步完善绩效工资制迫在眉睫，提出以下措施建议：

①加强依法行政的政府督查、行政监察、人大检查以及教育督导工作。对中小学绩效工资制实施中不到位的，将对县市区的有关责任人进行弹劾或勒令引咎辞职的实施纳入政

府督查、行政监察、人大检查的常规工作，来保证党和政府的公信力依法行政的执行力。

②正确解释绩效工资，重建制度实施的价值导向。一要正确引导社会舆论，绩效工资是党政依法治教的一种体现，是政府应尽的责任和义务。二要实施教师绩效工资制度改革，重建全社会对教师职业的普遍尊重。

③修订教师绩效工资制度实施的指导性文件。当前绩效工资制度在实施过程中仍存在考核标准模糊、分配机制不合理、激励效果不显著等问题，亟需通过修订和完善政策指导文件予以规范和完善。修订应重点关注以下方面：明确绩效评价标准与指标体系；优化绩效工资分配与发放机制；规范实施程序与监督管理；健全争议调解与反馈机制。

4．试述中小学教职工聘用合同制改革。

答：聘用合同制，也称聘任制，是指学校与被聘用教师签订合同，由学校发给聘书，明确在一定时期内给予任用的方式。

(1)中小学教职工聘用合同制改革的背景

中小学教职工聘用合同制改革的推行，具有深刻的社会与制度背景。新中国成立后，在长期实行集中统一的教育行政管理体制下，教师的任用主要采取派任制方式，即由上级教育行政及组织人事部门按计划统一分配和委派教师至学校。该制度虽具有手续简便、有利于教师队伍稳定和行政统筹管理等优点，但也存在明显缺陷：学校缺乏用人自主权，教师派用与实际教学需求容易脱节，并在一定程度上削弱了教师的竞争意识和专业发展动力。

改革开放以来，随着计划经济向社会主义市场经济转轨，教育事业管理体制不断深化变革，传统派任制难以适应新形势下优化教师资源配置、激发办学活力的要求。因此，各地中小学逐步探索教师任用方式的改革，试行聘任制度。这一改革方向得到了国家法律和政策的确认与支持：1993 年颁布、1994 年施行的《教师法》明确规定“学校和其他教育机构应当逐步实行教师聘任制”；1995 年颁布并施行的《教育法》进一步为教师聘任制度提供了法律依据。此后，《深化干部人事制度改革纲要》(中共中央办公厅)和《关于加快推进事业单位人事制度改革的意见》(中组部、人事部)等一系列政策文件均明确提出要加快推进包括中小学校在内的事业单位人事制度改革，全面建立和推行教职工聘用合同制度。目前，该项改革已在全国范围内广泛实施。

(2)中小学教职工聘用合同制的原则和内容

实行中小学教职工聘用合同制的原则主要有：

①公开、平等的原则。它要求学校和教职工必须在合理合法的情况下，依据有关法律和改革精神，本着公开、自愿、平等的原则签订聘用合同。

②按编制聘用的原则。它要求学校用好选人的权力，按照学校的实际需要确定聘用教职工的数量，“依岗定人”，不必“照单全收”。

③竞争上岗、择优录用的原则。在各岗位的聘任中，要根据教职工的业务素质、能力条件和工作态度等决定岗位，不必看资历、看情面，实行竞争上岗、择优录用。

中小学教职工聘用合同的主要内容有：合同期限；工作内容；劳动保护和工作条件；工作纪律；合同终止的条件、违反合同的责任等。这些内容必须公平地符合每一方的利益。

(3)中小学教职工聘用合同制的意义

①推行中小学教职工聘用合同制改革是适应市场经济体制的需要。我国实行的市场经

济制度，已经影响到了社会生活的每一个部分，因为经济基础对"上层建筑"有极大的影响力。学校的办学也必须符合市场经济准则，但不是商业化的追求，而是对"利润"——教育价值的最大化追求。所以，对教育的改革，必须包括人事制度的改革。推行中小学教职工聘用合同制，真正实现了学校用人制度的最优化，对学校的发展，乃至对整个教育的发展优化起到了重要的推动作用。

②推行中小学教职工聘用合同制改革符合社会发展的趋势，建立起了学校、校长和教师的有效流动和激励机制。对于学校和校长，这一改革使他们获得了选拔人才的有效通道，可以激励教师之间的竞争，提高学校的办学质量；同时，"依岗定人"也可以节省可观的教育经费，有利于提高教师待遇、营造良好的工作生活环境。对于教师来说，这样的改革可以使他们一定程度上"恢复人身自由"，他们可以选择那些教师福利待遇好的、教师发展有前途的、教育环境和机制好的学校，他们可以实现工作和评价成正比，这将进一步激励教师提高自身的素质，成为他们永不满足的不竭动力。

总体而言，教师的聘任制是我国深化教育管理体制改革的产物，较之教师的派任制确有许多优越性，但它在我国毕竟实践时间不长，尚有许多不完善之处，必须努力在实践中去完善与发展。

5. 典型的激励理论有哪些？从这些理论出发，谈谈如何调动教职工的工作积极性？

答：激励理论，旨在通过系统化的方法激发教职员工和学生的学习与工作动机，引导、维持和规范其行为，以提高教育组织绩效和实现育人目标。其核心是回答"什么因素能激发人的积极性"以及"这些因素如何发挥作用"。

(1)典型的激励理论

①需要层次理论。需要层次理论是一种从人的需要出发探索激发人的行为动机规律性的理论。美国的心理学家和行为科学家马斯洛把人的需要分为七种，分别为：生理的需要、安全的需要、归属与爱的需要、尊重的需要、求知与理解的需要、美的需要和自我实现的需要。他认为，人的行为都由这七类需要所驱动，这些需要构成一个多层次的动态系统，由低级到高级逐级形成、发展和满足。生理、安全、归属与爱的需要是处在低级层次的需要，低级层次的需要在相对满足之后才会产生高一级的需要，而尊重的需要、自我实现的需要是高级需要，对人的积极性具有更稳定、更持久的作用。

②双因素理论。美国心理学家赫兹伯格提出保健因素和激励因素理论即双因素理论。他认为，影响人的积极性的种种因素分为保健因素和激励因素两类。保健因素是对职工的积极性起保护作用的因素，如工资、生活福利、住房条件、工作环境、安全保障等等。保健因素不能直接起激励职工的作用，但有预防职工不满的作用。激励因素是能激发职工的积极性，可以使积极性大幅度提高的因素，如事业心、责任感、领导赏识、职务提升等，这种因素的改善，就能对职工产生直接的激励作用，能够调动职工的积极性。

③期望理论。美国的心理学家弗鲁姆提出了期望理论。他认为，管理的激发力量等于效价与期望值的乘积。所谓激发力量是指调动人的积极性，激发人内部潜力的强度；效价是指达到目标对于满足个人需要的价值；期望值是指根据个人经验判断一定的行为能够导致某种结果和满足的概率。期望理论注重强调激励应当始终建立和保持一种预期的气氛，使工作激发力保持在必要的水平上。

④目标设置理论。洛克提出的目标设置理论强调目标设置对人的行为动机起决定作用。这种理论认为，目标是引起行为的直接动机，因而设置合适的目标会促使人们产生想达到该目标的内在需要，从而产生强烈的激励作用。

⑤强化理论。美国心理学家斯金纳提出了操作性条件反射论。他认为行为的结果有利于个人时，行为就会重复出现；不利于个人时，行为就会削弱、消退。他认为这可以通过外部控制调节人的行为。所谓“强化”就是对人们的某种行为给予肯定和奖励，使其发扬、巩固，或者对某种行为给予否定和惩罚，使其减弱、消退。前者称之为正强化，后者称之为负强化。正强化的激励方法主要是表扬和奖励，负强化的激励方法主要是批评和惩罚。

⑥公平理论。公平理论是美国心理学家亚当斯提出的。亚当斯认为，职工被激励的程度不仅受到其所得的绝对报酬的影响，而且还受到相对报酬的影响。职工不仅会把自己付出的劳动或贡献和所得报酬的比值进行横向比较，还会把自己现在付出的劳动或贡献和所得报酬的比值进行纵向比较。如果两种比较的结果相等，就会产生公平感；如果两种比较的结果不相等，就会产生不公平感。公平感和不公平感对人的积极性产生很大影响。

⑦人际关系理论。美国心理学家梅奥等人认为，人不仅仅是单纯追求物质利益的“经济人”，而且是具有社会心理需要的“社会人”。职工的积极性主要决定于社会因素和心理因素，以及职工与管理人员之间的人际关系是否融洽，而物质环境和物质刺激则是次要的。

上述这些西方激励理论虽然是适应资本主义现代化生产发展需要的管理理论，但是也反映了某些客观规律的科学性。学习和借鉴西方的这些激励理论，对于充分调动和发挥高校教职工的积极性与创造性是十分有益的。

(2)利用激励理论调动教职工积极性

①利益激励。教职工的需要是多层次的。学校应当尽可能去满足他们的实际需要，只要这种需要是正当的，都要尽力去解决。在满足教职工的物质需要的同时，要注意满足他们的精神需要。总的来说，就是充分考虑和照顾到教职工的切身利益。同时，也要对教职工的需要加以引导和调节，帮助教职工正确选择需要的目标和满足需要的手段。

②目标激励。目标是人的各项活动中所追求的预期结果在人的头脑中的反映，是人的动机体系中的一个重要成分，具有启动、定向、导向、调节、聚合等多种功能。设置适当的目标，就能够激发人的动机，可以起到鼓舞和激励作用，从而调动教职工的积极性。目标设置要具体，使人能感到方向明确；目标设置要具有竞争性，能引起单位之间、教职工之间的竞争，将会产生更大的激励作用。

③情感激励。人是万物之灵，人具有丰富复杂的情感世界。在学校里面，只有上下级之间、同事之间、师生之间的感情融洽，才会使教职工对学校产生强烈的信赖感和归属感，给教职工带来支持和力量。因此，教育管理者对待教职工应当始终有满腔的热情，始终能坦诚相待，要尊重教职工的人格，尊重教职工提出的意见和建议，尊重教职工的劳动。同时还要乐于关心和帮助教职工，使教职工感受到学校的温暖。

④奖惩激励。奖励能使符合社会期望和组织要求的行为得以增强、保持、巩固和发展，惩罚能使不符合社会期望和组织要求的行为得到尽快控制、减弱、消除和矫正。奖与惩共同构成对人的双向激励，一般来说，两者不可偏废。但是由于人人都有获得尊重的需求，因此要尽量多采用“正强化”激励，坚持以奖为主，以罚为辅，立足点应当放在正面激励上。

在物质奖励和精神奖励上，要坚持以精神奖励为主的原则，将精神奖励置于主导地位。奖励必须公正、公开，无原则的奖励起不到任何激励作用。

⑤竞争激励。竞争是调动一切潜能的动力。良好的竞争对教职工具有重要的激励作用。通过竞争，有助于树立新观念，增强主人翁意识，充分调动积极性、主动性和创造性，有助于增强学校内部的凝聚力，有助于人的个性发展和自我完善。竞争要注意提高教职工的思想觉悟，强化竞争意识，端正竞争态度，同时要创造良好的竞争环境和条件，并建立起公平竞争的有效机制。

⑥参与激励。让教职工参与学校的管理和目标决策是激励教职工工作积极性的重要方法。通过这个方法，有利于创造出一种良好的环境，协调各方面的关系，增强向心力和凝聚力，提高教职工的积极性。让教职工参与学校的管理和决策，要定期召开座谈会、讨论会等，发扬民主，依靠集体智慧，充分发挥教职工在各方面的优势。要确立教职工的主人翁地位，不断增强他们的成就感、荣誉感、责任感，进一步激发他们的积极性。

⑦榜样激励。每个人都在寻找自己的路标和学习的榜样，榜样的力量是无穷的。利用各类先进典型特别是在教职工身边的先进典型进行宣传教育，就会产生巨大的激励作用，使他们自觉或不自觉地产生与先进典型、理想形象相同的思想、情绪和行为，从而形成共同的态度、信念和价值观。

⑧环境激励。学校良好的环境对教职工影响很大，具有激励作用。环境激励主要是通过绿化、美化校园，创造一个优美的校园物理环境；在领导与群众之间、职工之间、师生之间、邻里之间建立起公正、公平、团结、友善的人际关系，创造和谐的人际环境；利用影视广播等宣传媒体建立起正确的舆论环境；还要注意建立一个教职工满意的政治环境，形成健康活泼的文化氛围。

五、材料分析题

材料：

新一届学校校长竞聘结束，宣布张校长任职后，张校长就开始思考县一中的教师聘任制改革问题。在征求学校其他领导的意见时，有人建议：为了使学校教学质量在短期内有一个快速的提升，取得大的进步，学校本次教师聘任应以有丰富教学经验的老教师为主，特别是50岁左右的教师要多选聘。但又有人不赞同，认为目前正值新课程实施初期，应以学历高、观念新的青年教师招聘为主。对此，张校长没有急于认同，表示要下去好好考虑。

问题：

(1)你同意以上哪一种观点，请予以说明？

(2)请你从系统原理的思想出发，为张校长就学校教师聘任改革，形成教师合理结构提出建议。

答：(1)我同意以学历高、观念新的青年教师招聘为主。原因如下：

①教师的聘任是关系到学校长期发展的工作，并不仅仅是使学校教学质量在短期内快速提升。因此，多聘用学历高、观念新的青年教师有利于学校的长远发展。此外，考虑到招聘的经济性，年轻教师的工资水平明显要低于年长教师，多招年轻教师也能节省一些经费。但是，这不应该作为重点考虑的因素。

②50 岁左右的教师有其优点，例如教学经验丰富，比较稳定等，但是又有不容易接受新事物的缺点。在新课程实施初期，如果 50 岁左右的教师占多数的话，将不利于改革的顺利进行。

③以学历高、观念新的青年教师招聘为主，并不是不需要年龄较大的教师。相反，年轻教师较多，更需要年龄较大、教学经验丰富的教师的指导。因此，学校在招聘过程中也必须招聘一些教学经验丰富，学习能力较强，乐于向年轻人传授经验的年长的教师。

(2)我的建议如下：

教育管理的系统原理表明，系统是按照一定的结构将系统的要素组合起来而形成的具有特定功能的整体。不同的结构形式决定了系统的不同功能，系统的某种特定功能反过来作用于系统的自身结构，成为矛盾的统一体。教师聘任过程作为一项整体性的活动，要使它产生最优化的结果，就必须依靠其基本的结构合理化和最优化。而结构又是指组织或系统内部各要素的构成形式，因而结构的优化又必须依靠这种构成结构的要素及其要素的组成形式的优化。根据这一原理，对张校长就学校教师聘任改革，形成教师合理结构提出以下建议：

①制定明确的改革目标，从整体上把握改革的方向。张校长应该明确此次聘任改革的目标，根据目标进行教师的聘任工作。如果教师聘任改革的迫切任务是提高学校教学质量、提高学生成绩，则应该多聘任教学经验丰富的教师；如果希望通过此次聘任来推进课程改革，则应该多聘任年轻教师。

②根据学校的发展目标调整教师队伍的结构。张校长可以先做一个学校发展的战略规划，并做出短期、中期和长期目标，根据各个阶段的目标来确定教师队伍建设。例如，根据学校长期规划，学校教师的年龄结构应该如何安排；根据学校学科发展的规划，各学科的教师比例应该如何确定等。

③张校长应将教师的聘任与今后教师的专业发展联系起来综合考虑。通过教师的聘任，要保证各个年级、各个学科既有教学经验丰富的老教师，也有观念新的年轻教师。而且应该考虑到在工作过程中如何对青年教师进行培训、如何促进年长教师业务水平上升等问题。

第 11 章　教育信息的管理与公开

一、单项选择题

1. 对信息最本质的要求是(　　)。

A. 完整性　　B. 相关性　　C. 真实性　　D. 即时性

【答案】C

【解析】真实性是对信息最本质的要求，但信息传递的链条越长、环节越多，信息失真的可能性就越大，每经过一个层级，就要被过滤一次。信息失真的原因有两方面：一是信息收集过程中由于技术和设备的缺陷，人员的经验与判断能力不足，以及环境的不确定性造成信息的失真；二是人为地虚报、瞒报导致信息的失真。信息不真实，不仅不能让公众正确地了解教育，反而会误导公众。教育行政部门在收集信息时要对信息进行筛选、鉴别，去伪存真，去粗取精，保证信息的真实性。

2. 教育信息公开的义务主体不包括(　　)。

A. 学校领导　　B. 教育行政部门　　C. 学校　　D. 相关的政府机构

【答案】A

【解析】教育信息公开的主体涉及权利主体与义务主体两个方面。教育部(主要是教育行政部门与学校，也包括相关的政府机构)是教育信息公开的义务主体。

二、简答题

1. 简述当前教育管理过程中信息沟通方面存在的问题和对策。

答：目前教育管理中存在的主要问题及其对策如下：

(1)问题：渠道过分单一，出现信息梗阻现象

这是指上下级意见沟通的渠道单一，只有正式渠道，而忽视了非正式渠道的存在。上级无法全面了解下级，下级也无法使有关方面了解自己的情况，造成上下左右之间的矛盾，影响了办事效率。如了解和选拔干部，评职称中存在的问题，大多与缺乏信息的沟通有关。

对策：这个问题的解决，在于使人们认识到信息沟通的重要性，拓宽信息沟通的渠道，多方面了解干部，多渠道输送信息，就能较好地解决问题。

(2)问题：渠道过长，产生信息衰退现象

这主要是指由于管理层次的过多，通信设备的落后，信息的传递失去了时效性，或信息的强度减弱，影响了管理的效益。如，中央有关会议精神，一层层传达到地方，已经没有了会场上的气氛和热情。

对策：针对这种情况，就需要对信息进行层层加压，或缩短往外传递的渠道，以保持信息的强度。

(3)问题：正式沟通渠道不完善，导致非正式渠道信息滋生

正式渠道是指依托行政层级和制度规范进行信息传递的路径，具有权威性和准确性。非正式渠道则是指在组织体系外，通过人际网络传播的非官方信息，虽传递迅速，但极易因传播者的主观筛选、加工或立场差异而导致信息失真甚至谣言扩散，影响组织稳定和决策效力。

对策：管理者应系统完善正式沟通机制，如通过定期公示、情况通报会、内部信息系统、公开办公等形式，保障信息传递及时、准确、透明；同时，应积极引导非正式渠道，通过主动发布权威信息、澄清误解，并对明显失实或有害的非正式传播加以必要规范和干预，以维护组织良好的沟通秩序。

(4)问题：其他因素的干扰

其他因素的干扰是指传播信息渠道之外的一些因素的干扰，特别是情感、成见、倾向性等因素的干扰。

对策：对于这种情况，管理者要特别注意排除感情因素的干扰，建立健全各项规章制度，增强责任心，加强群众观念，树立现代的管理观念。

2．如何有效利用教育行政信息？

答：从信息论的理论角度来说，教育行政活动的过程，可以看成是一个输入信息、指令信息、反馈信息和评价信息的循环流动过程。在这一过程中，有效利用教育行政信息要注意以下几点：

(1)注意输入信息的广泛性

教育行政机关要保证其计划与决策的质量，必须获取大量的信息，只有大量地占有相关的教育行政信息，教育行政机关才能正确地把握教育工作的发展方向与趋势，估计教育工作的现状，为教育事业发展的计划与决策提供充分的依据。因此，教育行政机关占有各方面大量的信息，对于其做出正确的计划与决策是非常重要的。

(2)注意指令信息的方向性

指令一般指用肯定语言对管理对象通知和下指示。计划决策是教育行政机关发布指令信息的主要来源，而计划决策是教育行政机关管理教育的起始环节，比较集中地体现了教育工作的方向和希望达到的目标。因此，要保证教育行政的效能，就必须重视计划决策的方向性。计划决策有了正确方向，教育管理工作及各项教育事业就会沿着正确方向顺利发展。

(3)注意反馈信息的可靠性

反馈信息在教育行政活动中有着极重要的意义。教育行政机关只有及时地、经常地从自己所属的管理层和执行层得到反馈信息，才能实行有效的控制，才能保证在实施过程中对计划决策进行及时的调整。要充分发挥反馈信息在管理中的功能，必须注意它的可靠性。要使反馈信息具有可靠性，首先，要重视通过正式渠道得来的反馈信息，即注意通过教育行政部门与各学校之间固定的信息传递通道得来的反馈信息；其次，要注意通过非正式通道来获取信息。

(4)注意评价信息的准确性

教育行政活动过程是一个周而复始、循环往复、螺旋上升的过程。要使每一过程的循环都在一个新的水平上进行，就要对前一过程进行检查总结，对教育行政活动进行准确的评价。要掌握准确的评价信息，关键是要掌握全面情况，在此基础上进行实事求是的分析，做出恰如其分的总结与评价。

教育行政信息的有效利用除了注重信息本身的因素以外，还要注意利用现代信息的网络技术，以使信息的来源更广泛、更迅速，使信息的处理更快捷、更有效。

3. 简述中小学教育管理中信息公开的原则与方式。

答：2010年教育部发布了《教育部关于推进中小学信息公开工作的意见》，明确了中小学信息公开工作的基本要求：

(1)信息公开的原则

①坚持公平的原则。

②坚持公正的原则。

③坚持便民的原则。

体现及时、准确、规范的要求，努力将信息公开与日常教育教学有机结合起来，进一步规范学校管理，提高办事效率，提供优质服务。

(2)信息公开的方式

信息公开的方式主要是建立健全的信息公开的制度机制，确保信息公开各项工作有章可循，具体如下：

①要建立中小学信息公开工作责任制。中小学校长作为信息公开工作第一责任人，要加强对本校信息公开工作的领导。要落实专人或机构承担信息公开的各项具体工作，结合学校实际，采取多种有效措施，努力提高信息公开的制度化、规范化水平。

②要建立信息公开保密审查机制。凡涉及国家秘密、个人隐私或公开可能危及校园安全稳定的信息，中小学不得公开。但是经个人同意公开或学校认为不公开可能会对公共利益造成影响的个人隐私等信息，可以予以公开。中小学在信息公开工作中发现不利于校园安全稳定的虚假或者不完整信息，要在职责范围内及时发布准确的信息或报请上级主管部门予以澄清。

③要建立信息依申请公开工作机制。本校教职工因自身教学、科研、生活等特殊需要，本校学生家长因行使子女监护权的有关需要，向中小学申请获取相关信息时，中小学要及时予以答复。不能按要求提供信息的，要为他们了解相关情况提供便利。对于社会公众向学校提出的建议、咨询等，中小学要认真予以回复。

第 12 章　学校效能与学校改进

一、单项选择题

1. 下列哪位学者从社会系统论的角度提出了研究学校效能的理论模型？（　　）

A. 谢润斯　　B. 郑燕祥　　C. 莫特摩雷　　D. 高登斯坦

【答案】A

【解析】谢润斯（Scheerens，1992）认为，学校效能是指学校达成其教育目标的过程，学校效能研究是以寻找或发现对学校的产出有积极影响的学校特征或其他因素为目的的研究，并从社会系统论的角度提出一个研究学校效能的理论模型。

2. 目前常用的测量学校效能的方法主要是（　　），又称统计控制法。

A. 多元线性回归技术　　B. 实验法

C. 准实验法　　D. "附加值"法

【答案】D

【解析】目前常用的测量学校效能的方法主要是"附加值"法，又称统计控制法（Statistical Control，简写为 SC）。其实质是对学校之间除教育质量以外的其他初始差异进行统计控制，通过多元回归分析，计算出各种初始差异对学校成就的贡献，得出各初始差异的预测方程，然后，再在学校的实际观察成就中排除由初始差异预测方程所估计出来的预测成就，其剩余的部分（又称残差）就是学校的效能。

二、概念题

学校效能测量

答：学校效能测量是指通过量化方法评估学校对学生学业成就增长的贡献程度的过程。其核心在于排除家庭背景、学生个体特征（如能力、动机）等非学校因素的影响，从而孤立出学校教育质量对学生发展的真实作用。常用的方法包括统计控制法（如附加值模型），通过多元回归或多层线性模型（HLM）计算学校实际成就与预测成就的残差（即"附加值"），作为效能的指标。这一测量面临变量遗漏、相对性偏差等局限，需结合纵向设计、自然实验等方法提高准确性。最终目的是为教育政策制定、学校改进和资源分配提供科学依据。

三、简答题

如何理解学校效能？

答：学校效能是指一所学校利用其本身的条件及相关环境，透过各种方法、步骤或策略的运用，获取有限并具价值的资源，以发挥功能，让学校在各方面均能有良好的表现。它包括学生学业学习成就、学生生活教育、教师工作满意度、教师发展、教师教学投入、家长肯定度、社区支持、学校气氛、学校公共关系、资源的获取以及行政绩效等等，因而能够达成学校教育的目标。

一所有效能的学校，应该具备以下的特征：

(1)行政领导方面

①校长领导有方；②卓越的教学领导；③具有正确的办学理念，并逐步实现明确的教育目标；④优质的学习建筑环境；⑤和谐的校园气氛；⑥支持并贯彻教育政策与措施；⑦不断创新进取，提升教育质量；⑧力行学校行政透明化、制度化、民主化、科学化与人性化。

(2)教师教学方面

①教师素质提升；②教师参与决定；③教师工作满足；④同僚合作关系融洽；⑤教学认真教法得当；⑥教师对学生期望高；⑦师生关系良好；⑧持续研究进修；⑨教师专业发展。

(3)学生学习方面

①重视学生行为表现；②维持学生纪律；③最大学习机会；④赋予学生责任与自治；⑤学生学业表现；⑥系统评鉴学生成就；⑦永不放弃任何一位学生，学生都有进步感。

(4)家长及小区支持方面

①家长的参与及支持；②学区的支持；③终身学习的小区教育。

四、论述题

1. 试论学校改进的过程。

答：学校改进是一个系统性的、有目的、有组织的教育变革过程，其本质是通过对学校现有问题的诊断，设计和实施有针对性的干预措施，以实现教育质量的提升和学校整体发展的战略目标。它并非零散的活动堆砌，而是一个融合了项目管理、知识管理与组织发展的综合性过程。根据理论框架与实践经验，学校改进过程主要包含以下三个需要高度重视的核心环节：

(1)明确选题与定位

这是学校改进的起点，决定了后续所有活动的针对性和有效性。

①选题契合实际，聚焦真实问题

改进主题应源于学校发展的真实需求，既可来自外部政策要求，也可源于内部反思。选题需紧密结合本校实际情况，聚焦关键问题，大小适中，避免空泛。

②深入诊断分析，明确改进方向

在确定选题后，需进行系统的现状分析(如案例中的“红色传承教育”项目)，通过自我评估、横向比较(与他校)、专家咨询等方式，精准定位问题根源与发展空间，使改进目标清晰具体。

③战略性项目定位

依据项目的重要性、紧迫性和影响范围，合理确定其在全校工作中的优先级别和资源投入强度，并处理好不同项目之间的协同关系(如将区级项目纳入校本规划)，形成合力。

(2)制订改进计划

计划是将改进愿景转化为可操作、可监控行动蓝图的关键环节，其核心是实施“产品－项目”一体化管理。

①制定层次化的计划体系

a. 工作总计划：从宏观层面明确改进的背景、总目标、内容框架、时间进度、组织保障与评估办法，是统筹全局的纲领性文件。

b. 产品－分项目计划：将总目标分解为具体的、可交付的“产品”成果（如一套课程方案、一项教师能力标准、一批学生作品），并为每个产品的生成制定详尽的执行计划。此处的“产品”是一个广义概念，指一切有形成果和无形的能力提升。

②强化“产品意识”与“成果导向”

这是提升改进专业性和深度的关键。强调不仅要关注“做”的过程，更要明确“做成什么”“达到什么标准”。通过定义清晰的“产品”及其质量标准（如“学生素养发展评价表”“活动方案模本”），使改进目标可衡量、成果可固化、经验可推广，有效避免了改进工作流于形式、成效模糊的常见问题。

③明晰“产品管理”与“项目管理”的关系

“产品”定义做什么和做到什么标准（成果规格），而“项目”解决如何做以高效生成合格产品。二者相辅相成，缺一不可。缺乏产品管理，项目易迷失方向；缺乏项目管理，产品难以高质量实现。

(3)建设改进工作组织

有效的组织是推动改进计划落地的发动机和保障网，需构建一个权责清晰、内外协同、充满活力的支持系统。

①强化内部领导与执行团队

a. 高层领导深度参与：重要改进项目必须由校级领导亲自挂帅，提供持续的关注与支持。

b. 设立专职或核心项目小组：避免将改进工作完全融入日常事务中“顺带”完成。应成立专门的项目小组，并任命有权威、有能力的负责人，确保精力投入和专业推进。

c. 推行“产品经理”负责制：对于大型项目，可按“产品”设置分小组并指定负责人，专门负责该成果的研究、开发与质量把控，提升改进的专业化水平。

②积极寻求并整合外部支持

学校改进不能闭门造车，必须主动构建支持网络：

a. 政府支持：积极对接和融入政府项目，争取政策、资源和权威性支持。

b. 学术支持：稳定引入对口领域的专家（如教研员、大学研究人员），提供理论指导和实践咨询，帮助学校提升系统思考和解决问题的能力。

c. 校际合作：与兄弟学校建立联盟，共享资源，交流经验，协同攻关。

③建设“知识实践团队”，赋能持续改进

这是组织建设的最高层次，旨在将项目团队打造为学习型组织。

a. 践行知识管理：引导团队成员在问题驱动下，持续进行知识的获取、共享、整合、创新与应用，将隐性经验显性化，外部知识本土化。

b. 培育团队文化：营造平等、民主、合作的研究氛围，强调“知行合一”，让每位成员在解决实际问题的同时获得专业成长，使团队成为改进活动持久发展的动力源泉和精神家园。

综上所述，学校改进是一个以精准选题为方向、以系统计划(特别是产品－项目一体化管理)为蓝图、以赋能型组织为引擎的螺旋式上升过程。它超越了简单的技术操作，是一场深刻的组织变革与知识创新活动。成功的学校改进，最终将使学校不仅解决当下问题，更能形成面向未来、持续自我完善的内部机制和能力。

2. 评述学校效能模型。

答：学校效能模型是基于不同研究视角构建的理论框架，旨在解析学校组织的运行成效、评估标准及提升路径。学界对学校效能模型的划分，主要依据三大标准：一是学校系统的构成及“投入－产出”过程；二是学校的目标与功能定位；三是效能产生的主体及影响范围。据此可归纳为以下三类核心模型：

(1)学校效能的社会系统模型

①内容

社会系统模型以社会系统论和经济学视角为基础，由谢润斯等学者提出，将学校视为一个“资源投入－教育产出”的有机生产系统，强调效能的“效率导向”，即学校通过优化资源配置，以最少的投入实现最优的教育产出。

该模型将学生的发展视为核心“产出”，认为学校效能的本质是“资源利用效率与教育质量的统一”：一方面关注资源投入的合理性(如师资水平、经费额度、设备配置等)；另一方面强调产出的有效性(如学生学业成绩、毕业率、综合素质发展等可量化指标)。例如，通过对比不同学校的“生均经费投入”与“学生学业进步幅度”，判断其资源使用效能。

②评价

a. 优势：逻辑清晰、可操作性强，便于通过量化数据直观评估学校的资源转化效率，为教育资源调配提供决策依据。

b. 局限：过度侧重“经济理性”和量化结果，忽视了教育过程的复杂性(如师生互动、校园文化等难以量化的因素)、人的发展多样性(如学生个性化成长需求)及学校的社会文化功能(如文化传承、社区服务等)，存在“工具理性”倾向。

(2)学校效能的“功能－层次”模型

①内容

该模型认为学校效能本质上是学校实现其多重功能与目标的程度。郑燕祥提出了一个极具综合性的分析框架。

a. 功能维度：学校承担着五大核心功能——技术/经济功能(培养劳动力)、人际/社会功能(促进社会化)、政治功能(培养公民)、文化功能(传承与创新文化)和教育功能(促进人的全面发展)。

b. 层次维度：每一项功能都在五个不同层面上发挥作用：个人、机构、社区、社会、国际。这两个维度交叉，形成了5(功能)×5(层次)=25种学校效能。

c. 时间维度：效能还可区分为短期效能(立竿见影的结果)和长期效能(持续深远的影响)。

为评估上述多功能、多层次的效能，郑燕祥等人还进一步总结了八种理念模式：

a. 目标模式：以达成预设目标为有效，但目标可能模糊或偏重学术。

b. 资源输入模式：以获取优质资源的能力为有效，但易忽视资源使用效率。

c. 过程模式：以内部管理、教学、学习过程的优质为有效，但过程监测较难。

d. 满意模式：以关键利益相关者（家长、教师等）的满意度为有效，但各方需求可能冲突。

e. 认可模式：以学校声誉和市场竞争力为有效，但可能助长短视行为。

f. 无问题模式：以学校运行中无显著问题和故障为有效，适用于薄弱校改进。

g. 组织学习模式：以学校适应变革、持续学习和改进的能力为有效，符合动态发展观。

h. 全面质量管理模式：是上述多种模式的综合，强调以顾客（学生、家长）为中心、全过程持续改进，追求全面卓越。

②评价

此模型极大地拓展了人们对学校效能的理解，揭示了其多面性和复杂性。其挑战在于，不同效能之间可能存在冲突（如个人发展与社会需求），且难以全面测量。在实践中，人们往往仍侧重于技术功能和个人层面（如学业成绩）。

(3)学校效能的层面模型

层面模型聚焦"效能的影响范围与主体"，从"谁产生效能""效能作用于谁"的角度拆解学校效能，强调效能的"主体协同导向"。

①郑燕祥的"影响范围三层面说"

a. 内容

该划分以效能的作用边界为标准，将学校效能分为三个递进层次：

第一，内部效能：学校达成内部预设目标的程度，聚焦"自身运营质量"，如教学计划完成率、师资队伍建设目标实现度、内部管理效率等。

第二，外部效能：学校满足外部利益相关者需求、履行社会责任的程度，聚焦"外部适配性"，如回应家长教育需求、符合教育行政部门标准、获得社区认可等。

第三，未来效能：学校培养个体与社会适应未来挑战的前瞻性能力，聚焦"发展可持续性"，如学生创新能力、学校应对教育政策变革（如"双减""教育数字化"）的适应力等。

b. 评价

第一，优点：该模型突破了仅关注学校内部运营的传统效能观，将效能概念从"对内实现目标"延伸至"对外响应社会"乃至"面向未来塑造能力"，极大拓展了学校效能的内涵与时间维度，体现了系统思维；该模型明确提出"未来效能"，将适应力、创新性与可持续发展纳入核心考量，引导学校超越当下满足，关注长远竞争力与教育使命，具有重要的战略指导价值；该模型的"外部效能"的概念回应了现代学校需对多元利益相关者（政府、家长、社区）负责的现实，强调了学校的社会责任与合法性。

第二，局限：该模型的三个层面在实践中并非截然分开，而是相互交织、相互影响（如内部管理效率会影响外部声誉），有时难以清晰界定某项成果具体属于哪个层面；该模型侧重于"效能的作用范围"，在一定程度上淡化了对"效能创造者"（即校长、教师、学生等核心主体）的直接关注与分析；该模型中的"未来导向"的效能（如创新能力、适应力）通常具有滞后性和潜在性，难以找到即时、客观、可量化的指标进行评估，在实际操作中存在较大困难。

②王新如等的“核心主体三层面说”

a. 内容

该划分以效能的产生主体为标准，认为学校效能是“人—物”协同作用的结果，核心分解为三大主体效能：

第一，校长效能：校长在学校领导与管理中的成效，如办学方向把控、决策科学性、资源整合能力、团队建设效果等。

第二，教师效能：教师在教学与育人中的成效，如教学质量、师德师风、学生指导能力、专业发展水平等。

第三，学生效能：学生在学习与发展中的成效，如学业进步、综合素质提升、自主学习能力、社会适应力等。

三者相互关联、协同作用，共同构成学校整体效能：校长效能为教师与学生效能提供保障，教师效能直接推动学生效能，学生效能反哺学校整体发展。

b. 评价

第一，优点：该模型将抽象的“学校”效能具体化为校长、教师、学生这三个关键主体的效能，极大地增强了理论的操作性和实践指导性，便于诊断问题并落实责任；该模型明确指出三大效能并非孤立存在，而是相互关联、相互影响的有机整体(校长效能保障教师效能，教师效能驱动学生效能)，揭示了学校效能生成的内在动力机制；该模型中的“学生效能”作为最终的落脚点，强化了学校一切工作最终服务于学生发展的根本目的，防止效能评价偏离教育的核心使命。

第二，局限：该模型高度聚焦于“人”的因素，相对弱化了组织结构、制度文化、资源条件等“物”的或系统性的因素对学校效能的基础性影响；该模型三大主体效能在实践中高度交织(如学生效能提升必然是教师和校长效能共同作用的结果)，很难完全剥离并独立评估某一主体的绝对贡献；该模型主要着眼于学校内部主体的效能产出，对于学校如何有效回应和影响外部环境(即郑燕祥模型中的“外部效能”与“未来效能”)的涉及相对较少。

总的来说，三类学校效能模型从不同维度构建了对学校成效的理解框架，各有侧重又相互补充：社会系统模型提供了“效率视角”，回答“如何以少投入获多产出”；“功能－层次”模型提供了“价值视角”，回答“如何实现多元目标与深层价值”；层面模型提供了“主体与范围视角”，回答“谁产生效能、效能作用于何处”。在实践中，单一模型难以全面覆盖学校效能的复杂性，需构建“综合整合框架”：既要通过社会系统模型优化资源配置效率，又要依托“功能－层次”模型明确多元目标与评估标准，还要借助层面模型推动校长、教师、学生的主体协同，最终实现“效率、价值、协同”的统一，促进学校从“有效能”向“高质量”持续发展。

五、材料分析题

材料：

三校合一的得与失

某市光华农场原有三所小学，规模都很小，生源普遍不足。因国家计划生育政策的有力贯彻，生源还有继续减少的趋势。2007 年农场决定把三所小学合并为一所，2008 年秋季开始合校办学。合校后因一些学生的家离学校的距离远了，家长接送孩子很不方便，因而意见很大。于是，农场决定增开一辆大客车接送上学路程较远的学生。每天四次乘车又使部分学生感到很麻烦，于是学校开办了食堂，以解决学生中午在校用餐的问题，减少了中午的奔忙。合校以后，教学设备集中使用，办学条件有所改善，与合校以前相比，农场每年节约教学仪器添置等方面的资金至少四万元。合校以后，对教师进行重新组合，开出了一些新的课程，尤其是原来没有条件开的体育、美术、音乐、劳技等课程现在得以开设。同时，教学质量也逐年有所提高。

尽管解决了一些合校中出现的问题，但新问题仍然不少，如三校集中在一校上课，这所学校地盘就显得少了，教学和办公用房紧张，其他两校场地又闲置无用；三校组合的领导班子一下难以磨合，工作不甚协调；且三套领导班子合为一套，多余人员一时难以安排，更难使每个人的原有职务得以保持。

问题：

(1)如何评价材料中的合校之举？

(2)如何看待各地小学合校的现实情况？

答：(1)材料中的合校之举是比较成功的。因为三所小学规模较小、生源不足，随着入学人数下降和人民对优质教育资源的需求，如果不进行适当调整，三所学校的发展都将陷入困境。而三校合并后不仅节约了教育经费，使办学条件得到改善，还充分使用了优质教育资源，提高了教学质量。

当然，由于合并工作缺少充分、完整的准备和规划，也出现了很多问题：

①在选择“合并校”校址上，没有为未来教育预留发展空间。三所学校合并，其中两所学校的校舍出让，那么它们以后就很难再收回。案例中三校集中在一校上课，造成教学资源相对紧张，而另外两校闲置。如果几年之后遇到入学高峰，再重建一个校舍，重新配置各种教育资源，其投入数量与建设难度，要比在这几年里继续维持一个学校的正常运转大得多。

②没有做好人员的分流和安置工作。学校合并中一个最敏感的问题就是人员安置问题。明确各人的岗位职责，做好相关人员分流和转岗，才能确保学校的平稳过渡和教学管理秩序的有序进展。原来背景不一、管理理念和办学方式不同的几所学校的领导者在合作初期必然会产生许多冲突，在正式建立学校各种制度前，首先要建立一个三所学校都认可的领导班子。

总之，由于没有固定的经验模式，学校合并目前多是摸着石头过河，该案例中的三所学校尽管在过渡过程因为准备不足遇到很多问题，但从整体上说达到了有效整合、配置教学资源的目的，并能在实际管理过程中不断改进、解决各种问题，是比较成功的学校合并。

(2)20世纪90年代以来的学校合并，是新中国成立以来进行的第二次大规模的学校布局调整，是减少薄弱学校、扩大优质教育资源的一种有效形式。但由于缺少相应的经验指导和制度建设，当前各地小学合校还存在许多问题和争议。

①合并初期组织文化的融合成为管理的难点。学校合并，首先应该解决的就是组织文化的重建问题。原来学校的领导、教师包括学生认同的校园文化可能不大一致，教师的讲课方式、领导的领导方式都可能不一样，因此需要对组织文化进行重新的定位，实现学校

合并的平稳过渡。

②农村小学合并后面临更复杂的具体管理问题。由于家校距离加大，学生上学不便，一部分学生可能因此辍学。如果实行寄宿制，学校需要为学生配备生活教师，加大了学校和教师的工作量和工作压力。学生陡然猛增，可能使管理上的任务量增大，漏洞增多，学生对管理的方式和管理的观念的认同问题是都需要考虑在内的。

③资源闲置与紧缺并存。这也是目前学校合并过程中常见的问题，学校合并后，一方面加大转入校的空间压力，另一方面出现转出校的资源闲置问题。这种问题的解决只有通过政府部门进行协调，或者采取一定的措施置换土地，划出专门的校区，才能保证资源的充分利用。

④合并后的教职工的安置问题。人员能否合理安置是并校中的一个比较复杂的问题，不仅关系到学校的稳定和团结，也关系到学校教学和管理的质量。在并校过程中，人员的安置应作为首要任务。可通过开展思想动员、提供适当补贴、实施提前退休等措施，实现平稳过渡；同时应逐步引导教职工转变观念，以赢得广泛认同为目标，确保学校的稳定与团结。

第13章　学校管理过程

一、单项选择题

1．学校领导决策最为重要的应当是（　　）。

A．落实和执行上级的指示　　B．使学校教职工获得更好的福利待遇

C．满足学生家长的要求　　D．调动教师和学生的积极性

【答案】D

【解析】在学校管理中，决策是领导的基本职能，也是学校工作取得成效的关键。在决策过程中，学校领导最重要的是要调动教师和学生的积极性。

2．关于学校发展战略中的联盟战略，下列说法不正确的是（　　）。

A．如果没有联盟双方文化的沟通、理解、调试、磨合和重构，就不会有真正的联盟

B．联盟战略的业绩风险主要是指业绩失败的风险

C．选择联盟对象时应当谨慎从事，详细考察对方的优劣势、目的和诚信品质，而一旦形成联盟，就要在制度基础上互相信任和支持

D．从联合的对象分类，联盟可分为中小学学校间的联盟、中小学与高等院校的联盟、高等学校与其他社会组织的联盟

【答案】B

【解析】联盟战略的业绩风险包括业绩失败和业绩高速增长两种风险。业绩失败，会导致管理层的争吵和分裂。业绩高速增长，也会出现争功夺利，要求利益重新分配，或强势成员打压弱势成员，最终造成联盟分裂等现象。

3．对学校管理过程特性表述不正确的是（　　）。

A．以营利为核心的效益性　　B．以育人为中心的目的性

C．以阶段为标志的有序性　　D．以目标为前提的控制性

【答案】A

【解析】学校管理过程是教育机构为实现育人目标而进行的系统性、连续性活动，其本质特征集中体现在以下三个方面：①以育人为中心的目的性：学校一切管理活动的根本宗旨是服务于教育教学，落实立德树人任务，促进学生的全面发展，而非追求经济利益；②以阶段为标志的有序性：管理过程通常遵循“计划——执行——检查——修正”的基本程序，环环相扣、逐步推进，体现动态发展和持续改进的有序循环；③以目标为前提的控制性：整个管理过程以教育目标为导向，通过信息反馈、监督调控等手段保障运行不偏离预期方向，最终实现管理效能。A项，“以营利为核心的效益性”不符合学校作为教育组织的非营利属性和公益导向，因此表述错误。

二、概念题

1. 学校管理过程

答：学校管理过程是指学校管理者为实现育人目标，组织协调校内外各种资源，通过计划、组织、领导、控制等基本职能，持续推动学校各项工作有效运行的动态活动程序。它是学校管理活动的具体展开和现实体现。该过程由三个基本要素构成：管理主体（管理者）、管理客体（人、财、物、时间、信息等资源）以及管理中介（手段、方法、制度等）。其本质特性包括：①育人性：以实现教育目标为根本宗旨，一切管理活动均服务于立德树人的中心任务；②程序性：通常遵循“计划——执行——检查——修正”的基本环节，有序推进，循环往复，螺旋上升；③可控性：以目标为导向，通过信息反馈和持续调整，对整个过程进行监督与调控，确保预期目标的实现。简而言之，学校管理过程是维系学校组织正常运行、保障教育质量、推动学校发展的核心机制。

2. 目标管理

答：目标管理是以组织的总目标为中心，运用系统方法建立分层的目标体系，通过分权调动被管理者的能动性，从而有效地完成组织任务的现代管理方法。其特点包括：①面向未来；②系统性的管理；③重视成果的管理；④重视人的管理。目标管理的具体形式各种各样，但都表现为一种程序或过程，使组织中的上级和下级一起协商，根据组织的使命确定一定时期内组织的总目标，由此决定上、下级的责任和分目标，并把这些目标作为组织经营、评估和奖励每个单位和个人贡献的标准。这一概念于 1954 年由美国著名管理专家彼得·德鲁克提出以后，美国通用电气公司最先采用，并取得了明显效果，之后便在美国乃至世界范围内迅速流传，被广泛应用于企业及其他各种组织的管理实践当中。

三、简答题

1. 戴明提出的管理过程四环节是什么？揭示了哪些管理规律？

答：管理过程的“四环节”说是由美国管理专家戴明提出的，他认为管理由计划、执行、检查、修正等四个环节组成，这四个词的英文字头分别为 P(plan)、D(do)、C(check)、A(action)，因此管理过程被认为是由 PDCA 构成的整体、连续循环的过程。

(1)戴明提出的管理过程四环节

①计划，是对组织所要达到的目标的设想，对在此过程中可能遇到的问题的预见，以及对实现目标进程的筹划。

②执行，是将计划付诸行动，为达到预想的成果所采取的措施。这一环节包括了组织、指挥、协调、控制、激励等一系列活动。

③检查，是对照计划对执行阶段的活动和成果进行评价和诊断，肯定成绩，发现问题，纠正偏差。一般来说，检查是伴随着执行的过程随时进行的。

④修正，现在多被称为总结，它是在工作总体完成以后所进行的总评价，它的任务包括肯定成绩、发现问题、提出改进措施和对人员进行奖惩。

(2)戴明提出的管理过程四环节揭示的管理规律

①管理的四个环节是互相联系，互相制约，循序递进，首尾相连而形成封闭性的系统

（如下图所示）。

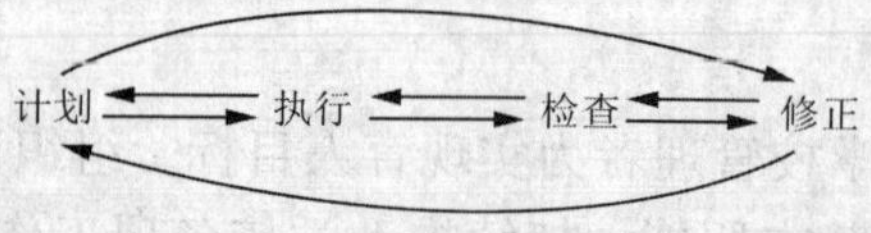

②学校各个层次的部门及个人围绕总计划的运行分层次地制定各自的计划并付诸实施，形成大环套小环的管理过程系统，从而保证管理过程统一、有序地进行。

③管理过程在“戴明环”滚动循环中不断向前发展，每一个循环，就使学校管理和学校各项工作提高一步。

2. 在教职工参与决策的程度上应把握哪些原则？

答：教职工参与决策是学校民主管理的重要形式。学校民主管理就是在学校内部坚持民主，保障教职员工有参与管理学校的权利，充分发挥全体教职工的工作积极性，使教职工真正成为学校的主人。但是教职工在参与决策时并不是毫无规矩的。对此教育领导在教职工参与决策时应把握以下三个原则：

（1）相关原则

主要考虑决策是否与参与者的利益相关。如果讨论的问题是参与者不感兴趣的话题，或者说与参与者利益无关，那会使其心生厌烦。只有那些与参与者利益相关的问题，才能充分调动他们的积极性，真正达到民主决策的目的。

（2）能力原则

主要考虑参与者的专业能力。参与者的专业能力包括经验、信息掌握情况、表达能力、分析能力等。如果参与者专业能力不够，在参与决策时就不能作出贡献，而是自己感到孤独和无能。因此专业能力也是教育领导应该考虑的重要因素。

（3）权限原则

主要考虑参与者应对所议事项具有相应的职责权限或专业管辖权。学校组织分工明确，各岗位人员均有其特定的职责范围。若参与者并非相关事务的直接负责人员或缺乏对应的专业判断能力，其所提建议可能偏离实际、可行性不足，进而影响后续决策的执行效果。因此，教育领导在组织参与决策时，应充分考虑参与者的职权与事项的匹配程度，确保决策参与的合理性与有效性。

3. 谈谈教育管理中渐进决策的基本思想，对此做何评价？

答：（1）教育管理中渐进决策的基本思想

渐进决策是林德布洛姆教授提出的一种针对理性决策弊端的决策模式。将渐进决策理论引入教育管理当中，其基本思想主要有以下几个方面：

①政策的制定是在过去经验的基础上，经过逐渐修补的渐进过程来实现的。

②强调质量转换。渐进决策要求变革必须从现状出发，通过变化的逐层累积，最终达到根本变革的目的。

③追求稳中求变。渐进决策可以保证决策过程的稳定性，达到稳中求变的效果。渐进的方式则比较容易获得支持，可以达到稳中求变的目的。

（2）评价

渐进决策理论是一种灵活的和现实可行的决策制定模式，具有实用性，但它也存在一些明显的缺陷，主要体现为它的保守性。一般来讲，渐进决策比较适用于稳定和变动不大的环境，而一旦社会条件和环境发生巨大变化，需要对以往的政策进行彻底改变时，渐进决策理论往往很难发挥作用，有时甚至会对社会的根本变革起到阻碍效果。因此，对于相对稳定的教育管理领域来说，渐进决策的运用对教育管理的高效进行具有十分重大的作用。

4. 有人说："正确地发现和识别问题对于科学决策至关重要。"对此你如何看待？

答：(1)我认同"正确地发现和识别问题对于科学决策至关重要"这一观点。决策本质上是一个针对特定问题寻求解决方案的系统过程，它始于对问题的敏锐感知和准确界定。若不存在问题，决策就失去了目标；若问题未被识别或识别错误，则可能导致决策缺失、方向偏离或时机延误，甚至因应对失当而引发新的矛盾。因此，问题意识是启动科学决策过程的前提，也是决定决策有效性的基础。学校管理者尤其应具备准确发现和识别问题的能力：既不应脱离实际、主观臆造问题，也要避免对真实存在的隐患或矛盾采取回避或漠视的态度，以致错失决策良机，影响组织正常运行与发展。

(2)发现和识别决策问题，可以从以下几个方面来进行：

①识别问题的类型。通常可以把问题区分为常规问题和非常规问题，相应的决策方法为程序化决策和非程序化决策。常规问题，是指那些直观的、熟悉的、结构良好的问题，如学生旷课问题、教师体罚学生问题、教师上课迟到问题等；对于这类问题，决策者的目标是明确的，与问题有关的信息是易确定的和完整的，相对应的解决方法是程序化决策，根据事先设计出的一些程序、规则、政策来应付这些问题，而不必去另外建立一个复杂的决策过程。非常规问题是指那些新的或不寻常的、有关问题的信息是含糊或不完整的，例如，学校如何实施素质教育、如何进行一项教学活动的改革等；对于这类问题，不能用已知的办法和程序、规则来进行，通常要设计多种方案进行分析，即使用非程序化决策。

②识别问题的层次。即解决问题的权限范围，如果管理者觉得他们没有职权、资金、信息或其他采取行动所需的资源，他们不大可能将事情当作问题，或者把问题交给有权解决此问题的人员。

③注意问题的时间限制。问题有缓急之分，对于决策来说，时间紧迫的问题需要尽快加以解决，以免失去决策良机，造成损失，截止期限会使管理者感到某种压力，从而促其采取行动。时间不紧迫的问题可以先放一放，待紧迫问题解决后，再行解决。

④注意问题的重要性。问题的重要性是决定如何对待问题、在组织的哪个层面上处理问题的重要依据。尽管对问题重要性的判断也是主观的，但它也影响到决策的方式。判断问题的重要程度，可参考以下标准：问题涉及的范围，涉及范围越广，问题越重要；问题受职工关注的程度，群众关注度越高，问题就越重要；问题出现的频率，很少出现的问题相对于经常出现的问题要重要一些；解决问题所需要动用的资源，如果解决问题的决策需要承诺相当大的投资，动用相当大的人力，就是重要的。

5. 目标管理的基本精神及主要特点。

答：目标管理是管理方法之一，是由美国管理学家德鲁克 1954 年提出来的，指以目标为中心进行管理活动的一种现代管理方法。其基本精神和主要特点如下：

(1)目标管理的基本精神

①企业的目的、任务必须转化为目标，企业管理人员必须通过这些目标对下级进行领导以此来保证企业总目标的实现。

②目标管理是一种管理程序，是指组织中上下级管理人员共同制定目标，明确各自对应的成果责任，并将这种责任作为指导日常业务开展、衡量个人与团队贡献的核心准则。

③每个企业管理人员或工人的分目标就是企业总目标对他的要求，同时也是这个企业管理人员或工人对企业总目标的贡献。只有每个人的分目标完成了，企业的总目标才有完成的希望。

④管理人员和工人是靠目标来管理的，以所达到的目标为依据，进行自我指挥、自我控制，而不是由他的上级来指挥和控制。

⑤企业管理人员对下级进行考核和奖惩也是依据这些分目标。其管理活动过程包括：目标的确定、展开、实施、考评四个环节。

(2)目标管理的主要特点

①目标管理强调以目标指导行动，以成果和贡献作为管理活动的重点，特别强调目标实现的整体意识，具有向量性、整体性、时效性和激励性等特点。

②目标管理利用人在集体活动中的自尊和上进的心理，强调下放权限和自我控制，重视对人的管理，认为目标要经过上下级充分的协商讨论，整体目标要经过讨论，取得下级的认同，部门和个人目标要由下级自己制定。要实现情、理、法和责、权、利在管理活动中的有机统一。

③目标管理主张目标成果的确立先于行动，以成果定措施，变“软”管理为看得见的“硬”管理。实施目标管理，要求领导者做好咨询指导、反馈控制和调节平衡的工作。目标考评的实施则需要有目标考评标准和方法、目标考评制度、目标考评结果的处理办法等项内容予以保证。

四、论述题

1. 试述实现学校管理过程的优化须注意的问题。

答：实现学校管理过程的优化是一项复杂的工作，在实际工作中，必须要注意以下几个问题：

(1)学校管理过程的优化，必须以学校管理过程的结构优化为前提和基础

①系统原理告诉我们，系统是按照一定的结构将系统的要素组合起来而形成的具有特定功能的整体。不同的结构形式决定了系统的不同功能，学校管理过程作为一项整体性的活动，要使它产生最优化的结果，就必须依靠其基本的结构合理化和最优化。

②在学校管理中，对于学校管理主体来说，一方面，作为学校管理主体的人即学校领导人员，必须具备良好的基本品质和修养，有较高的政治素质、文化素质和能力素质。另一方面，作为学校管理主体的组织即学校领导班子，应该建立互相容纳、互相信任、互相帮助、互相支持的领导班子结构，搞好领导班子的团结，勇于进取，不断提高管理水平。对于学校管理的客体来说，应充分组织和协调好学校管理的各种资源，真正做到人尽其才、物尽其用、财尽其利，提高管理的效率和效益。

(2)学校管理过程优化应通过构成学校管理过程的各个环节及其相互关系的运行来体现

①对于计划而言，就应该做到计划的正确性、明确性、可行性、协调性的统一。计划越优化，越能对过程发生积极作用，也就越能促进过程的优化。

②对于执行来说，就必须以计划为前提，组织落实计划的实施，并在执行过程中加以正确的引导、协调、教育与激励，这是完成计划的保证。对于检查来说，它是保证学校管理过程朝着最优化的方向发展的重要步骤。

③通过检查，可以判明过程是否偏离了方向，是否朝着预定方向发展，并且通过强有力的检查手段和方式完成这一过程的任务。

④对于总结而言，它是对计划的执行情况和执行结果做出全面评价的管理活动。

(3)学校管理过程的优化，总是与一定的环境条件联系在一起的

学校对外是一个开放系统，这就使得在学校管理过程中必然与外界环境有着各种各样的关系。良好环境条件下所从事的学校管理活动，更能使学校管理过程趋向优化。良好的外界环境条件必须做到：通过分级管理，改变单一的办学体制模式；通过分类管理，使学校成为相对独立的办学实体；通过宏观管理，使学校拥有更多的办学自主权。有了这样一个良好的外在环境，必然会为学校管理过程的优化提供条件。

2．试述教育管理的决策过程。

答：一个完整的决策过程一般包括明确问题、设定目标、制定备选方案、评价与选择方案、在实施中追踪决策等几个基本环节。具体来说，教育管理决策过程包括以下几方面：

(1)明确问题

这一阶段是决策的前提，问题不清，原因不明，决策的方向就难以判定。这一阶段须做好以下几项工作：

①查明问题的范围、程度和特点。范围是指问题发生及影响的广度。比如大家感到近期学校教学质量下降，就要弄清究竟是所有年级都是如此还是个别年级？程度是指问题发生或影响的深度。比如教学质量下降究竟下降多少？是微下降还是大幅度下降？这方面情况的判定最好用定量的方法把差距表示出来，这里特别要注意研究的问题是在正常范围内的波动，还是已经脱离正常轨道而对学校工作任务和目标构成威胁，如果是前者，可以不采取新的措施，如果是后者，就要认真考虑了；特点是指所发生的问题与其他类似情况有何不同，存在什么新颖之处。

②分析问题的原因。解决问题要追根寻源才能治本，查找原因要深入，必须作纵向和横向分析。所谓横向分析是对所有原因进行假设验证，去伪存真；所谓纵向分析是指对问题层层剥皮，穷根究底地分析原因。这两种分析要交叉进行，并最终找出真正的和关键的原因。比如说，学校教学质量下降了，横向分析查明了有学生学习积极性下降和教师工作不到位的原因，但进一步分析发现，学生方面的原因与教师工作不负责任有关；再通过纵向分析发现教师不负责任原因是一些教师受市场经济大潮冲击，兼职经商，另一些教师的工作情绪逐步受到消极影响，再进一步分析，就发现根本问题出在领导层上，领导班子欠缺敏感，见事迟，未能采取坚决措施，以致事情发展到难以控制的地步。

③预测事态发展趋向。预测就是对某一不确定的或未知的事情做出分析，对其发展前景和过程的各种可能性进行判断。

(2)设定目标

确定目标是决策的核心内容，它体现决策者的价值选择、对校内外情势的分析认识，以及他付出代价取得成绩的意愿和勇气。目标是制定和选择行动方案的依据。确定目标要满足以下几个方面的要求：

①要选择正确的价值标准。所谓正确，既包含标准的先进性，也包含它的可行性。

②决策目标要有准确性。所谓准确性，具体有以下内涵：

a. 决策目标所用概念应该是明确的，不模棱两可，不含糊其辞。比如，一些中小学提出把学校办成“与世界接轨的一流学校”，什么是与世界接轨？这个类似口号的目标含义非常不明确。

b. 决策目标要满足约束条件的要求。约束条件是指给目标附加的一定条件。比如说，某校将提高中考和高考升学率作为新的工作目标，这个目标本身无可非议，但实现这个目标同时必须做到三条：第一，面向所有学生抓好教学，绝对不抛弃后进生；第二，绝对不能用教学排挤思想教育和体育，必须坚决贯彻全面发展的方针；第三，必须使学生劳逸结合。这三条就是附加给学校升学目标的约束条件。

c. 决策目标要有明确的时间规定。缺乏时间约束的目标会使其价值大打折扣，失去作为对管理活动实施监控的职能，甚至会沦落为不负责任行为的挡箭牌。因此，在可能的情况下，尽量使决策目标数量化。

(3)制定备选方案

拟订备选方案宜先粗后细。“先粗”是指高屋建瓴地从多种角度设想各种可能的方案，保证方案把各种重要发展前景都照顾到。“后细”是指对已经提出来的方案轮廓细节化，将每一决策的活动内容、日程安排、人员配备、经费落实、实施代价逐一讨论、编排。

(4)方案选择

方案选择即所谓拍板，它经过对方案的评价决定哪个方案可以选用。这一阶段有两个问题要注意，一是选择方案的标准，另一个是选择方案的方法。

①方案选择标准除注意与上述“设定目标”的要求保持一致外，还要注意这一阶段特殊的价值选择：极优，满意，还是渐进？西蒙认为，人的理性是有限的，决策者不可能在决策前掌握所有信息，也不可能有效预见决策执行过程的一切问题，所以决策的目标及其实现方案必须留有余地。由此，决策追求的结果不应是极优，而是“次优”，即足够的满意。

②决策方案的选择方法大致有经验判断法、数学计算法和实验法三种。

(5)追踪决策

一个决策并不因为拍板定案、付诸实施而完结，还必须经过执行过程的考验。因为在做决策时，可能会遇到信息不充分、经验不足或情况发生变化等一些负面因素的影响，因此对已经执行的决策必须进一步收集反馈信息，对不合乎实际或被证明存在错误的内容进行修正。

3. 试分析教育管理中出现的“上有政策，下有对策”现象。

答：在现实生活中存在着很多“上有政策、下有对策”现象，在教育管理的过程中也不例外。我将从这一现象的表现形式、现象原因以及解决对策三个方面进行阐述。

(1)“上有政策、下有对策”现象的表现

“上有政策，下有对策”是我国政策执行过程中常见的一种异化现象，具体表现为下级组织或个人采用多种方式规避、扭曲或架空上级政策的原定意图，其主要表现形式如下：

①替换性执行：表面上响应政策号召，实际却以另一项局部利益导向的政策替代原政策内容，导致政策目标被暗中置换。

②选择性执行：基于自身利益考量，仅执行政策中对其有利的部分，回避或忽略对自身无益或约束性较强的条款，破坏政策整体性。

③附加性执行：在政策执行中擅自附加原政策未规定的内容或条件，常与“教育寻租”等行为相关联，通过增设门槛获取不正当利益，甚至引发腐败。

④象征性执行：以敷衍应付的态度执行政策，做表面文章，流于形式，尤其集中于上级检查时段，缺乏落实政策的真实意愿与行动。

⑤欺骗性执行：未实际执行政策却向上级虚报执行情况，隐瞒实情。

⑥对抗性执行：公开或隐性地拒绝执行政策，甚至制定与上级政策精神相悖的地方措施，表现出明显的抵制和违背态度。

(2)“上有政策、下有对策”现象的原因分析

①政策本身缺乏是有效性和可行性。如今很多政策都表现出“头痛医头，脚痛医脚”的现象，一项政策的出台只针对了某一个特定的问题，缺乏连续性和稳定性。

②在行政执行过程中，行政指挥者意志不坚定、信心不足，没有推动各项工作迅速及时完成，遇到问题畏首畏尾，让这一不良现象有机可乘。

③在执行中缺乏必要的控制，特别是微观控制和事中控制。社会监督和国家权力体系的监督没有紧密相连，很多情况下公民与社会媒体不敢对下级的对策做出反应，导致社会监督的脆弱。如高考加分政策，这本来是不拘一格选人才、打破了“唯课程论”的一项非常好的举措，但是这项好的政策却被人们再一次以另外一种方式进行了解读和执行，“武术冠军”“奥数冠军”等称号席卷中国的高考市场，这突如其来的旋风式的荣誉称号，无非都是为了响应这一政策，谋取自身的利益，这样一种以利益为导向的行为必然会让我们选拔综合型人才的初衷再一次扼杀在摇篮之中。所以这样的现象使我们不得不正视一个问题，就是上有政策，下永远有对策与之进行较量，也使我们不得不认识到监督的重要性和必要性。

(3)“上有政策、下有对策”现象的对策建议

①优化教育行政政策的三大系统。领导决策系统中领导者应减少个人决策、经验决策和理性决策，需考虑大多数人的意见和利益。教育行政部门应做到政务公开，职责明确，政策透明，程序公开。

②教育行政执行的四大环节要准确到位。首先行政指挥应坚持统一的指挥原则，不能政令不一，给执行者提供“对策”的可乘之机。坚持准确权变的原则、合理授权的原则。其次在行政控制上加强微观控制；加强事中控制；加强信息控制，保证信息、传递渠道的畅通、及时和信息的真实性和准确性。最后，在行政沟通上，加强行政沟通，形成民主风气，防止官僚主义和独断专行的现象发生。重视非正式沟通，加强双向沟通，使信息更准确。

③加强和完善行政监督。监督要坚持依法监督的原则，坚决排除各种干扰，做到依法独立行使监督权；坚持实事求是原则，防止和克服工作中的主观性、片面性、表面性和盲目性。坚持教育和惩处相结合的原则；坚持依靠群众监督的原则，通过各种形式听取人民

群众对监督对象的反映和意见。

相信在教育管理中，对于行政决策、执行和监督这三个方面做好，做到位，“上有政策、下有对策”的现象会得到一定的遏制。

五、材料分析题

1．根据材料回答问题。

材料：

有人反映刘老师在前天上下午第一节课时迟到了20多分钟，教务处了解情况属实后按校规拟定了处罚意见，即通报批评并扣发当月奖金的25%。处罚还没有公布，刘老师就知道了，她找到校长哭诉了自己的委屈，希望校长替自己说句话。

刘老师已来校工作十年，工作表现一贯很好，极少有迟到早退现象，更没有迟到20多分钟的记录。为了工作，10个月前才有了个女儿。由于孩子尚小，她每天要赶很远的路回家给孩子喂奶。为此她曾要求调课，当时因为调课难度太大，教务处没有同意。前天中午，刘老师在回家给孩子喂奶后回校的路上自行车坏了，上课迟到了20多分钟。刘老师认为自己是在克服困难为学校分忧，而且前天的迟到又不是故意的，不应受处罚。

问题：

（1）请你描述一下决策的逻辑过程。

（2）如果你是校长，请你按照上述决策过程逐步制定出处理刘老师迟到问题的决策方案，每一步都要有明确的观点并阐述理由。

答：（1）决策的逻辑过程

美国管理学家西蒙认为，决策贯穿管理的全过程，管理就是决策，无论计划、组织，还是控制，都离不开决策。

在实际管理中，并非所有的决策都能按照理性准则做出，有些决策需要借助非理性的方法，但决策按照一定的逻辑过程进行会更加有效，决策的逻辑过程要经历七个阶段：

①识别问题。对问题的识别可以从以下几个方面进行：问题的类型、问题的层次、问题的时间限制、问题的重要性。

②确定决策标准，即确定解决问题方案应满足的条件。决策者一旦确定了需要注意的问题，则对于解决问题中起重要作用的决策标准就要给予明确。实际中的标准通常是一个指标体系，而不是一个单一的指标。

③拟订方案，列出能够成功地解决问题的可行方案。这一步骤无须评价各个方案，仅客观全面地列出即可。决策是一种优选活动，要想实现真正的选优，就必须要有多种可以比较的可行方案供决策者选择。

④分析方案。决策者批评性地分析每一个方案，依据标准评价每一个方案，了解每种方案的优缺点。

⑤选择方案。确定了与决策相关的因素，权衡了它们的重要性，并确认了可行方案之后，即可进行方案选择。

⑥防范分析。防范分析就是分析所选择的方案可能存在的问题，并有针对性地安排好对策。

⑦实施方案，跟踪效果。这一阶段要注意确保方案得到恰当实施，根据执行情况评价决策效果，发现问题并及时补救。

(2)关于刘老师迟到问题的决策方案

①刘老师迟到了，需要恰当的处理方案，这是对问题的识别和定性。从问题的类型来看，这是非常规问题，应采取非程序化决策；从问题的层次来看，校长可以提供处理的参考意见，供教务处参考决策；从问题的重要性和紧迫性来看，也是相当重要的，处理不好，会影响刘老师的工作积极性和情绪。

②对这个问题的处理，既要维护学校的纪律，使老师尽量杜绝上课迟到现象；又要注意刘老师的承受能力，看到她为学校做的贡献，保护她的工作积极性。这是制定处理方案决策的标准。

③拟定可供参考的决策方案。对这一问题可以有多种处理方案，如：通报批评并扣发当月奖金的25%；免予处理；只扣发当月奖金的25%；通报批评并扣发当月奖金的25%的同时，为她调课以利于她照顾女儿；通报批评并扣发当月奖金的25%，将她调课以利于她照顾女儿，在年度评优中予以倾斜和照顾，等等。

④分析上述方案。上述方案有的完全按照校规处理；有些减轻了处理；有些在照章处理的同时，给予一定的补偿。

⑤选择方案，对刘老师进行通报批评并扣发当月奖金的25%，为她调课以利于她照顾女儿，在年度评优中予以倾斜和照顾。这样处理的目的一是严肃校纪、杜绝教师迟到现象和违纪行为，二是充分照顾到刘老师的实际困难和她对学校所做的贡献，保护她的积极性。

⑥防范分析。要做好刘老师的思想工作，打消她的顾虑，使她明白这样处理是对事不对人的，是为了学校的管理和整体利益；同时，要对学校教师整体做个摸底调查，如果有影响学校教学实际困难的，尽快提出来，由学校酌情帮助解决。

⑦实施处理方案，跟踪效果。确保处理方案得到恰当实施，根据执行情况评价决策效果，发现问题及时补救，最终达到既维护校纪又不挫伤刘老师积极性的目的。

2. 根据材料回答问题。

材料：

某校是地区薄弱学校，以“管理乱、质量差”闻名，李校长到任后，面临着师资队伍不稳定，有些教师要调动的问题。在年度学校评估过程中，又被评估组织评定为教学质量不合格。面对这样的现状，李校长依据上级部门整改的要求和学校实际，确定了抓“校风、教风、学风”三风建设的治理目标，意图通过加强和完善管理，改变学校落后现状，逐步解决“管理乱、质量差”的问题；并采纳了教育专家实施“目标管理、分步推进”的策略来实施它的治理目标。但是，在具体实施的过程中，李校长遇到了许多操作方面的问题。

问题：

(1)你认为这样实施可以帮助李校长实现他的治理目标吗？请予以说明。

(2)你能够就如何实施目标管理的要求向李校长提出具体的建议吗？

答：(1)我认为可以帮助李校长实现他的治理目标，原因如下：

①目标管理是一种系统整体的管理方法

目标是组织系统功能的集中体现，是评价管理绩效的根本标准，因而抓住目标也就把握了管理系统的整体。通过目标制定与分解过程，动员全体人员参与管理活动，既有利于使全体人员明确组织的共同目标，加强整体观念，又有利于明确各部门人员为实现组织的共同目标所承担的任务以及在组织系统中所处的地位和作用，从而达到系统整体管理的目的。而且，通过完整的目标体系来指导活动和安排工作，可以做到既能对组织进行统筹安排，又能明确重点，重点突破，从而提高管理的绩效。

②目标管理是一种自我管理的方法

目标管理的基本含义是以自我管理为中心，民主气氛浓厚。下级参与了目标的制定，可以做到目标明确，责任明确，奖惩标准明确，有利于自我控制和自我激励；目标指导行动可以减少上级对下级工作的干预，有利于下级充分发挥自主管理的能力和聪明才智，创造性地进行工作，从而发现自己工作的兴趣和价值，享受工作的满足感和成就感。

③目标管理是一种重视成果的管理方法

工作成果既是评定目标完成程度的根据，又是人事考核和评价的主要依据。目标管理是以制定目标为起点，以考核目标完成情况为终结，考核的依据就是工作成果而不是能力表现。这样，既满足了人们对成就感的需要，又有利于促使人们凭成果说话，克服了评定工作中的主观随意性。

总之，如果李校长将目标管理的方法运用得当，是可以帮助他实现治理目标的。

(2)我的建议

学校管理目标的实施，就是把学校目标体系所确定的目标责任、目标进度要求贯彻落实到学校教育、教学、生产、科研和经营活动中，通过有效管理，实现学校整体工作目标的过程。它是围绕实现目标进行的，主要包括指导、检查、控制和调节等内容。根据实施的要求，我对李校长建议如下：

①首先要争取全体教职员工对治理目标的认同和支持。在实施之前，李校长要将实施的原因以及期望达到的效果告知教职员工，使他们明白实施目标管理可以给他们带来哪些好处。并且需要明确各个部门或者个人的责任。

②对实施过程进行有效指导。在实施过程，李校长要积极与广大教职员工沟通交流，与他们建立良好的共事关系，虚心倾听他们的意见，全面、及时地捕捉真实的反馈信息。对于教职员工的疑问和困惑，要勇于指导，善于指导，既能正视矛盾，不放任自流，又能因人而异，讲究方法，讲究实效。

③对实施的效果进行有效的目标检查。在目标管理的实施过程中，李校长要定期对实施情况进行检查，并使全校师生员工都清楚实施的状况和取得的成果，增强他们积极配合和继续努力的信心。同时，李校长应当设立明确的奖惩制度，对于目标完成得好的部门或者个人实施奖励，对于不能完成任务的部门或者个人进行适当的惩罚，对于在实践中被证明是不合理的目标要及时改正。

第 14 章　学校组织管理

一、单项选择题

1. 德意志社会学家马克斯·韦伯在研究商业、政治和宗教组织的基础上，写出《社会组织与经济组织理论》一书，提出了完全按照理性建立起来的理想化的、高效率的组织模式。该理论被称为(　　)。

A. 经典组织理论　　B. 人际关系的组织理论

C. 社会系统理论　　D. 现代权变的组织理论

【答案】A

【解析】古典组织理论，又称经典组织理论，产生于资本主义工业化初期，既反映了人类几千年各国政府官僚制度的基本组织原理，更揭示了社会化大生产条件下对组织结构及其运行机制的要求。对于官僚制度的最系统的研究是由德意志社会学家马克斯·韦伯做出的，他在研究商业、政治和宗教组织的基础上，写出《社会组织与经济组织理论》一书，提出了完全按照理性建立起来的理想化的、高效率的组织模式。

2. 按对组织顺从的程度划分，学校应当属于下列哪类组织？(　　)

A. 规范性的组织　B. 强制性的组织　C. 自主性的组织　D. 功利性的组织

【答案】A

【解析】美国组织社会学家艾兹奥尼将社会组织按照其影响组织成员的方式分为强制性组织、功利性组织和规范性组织三类。①强制性组织的特征是以物理性的胁迫行为，如关押、殴打、训斥等，迫使其成员就范；②功利性组织是以物质刺激如工资、奖金等支配其成员；③规范性组织是以精神手段促使其成员参与组织活动。哪类影响方式占主导地位，该组织就被认定为这类性质的组织。在这三类组织中，其成员的行为顺序按照“被动——被动或主动——主动”的路线发展。根据这种分类，学校应基本属于规范性组织。

二、概念题

1. 学校组织

答：学校组织是依据教育规律和社会需求设立，以育人为核心目标的正式社会机构，具有明确的目标、结构和运行机制。其内在目标是贯彻国家教育方针，促进受教育者全面发展；外在目标则是回应社会与家庭需求，如提供社区教育或职业指导。组织结构包括教学管理、学生工作及行政服务等部门，形成分工协作的权责体系。运行机制涵盖教学实施与行政管理两大系统，保障教育活动的有效开展。相较于传统学校目标单一、结构刚性和指令驱动的特点，现代学校组织趋于多元、扁平、灵活和民主。当前学校组织面临结构滞后于多元目标、内外目标协同困难以及教师角色转型中的权威重构等挑战，亟需通过结构优化与机制创新提升组织适应性和育人实效。

2. 管理跨度

答：管理跨度，又称管理幅度，是一个主管人员或部门直接管辖的下属人员或部门的多少。一般而言，管理跨度影响管理者对下属的控制强度，影响组织分层的多少，影响信息沟通的速度或准确性，关系下属积极性的发挥。在这个问题上，存在着管理跨度小型化、大型化和权变化三种观点：①传统观点认为，一名管理者管理的下属不应超过6名，只有这样才能施加严密的控制，才能避免由于下属人员的增加而带来的复杂关系。②主张管理跨度大型化的观点认为，这种结构可以使层次减少，有利于沟通；可以减少管理人员的数量，较少发生权利和责任的重叠，因而使冲突和推诿责任的现象较少发生；可以使下属享有较充分的权力，有利于调动其积极性；可以降低管理成本，节约资金。③持权变观点的人们认为，管理跨度究竟多大为好不能一概而论，要视具体情况而定。影响幅度的因素有：管理者和下属双方的能力；管理工作的性质；管理的标准化程度和工作的相似程度；授权的程度；管理者可自由支配的时间等。

3. 组织发展

答：组织发展是指对组织的战略、结构、流程，以及组织的心理和精神文化等方面进行改革和更新，从而提高组织的绩效。一般认为，组织发展有两条途径，一条是人际过程途径，强调人员的参与和组织的过程，目的是让组织成员获得自我实现和任务完成；另一条途径是技术结构途径，强调组织中的技术及结构，目的是强调任务的完成。

4. 系统

答：系统是由相互联系、相互依赖、相互制约、相互作用的事物组成的具有整体功能和综合行为的有机整体。按不同的分类方式可分为：小系统、大系统、巨系统；自然系统、人工系统；物质系统、概念系统；开放系统、封闭系统；静态系统、动态系统；等等。它可以是一个学生、一个班级、一个教研组、一个学校，也可以是整个国民经济、整个社会、整个自然界、整个宇宙。为实现系统自身的稳定和功能，它需要以一定方式取得、使用、保持和传递能量、物质和信息；也需要对其各个构成部分进行组织，使其内部组织协同有序。

5. 学校组织文化

答：学校组织文化是指学校在长期的教育实践和与各种环境要素的互动过程中创造和积淀下来为其成员认可的纪律、气氛、教与学的行为方式等行为规范体系，以及学校布局、校园环境、校舍建设、设施设备、符号、标志物等物质风貌体系。它包含物质文化、制度文化和观念文化三个层次的内容，对学校组织具有目标导向、约束规训、凝聚和激励的作用。

三、简答题

1.“事业部制”组织模式的结构特点是什么？它产生的内、外部条件是什么？这种组织模式可能产生什么缺陷，如何预防？

答：（1）“事业部制”组织模式的结构特点

“事业部制”是将负责各个项目的部门作为相对独立的实体加以对待，在组织内部根据一定规则进行最大程度授权，使之享有责任范围内的决策权、财权、人事聘用权、业务指挥权等，同时规定其对整个组织应尽的义务。

(2)产生的内、外部条件

有些组织活动中，各部门分别从事某一领域的经营，彼此之间的业务范围有较大差距，需要独立开展工作。在这种情况下，各部门需要针对环境变化及时做出决策，避免贻误战机，获得相当程度的自主权就显得非常重要。可采用“事业部制”组织结构模式。

(3)可能产生的缺陷及预防

分权后，可能会形成各部门“诸侯割据，各自为政”的分散状态。组织的领导集团必须握有干部的任命权和管理权，政策决定权和宏观调控权；同时建立权威的中心协调机构，协调各事业部的工作关系与利益关系，实现“全局一盘棋”。

2. 谈谈教育组织中的沟通有哪些形式？

答：沟通是指可理解的信息或思想在两人或两人以上的人群中传递或交换的过程，整个管理工作都与沟通有关。教育组织中组织者与被组织者的信息传递，领导者与下属的感情联络，控制者与控制对象的纠偏工作，都与沟通相联系。教育组织中的沟通形式有很多种，按照划分的标准不同而不同，具体如下：

(1)按照功能划分，沟通可以分为工具式沟通和感情式沟通。工具式沟通指发送者将信息、知识、想法、要求传达给接受者，目的是影响和改变接受者的行为。感情式沟通是指沟通双方表达情感，获得对方精神上的同情和谅解，最终改善相互之间的人际关系。

(2)按照行为主体来划分，沟通可分为个体间沟通与群体间(或团队间)沟通。组织成员是组织活动的基本单元，每一个组织成员都需要借助合理的形式和手段准确地向其他成员传递与自己的思想、情感以及行为有关的各种信息，并准确地理解他人发出的各种信息。群体或部门间的关系也是如此。

(3)按照所借助的中介或手段划分，沟通可分为口头沟通、书面沟通、非语言沟通、体态语言沟通、语调沟通和电子媒介沟通等。

(4)按照组织系统划分，沟通可分为正式沟通和非正式沟通。一般来说，正式沟通指以教育行政组织和学校组织中的正式组织系统为渠道的信息传递。非正式沟通指的是以其中的非正式组织系统或个人为渠道的信息传递。

(5)按照方向划分，沟通可分为下行沟通、上行沟通和平行沟通。下行沟通指上级将信息传达给下级，是由上而下的沟通。上行沟通指下级将信息报告给上级，是由下而上的沟通。平行沟通是指同级之间横向的信息传递，也称横向沟通。

(6)按照是否进行反馈划分，沟通可分为单向沟通和双向沟通。一般来说，单向沟通指没有反馈的信息传递。双向沟通指有反馈的信息传递，是发送者和接收者相互之间进行信息交流的沟通。

3. 按照《教育法》的规定，设置学校需要满足哪些条件？

答：自1995年《中华人民共和国教育法》颁布并施行以后，学校的设置就被纳入法治化的轨道。教育法规定的设置学校需满足的具体条件如下：

(1)基本条件

根据《教育法》第31条，“学校及其他教育机构具备法人条件的，自批准设立或登记注册之日起取得法人资格”。为使学校真正具有权利主体能力，能够独立地承担民事责任，现有法律对学校设立的条件也做了若干规定：有组织机构和章程；有合格的教师；有符合规定标准的教学场所及设施、设备等；有必备的办学资金和稳定的经费来源。在我国境内办学校，凡不符合这些条件的，都可视为非法，有关方面有权采取处罚措施，或关闭，或下令整改。

(2)设置的程序

除了设置的条件外，学校的设置还需经过一定的程序。据具体教育机构性质的不同，学校设置的程序可分为审批制度以及登记注册制度两种，前者适用于各级各类正规学校，主要审核学校的设置是否符合法律规定的基本条件，是否符合本地区的教育发展规划等；后者是主管部门对申请者提交的申请报告进行审核通过后，予以登记注册，它不如前者那么严格。幼儿园的设立实行的即是登记注册制度。

4．谈谈如何开展校园文化建设。

答：(1)校园文化的含义

校园文化是一种亚文化，它既反映文化的一般性，又有自己的特殊性。广义的校园文化包括物质文化、精神文化和制度文化。它有三个主体：管理者、教师、学生。狭义的校园文化一般指精神文化与活动文化，它的主体主要是指学生。它从属于社会文化，是具有一定范围的一种群体文化。

(2)建设校园文化的意义

校园文化的功能，不是直接可以触摸得到的，然而生活在校园之中的人时时、处处可以感受得到。一个学生从进校到离校，几乎每天都生活在校园文化的氛围之中，无论在课内，还是在课外；无论是个体活动，还是集体活动，总在无声无息地影响着他们，伴随着他们成长。中小学校园文化建设具有促进学校的发展、促进素质教育的发展、促进学生的创造能力发展、促进中小学生正确人生观、世界观和价值观的形成等作用，因此，可以看出中小学校园文化建设有十分重要的意义。

(3)校园文化建设应遵循的原则

校园文化建设是一项复杂的系统工程，它具有多侧面、多角度、多层次的特点，它所包含的内容之广、渗透力之强是一般教育因素难以企及的。那么，如何开展校园文化建设呢？首先，建设校园文化需要遵循几条原则：①继承和创新原则；②系统性原则；③公平性原则；④因地制宜、因校制宜原则；⑤合理规划，整体布局原则；⑥以点带面，边评边建原则。

(4)开展校园文化建设的方法

建设校园文化的总体或关键要求是必须深层地研究某个具体学校的实际，动态地构建校园文化脉络，才能提升、规范校园文化。具体方法如下：

①明确指导思想，培育校园精神。校园精神不但是对学校传统的继承和发展，而且还应是时代精神的集中体现。学校应该认真总结提炼本校优良传统，紧密结合时代精神，努力营造团结和谐、开拓进取、求实创新的校园精神。以人为本的校园文化建设承载着精神文明建设的使命，必将体现一定的时代特征，从而培养并输送出能适应时代发展，能参与

社会竞争与合作，能积极推进、引导社会发展的学生个体。

②开展校风、教风、学风建设。以建设优良的校风、教风、学风为核心，推动形成厚重的校园文化积淀和清新的校园文明风尚，要在规范办学行为、继承优良传统的基础上，遴选和集成社会的先进文化，弘扬主旋律，大力营造优于社会环境的独特氛围，使教育和引导体现在细微之处，体现在师生之间、同学之间相互关怀和关心之中，体现在班级、团队组织的温暖和鼓励之中，体现在高年级同学对低年级同学的爱护和帮助之中。

③建设校园整体环境。建设校园整体环境的过程中，不但要注重“硬”环境条件的建设，更要突出“软”环境的培植，在学习创新、技能实践、文体竞技、团队精神、思想导向及生活等方面营造出良好成长环境。要充分利用校园的每一个角落，营造良好环境和氛围，发挥教育的引导和熏陶作用。

④组织形式多样的校园文化活动。要精心设计和组织开展内容丰富、形式多样、吸引力强、调动学生主动参与的校园文化活动。充分利用传统节日，设计、开展丰富多彩的活动。开展校园文化活动，要尊重中小学生的身心特点，充分考虑他们的年龄差异、地域差异和个体差异，切合各地实际，既体现知识性、科学性，更突出趣味性、娱乐性，最大限度地调动发挥学生的积极性、主动性和创造性，反对形式主义。

校园文化是学校教育的重要组成部分，是全面育人不可缺少的重要环节，是凝聚和激励学校师生的重要力量，是学校精神文明建设的重要内容，是学校综合实力的重要标志。校园文化建设又是一项复杂的系统工程，它需要一代又一代的校园文化研究者和建设者的共同开拓与创造。

5. 学校组织文化建设的主要内容有哪些？

答：学校组织文化建设是指学校有意识地培育、塑造和维持一套为全体成员所认同并共同遵循的价值观念、信念体系、行为规范、思维方式及物质象征的长期性、系统性过程。其核心在于通过文化的力量引领学校发展、规范成员行为、增强组织凝聚力，并最终服务于育人这一根本目标。学校组织文化建设的主要内容包括：

(1)成就目标与进取意识

学校应确立符合时代要求且具有自身特色的发展目标，并积极培育开拓创新、追求卓越的组织氛围。文化建设需关注是否形成以教学和学术为核心的工作环境，是否倡导勤奋严谨的作风，并激励师生员工的成就动机。

(2)目标认同与组织凝聚力

反映师生员工对学校目标的接受和内化程度，体现为个人目标与组织目标的一致性和对集体利益的重视，以及愿意为学校发展付出努力甚至牺牲的意愿。其外在表现为成员对学校领导集体的信任与支持程度。

(3)以人为本的价值理念

体现为管理者的人性观与教师的学生观，强调尊重人格、公正对待每一个人，宽容并帮助有不足的成员，真正认可和保障师生员工的主动性、创造性与民主权利。

(4)控制观念与管理方式

指学校在监督和规范师生及教职工行为过程中所秉持的态度及具体实践方式。控制手段应因组织类型、任务属性和对象特点的不同而有所差异，体现管理的适切性与人本性。

(5)社会责任感与开放性

指学校是否秉持公共利益优先的原则，勇于承担社会责任；是否以开放的态度应对社会环境变化，积极推动自我革新，实现与外部环境的良性互动和持续发展。

四、论述题

1．试述学校组织文化对于学校管理有哪些作用？如何建设良好的学校组织文化？

答：学校组织文化是指一所学校在自己的长期活动中所积淀下来的、为全校成员所共同赞成和遵循的价值观念和行为方式的总和。

(1)学校组织文化对于学校管理的作用

学校组织文化在学校管理中具有十分重要的意义，其作用如下：

①组织文化为管理工作的开展提供了活动的框架。组织结构模式的设计、组织冲突的解决、规章制度的制定与实施，都离不开对学校师生现有价值观和行为习惯的理解，它们必须与一定文化相适应(即使这种文化落后，也要先顺其自然，再逐渐加以改革)，才能有效地发挥作用。

②获得认同的优秀组织文化对所有组织成员都有较强的约束力，这种约束力的特点是出于自然而非强迫，使成员形成良好习惯，大大减轻管理的压力。

③优秀的文化对学校成员有凝聚作用，大家有共同的价值观念、工作作风、行为方式，彼此之间的认同感会得到加强，感情会更为融洽，使学校成员团结一致为学校目标实现而努力。

(2)良好的学校组织文化的建设

学校文化是在长期发展中形成的，建设优秀的、有特色的组织文化是一项战略任务。下面几个因素对学校组织文化建设具有关键意义：

①校长是学校文化建设的灵魂，校长要具有办学的战略思想和远见卓识。一所学校的发展，就是校长的智慧、能力的表现，优秀的组织文化往往体现校长的远见卓识，表现他的教育哲学观、管理哲学观。蔡元培将充满腐儒气息的老北大改造成思想学术俱佳的新北大，就是他的“囊括大典，网罗众家”构想的实现。所以一名校长要有战略家的头脑，他不仅要考虑学校未来的“实体”发展，如规模多大、课程怎样设置、校舍如何规划等，还要注意“虚体”的构思，深入思考学校应树立一面什么样的精神旗帜，旗帜上应书写哪些“箴言”，如何引导所有学校成员集合到这面旗帜下。

②要经常引导师生员工务“虚”。学校组织文化不仅仅要表现在行动上(虽然最终一定要表现在行动上)，而且一定是学校成员可以从自己的经验中悟出来并加以升华的“实践理性”。当师生员工对本学校的价值取向有了自觉的认识并发自内心地拥护时，学校组织文化才真正确立其地位。

③要有延续性地建设一支骨干队伍。学校组织文化的建设是一个连续的自组织过程，所谓自组织，是一个事物自动地形成有序结构的过程，而自组织的条件之一是要有一个小规模的有序的基体。从组织上说，它以一批有理想、有能力的人们为基础，通过他们的倡导和力行，辐射开来，影响其他人的行为，从而形成与巩固组织文化。

④有计划地、持之以恒地长期进行。改造旧文化、建立新文化是一个循序渐进的过程，

要一步一步地进行。各级管理者都要明确组织文化建设的目标，将其核心精神贯彻到每一个部门的工作和每一项活动中去，在长期的磨合中，使这种精神在每个成员心中孕育成长。

2. 试用社会系统理论(社会系统管理学派的观点)分析学校的构成和特征。

答：社会系统理论是综合早期传统组织理论和行为科学组织理论的成果，并以系统观点来分析组织的一种理论。

(1)社会系统管理理论的主要观点

系统管理学派认为，组织是由一个相互联系的若干要素组成、为环境所影响的并反过来影响环境的开放的社会技术系统。它是由目标和价值、结构、技术、社会心理、管理等五个分系统组成。必须以整个组织系统为研究管理的出发点，综合运用各个学派的知识，研究一切主要的分系统及其相互关系。

社会是一个十分复杂的系统，特别是在开放的环境下其庞大性、复杂性、目的性、不确定性、成长性、适应性、资源的冗余性等特点更为突出。管理者从系统的思想出发，研究人、财、物、时间、空间、信息之间的差异，形成了事物发展的多种可能性，再把约束条件放进去，进而探索出治理社会的一种好的或比较好的管理模式。

系统理论向社会管理提出了新概念：整体优化概念、结构概念、开放和闭合的统一概念、动态平衡概念、信息反馈概念。

(2)利用社会系统理论分析学校的构成和特征

学校具有社会系统的特征，即拥有自己的组织信念、情感、目的、准则、身份和角色、权力、等级、法规、设施等。利用社会系统理论分析学校的构成和特征，可以从以下几个方面考虑：

①可以把学校组织视为在开放系统中的一种动态组织。社会上各种因素(政策的、观念的、经济的、行为习惯等等)都对学校的教育质量和工作秩序、效率发生影响。在诸多因素中有一类是确定性的，它们与学校质量和效率是线性关系；另一类是不确定性的，是偶然发生的，它们与学校质量和效率是非线性关系。这两类因素相互影响使学校管理的质量和秩序呈波动状态。教育管理人员把系统理论作为一种价值观和方法论来研究和解决教育管理中的各种问题。

②学校管理上使用的教育预测、教育规划、教育决策、教育质量管理、教育评价等等新技术、新方法都是根据系统理论的原则设计出来的。管理者从整体上研究影响教育质量和秩序的各个因素之间的关系和联系，研究各种不同组合方式所产生的不同效果，采用系统分析的方法解决整体的协调性、结构合理性、运行稳定性、环境适应性以及技术的先进性。

③在学校组织中，校长是关键人物，他的主要任务是协调组织和人之间的关系。校长的权力只有被教职工接受的时候才是有效的，因此必须加强彼此间的沟通。教职工是学校组织的成员，他们要积极地参加学校组织的活动，并为学校组织作出贡献，组织要按照他们对组织贡献的大小给予不同的奖励。

④学校是一个由一系列相互关联的子系统集合而成的系统，学校任何一个子系统的行为方式，都受与其直接相联结的子系统的影响。学校可以通过对内部结构的调整，对组织系统内部各式各样的活动状态进行最佳秩序的组合，以求形成系统的“整体最优化”。学校

组织的结构是多层次的，存在着教师层、学生层和领导层的等正式组织，也存在着大量的非正式团体。正式组织和非正式团体的目标常常会出现冲突，而组织的成员也有其非正式目标。也就是说在学校系统中存在两种行为动机，一种源于个人，一种是由于组织要求。团体在某些场合下共同协作去完成组织的目标，而在另一些情况下，他们又会为实现各个小团体自身的目标而合作。领导者需要对个人需要和组织需要进行调整，尽可能地综合互相冲突的目标。综合的策略性工具就是在共同利益的基础上实现组织与个体之间联盟。如果学校管理者把学校看作一个各联盟的集合体，则他的管理任务就在于谋求把各联盟联结成网，这个网络将以半协调的方式去达成某种层次的稳定或变革的计划。

3. 试对学校作为科层组织与非科层组织的特点做出分析。

答： 科层组织的概念由德国学者马克斯·韦伯提出，也称官僚组织，这种组织是按照权力等级和严格的纪律理性化地建立起来的。

(1)学校作为科层组织的特点

根据分析，学校具有科层组织的特点，体现在以下几个方面：

①学校在业务系统和管理系统建立起专业分工的体系。在学校中存在不同的组织部门，各自有明确的分工和职责；各个部门都有不同的专业化的工作岗位，各岗位的工作人员各司其职。一般而言，这种专业化的岗位在高等学校中体现得更为明显。

②学校内部存在权力等级。学校中存在从管理层到基层的等级体系，每个层次有着不同的职务、责任和权力。下级一般会服从上级的管理，对上级组织负责。

③制定明确的规章制度。学校不仅要遵守国家的法律法规，在学校内部一般还有一套明确的规章制度，教师和学生都以此为行为规范，违反学校规章制度的行为会受到处罚。

④人员任用有严格的资格限制，并要通过考核。学校教师的任用一般都有严格的选拔程序，并且对从事教师职业的人都有严格的资格限制，从学历到品德都要经过严格考察。

(2)学校作为非科层组织的特点

学校作为教书育人的专门机构，又不只具有科层组织的属性，它还有另外一些非科层组织的特点：

①在学校中，行政职位不是唯一的权力来源，学术影响也产生权力性威望。学校是文化组织，以教学和学术研究为本，培养出优秀学生、发表有价值的科研成果，是学校生存和发展的根基；而一支稳定的、高素质的教师队伍是学校出“精品”的前提条件，学术上出类拔萃的教师更是学校成就的灵魂，因此，教师应当受到重视。另外，学校作为传递文化的专业组织，教师对专业的发展最有发言权。一般来说，在各级学校中，专业分化越强，难度越大，由学术因素产生的权力影响也越大。比如说，大学教师对学校决策的影响超过小学教师。

②学校中教师存在较强的自律要求，希望自己能受到像对成熟的人那样的尊重，由自己约束自己，而不是像小孩子一样处处受到约束。这种要求与教师的工作弹性性质有关，也与他们的文化素质有关。这种自律性要求并不反对纪律规定，但希望纪律要有弹性，要适合教师的特点，这不可避免要与一些管理者强调使用纪律进行刚性控制相抵触。

③教师们参与学校管理的愿望和能力较强，他们掌握的知识和经验比较多，分析问题的能力很强，彼此横向上对学术和管理问题的沟通很多，学校的文化氛围重视“平等”“民

主”观念，这对于权力的等级性产生一定的冲击。

④学校中的人际关系重视情感，这与学校工作的育人性质有关，也与学校管理者和教师的文人素质有关，科层制度所强调的“处理人际关系的非人格化”的理性特征在某种程度上被弱化。

根据上述分析，学校同时具有科层组织和非科层组织的特点。学校的权力结构是行政、学术二元化结构。各级学校的学术层次越高，二元化的特征越明显。这种特征一方面有利于加强学术组织的力量，强化民主机制，但也可能导致行政组织与学术组织的矛盾和冲突，可能削弱对必要的制度与纪律的建设，这些都是学校组织管理中必须注意的。

4. 什么是学校组织的“二元化”特点？为什么学校组织会出现这些特点？这种特点会带来哪种积极和消极影响？适应这种特点的组织建设应当遵循怎样的原则？

答：(1)学校组织的“二元化”特点

学校组织结构存在着多重二元化的特点，具体表现为：教师与学生的二元化、行政权力与学术权力的二元化、教学与科研的二元化、正式群体与非正式群体的二元化等。

一般而言，学校组织的二元化通常指权力系统并存着行政权力与学术权力的二元权力：一是以行政管理组织结构为网络的行政权力系统，包括学校、行政和群众组织等；二是以教授、专家和学者等教师为核心，以各种学术委员会、教学委员会等学术机构为特征的学术权力系统。

(2)学校组织出现“二元化”特点的原因

学校组织之所以具有“二元化”的特点，是因为学校组织“二元化”权力的存在。学校是特殊的社会组织，在学校中，行政职位不是唯一的权力来源，学术影响也产生权力性威望。学校是文化组织，以教学和学术研究为本；而一支稳定的、高素质的教师队伍是学校出“精品”的前提条件，学术上出类拔萃的教师更是学校成就的灵魂，因此，教师受到重视。另外，学校作为传递文化的专业组织，教师对专业的发展最有发言权，由此学术因素也产生权力影响。

同时，教师存在着较强的自律要求，希望自己能受到像对成熟的人那样的尊重，他们参与学校管理的愿望和能力较强，学校中的人际关系又重视情感，学校中的文化氛围重视“平等”“民主”观念，这些都对权力的等级性产生一定的冲击。

(3)学校组织“二元化”特点带来的影响

积极影响在于：这种特征有利于加强学术组织的力量，强化民主机制，提高教师的地位和参与学校管理的权利，形成对学校行政权力的制约和监督，促进学校决策的民主化。

消极影响在于：二元权力也可能导致行政组织与学术组织的矛盾和冲突，可能削弱必要的制度与纪律的建设，有时会造成行政权力的瘫痪，影响学校正常的教育教学秩序。若行政权力过强，也可能压制学术权力，对学术发展造成一定的干扰。

(4)适应学校组织“二元化”特点进行学校组织建设的原则

为适应学校组织“二元化”特点，进行学校组织建设，应坚持以下原则：

①精兵简政，与学校目标、任务相一致的原则。学校组织机构和工作岗位的设置，必须以提高效能和效率为指导思想，坚持因事设岗，组织建设围绕学校目标和任务进行。

②统一领导的原则。避免政出多门，越俎代庖。

③分工协作的原则。学术组织与行政组织应该加强沟通，增加协调，分工协作，各得其所。

④职、责、权相一致的原则。任何岗位上的工作人员都应严格承担起与其职务相一致的责任，履行其应尽的义务，并享有完成职责所必需的权利。

⑤建立监督机制，促进民主管理的原则。为了保障学校重大决策的科学准确和防止领导干部渎职、腐败现象的产生，应尊重教职工参与管理的民主权利，从组织和制度上加以保证。

5. 谈谈你对建立现代学校制度的认识。

答：现代学校制度，是指一种适应社会化大教育和社会主义市场经济体制、政治体制、科技体制改革的内在要求，以学校法人制度为主体，以有限责任制度为核心，以教育管理专家经营为表征，以学校组织制度和管理制度以及新型的政校关系为主要内容的现代学校体制。建立现代学校制度必须把握现代学校制度的以下特征：

(1)现代学校制度是时代的产物

"适应社会化大教育和社会主义市场经济体制、政治体制、科技体制改革的内在要求"，表明现代学校制度是时代的产物：

①现代学校是社会化大教育系统的有机构成部分，必须把提高民族素质，多出人才、出好人才作为办学管校的根本目的。

②建立现代学校制度，是教育系统采取综合配套、分步推进的方针，改革包得过多、统得过死的旧体制，以满足经济体制、政治体制和科技体制改革不断深化对人才需求的必然结果。

③现代学校制度是与社会主义市场经济体制、政治体制和科技体制相适应的教育新体制。

(2)现代学校制度以学校法人制度为主体

"以学校法人制度为主体"有三层含义：

①学校必须具备法人条件，即依法成立，有必要的财产，有自己的名称、组织机构和场所，能够独立承担民事责任，应具有人格、财产和责任的独立性。

②现代学校必须在取得学校法人资格的基础上建立学校法人制度，使学校拥有法人财产，在民事活动中依法享有民事权利，承担民事责任，实现民事权利能力和行为能力的统一，使学校成为自主经营、自负盈亏、自我发展、自我约束的法人实体。

③国家所有权职能与行政职能必须分开，政校职能必须分离，确保学校法人具有办学自主权。为此，现代学校建立法人制度，必须从法律上保证国家所有权与宏观调控权分离，政府管理职能与学校管理职能分离；出资人的所有权和学校法人财产权得到法律确认；学校股东所有权与董事会及其领导下的校长经营权的分离得到规范。

(3)现代学校制度以有限责任制度为核心，以教育管理专家经营为表征

建立"有限责任制度"和"教育管理专家经营"是现代学校制度的根本标志。现代学校制度下的学校通过所有权与经营权的分离，以及聘请一批优秀的教育管理专家专司经营管理之职，实现了现代学校管理的制度化、科学化，从而也就大大提高了学校资产运营和育人的效益。

(4)现代学校制度以学校组织制度和管理制度以及新型的政校关系为主要内容

"以学校组织制度和管理制度以及新型的政校关系为主要内容"，表明现代学校制度是一个建立在学校法人制度基础上的有机的制度体系。

①学校组织制度是由股东会、董事会、监事会、教职工代表大会和校长所构成的组织结构。

②学校管理制度主要涉及学校经营管理组织的类型、责任制度、民主管理制度、教职工和学生管理制度、教育教学常规管理制度、教育科研管理制度、财务制度以及现代学校文化模式等。

③建立现代学校制度，可以调整政府与学校的关系：一方面，政府作为"股东"，通过委派自己的股权代表参加学校董事会，对学校进行间接管理，避免政府对学校统得过死的倾向；另一方面，真正有效地执行督导评估的行政职能，把政府应该管的事情真正管好。

总之，建立现代学校制度需要改革旧的学校制度的弊端，建立以产权关系清晰、政校职能分开、法人制度健全、组织管理科学、奋斗目标明确为基本特征的新型学校制度。

6. 为什么现代组织管理强调组织文化的建设？怎样才能建设良好的组织文化？

答：组织文化是指在组织长期发展过程中形成，并被成员广泛认同和遵循的、具有本组织特色的价值观念、团体意识、行为规范、工作作风及思维方式的总和。组织文化具有独特性、相对稳定性、融合继承性以及发展性等特征。其结构通常可分为三个层次：潜层次的精神层、表层的制度系统、显现层的文化载体。

(1)现代组织管理强调组织文化建设的原因

现代组织管理强调组织文化建设，根本原因在于其能为组织发展提供深层支撑。具体来说，组织文化的功能主要表现在以下几个方面：

①整合功能

组织文化通过培育组织成员的认同感和归属感，建立起成员与组织之间的相互信任和依存关系，使个人的行为、思想、感情、信念、习惯以及沟通方式与整个组织有机地整合在一起，形成相对稳固的文化氛围，凝聚成一种无形的合力，以此激发出组织成员的主观能动性，并为组织的共同目标而努力。

②适应功能

组织文化能从根本上改变员工的旧有价值观念，建立起新的价值观念，使之适应组织外部环境的变化要求。一旦组织文化所提倡的价值观念和行为规范被成员接受和认同，成员就会自觉不自觉地做出符合组织要求的行为选择，倘若违反，则会感到内疚、不安或自责。从而自动修正自己的行为。因此，组织文化具有某种程度的强制性和改造性，其效用是帮助组织指导员工的日常活动，使其能快速地适应外部环境因素的变化。

③导向功能

组织文化作为团体共同价值观，与组织成员必须强行遵守的、以文字形式表述的明文规定不同，它只是一种软性的理智约束，通过组织的共同价值观不断地向个人价值观渗透和内化，使组织自动形成一套自我调控机制，以一种适应性文化引导着组织的行为和活动。

正是由于组织文化在组织中所具有的多样性的功能，因此，现代组织管理必须重视和不断加强组织文化建设。

（2）建设良好组织文化的途径

组织文化的塑造是个长期的过程，同时也是组织发展过程中的一项艰巨、细致的系统工程。它的形成需要领导者和员工的共同努力，需要领导者的倡导和组织成员的认同的双向努力。从途径上讲，组织文化的塑造需要经过以下几个过程：

①选择合适的组织价值观标准

价值观是整个组织文化的核心，选择正确的组织价值观是塑造良好组织文化的首要战略问题。选择组织价值观首先要立足于本组织的具体特点，根据自己的目的、环境要求和组成方式等特点选择适合自身发展的组织文化模式。其次要把握住组织价值观与组织文化各要素之间的相互协调，因为各要素只有经过科学地组合与匹配才能实现系统整体优化。在此基础上，选择正确的组织价值观标准要注意以下四点：

a. 组织价值标准要正确、明晰、科学，具有鲜明特点。

b. 组织文化要体现组织的宗旨、管理战略和发展方向。

c. 切实调查本组织员工的认可程度和接纳程度，使之与本组织员工的基本素质相和谐，过高或过低的标准都很难奏效。

d. 选择组织价值观要发挥员工的创造精神，认真听取员工的各种意见，并经过自上而下和自下而上的多次反复，审慎地筛选出既符合本组织特点又反映员工心态的组织价值观和组织文化模式。

②强化员工的认同感

在选择并确立了组织价值观和组织文化模式之后，就应把基本认可的方案通过一定的强化灌输方法使其深入人心。具体做法可以是：

a. 一切宣传媒体，宣传组织文化的内容和精要，使之家喻户晓，以创造浓厚的环境氛围。

b. 培养和树立典型。榜样和英雄人物是组织精神和组织文化的人格化身与形象缩影，能够以其特有的感召力和影响力为组织成员提供可以仿效的具体榜样。

c. 加强相关培训教育。有目的的培训与教育，能够使组织成员系统地接受组织的价值观并强化员工的认同感。

③形成表述

组织价值观的形成不是一蹴而就的，必须经过分析、归纳和提炼方能定格。

a. 分析。在经过群众性的初步认同实践之后，应当将反馈回来的意见加以剖析和评价，详细分析和比较实践结果与规划方案的差距，必要时可吸收有关专家和员工的合理意见。

b. 归纳。在系统分析的基础上，进行综合化的整理、归纳、总结和反思。去除那些落后或不适宜的内容与形式，保留积极进步的内容与形式。

c. 提炼定格。把经过科学论证和实践检验的组织精神、组织价值观、组织伦理与行为予以条理化、完善化、格式化，再经过必要的理论加工和文字处理，用精练的语言表述出来。

④巩固落实

要巩固落实已提炼定格的组织文化，首先，要建立必要的制度保障。在组织文化演变为全体员工的习惯行为之前，要使每一位成员在一开始就能自觉主动地按照组织文化和组织精神的标准去行动可能会比较困难，即使在组织文化业已成熟的组织中，个别成员背离组织宗旨的行为也是经常发生的。因此，建立某种奖优罚劣的规章制度十分必要。其次，领导者在塑造组织文化的过程中有着决定性的作用。他们应起到率先垂范的作用，必须更新观念并能带领组织成员为建设优秀组织文化而共同努力。

⑤发展中不断丰富和完善

任何一种组织文化都是特定历史的产物，当组织的内外条件发生变化时，组织必须不失时机地丰富、完善和发展组织文化。这既是一个不断淘汰旧文化和不断生成新文化的过程，也是一个认识与实践不断深化的过程。组织文化由此经过不断地循环往复达到更高的层次。

7. 试述中小学自主办学的限制因素和可以借鉴的表现形式。

答：所谓自主办学，是指学校不受政府的行政控制，根据法律和社会需要，独立地举办学校、进行决策和开展各项工作，特别是独立决定办学目标、人员聘任、资金使用和课程设置。一般认为，自主办学可以发挥学校的积极性，提高学校效能。但是，公立中小学不可能完全脱离政府监督而自主办学，世界上任何国家总体上都没有这种情况。

(1)中小学自主办学的限制因素

中小学，尤其是公立中小学不可能完全自主办学主要受以下一些因素的影响：

①学校与政府关系中，占主导地位的仍然是政府。有人认为，公立学校也是独立的学校法人，所以具有办学的自主权，这种认识是有争议的。所谓法人，是指依法成立并能以自己的名义参与民事活动，享有民事权利和承担民事义务的社会组织。其基本特征包括：a. 经过国家认可；b. 必须能够独立地取得和处理财产；c. 能够独立承担民事上的财产义务以及能够以自己的名义参加民事活动和诉讼。根据这个法律界定，公立中小学具有部分法人特征，但在关键的方面，即在独立地取得和处理财产的问题上，权力掌握在政府手中。所以，就整体而言，公立中小学脱离政府而完全自主办学是缺少法律依据的。

②中小学教育属基础教育阶段，除少数民办学校外，举办学校的责任由国家承担，国家为其制定办学总方针，各级政府向学校提供经费、物资和师资，同时指导和监督办学。教育是非营利事业，在直接经济意义上，教育活动只有投入而无产出。在教育成本不断上涨的情况下，离开政府的财政后盾而独立谋求生存和发展，这对大多数中小学是不可能实现的。我国有两亿多中小学生，教育支出成为最大项目的政府财政开支，在这种情况下，政府对学校的教育、财务、人事等各方面工作进行指导和监督，提高办学质量，追求最佳教育投资效益，是政府职责所在。从国际上看，发达国家和地区的政府在实施一系列推进学校自主办学的措施后，通过经济、法律、评价等手段进行监控的力度还是比较大的。

③在改革开放的条件下，学校与各种社会力量的联系和互动越来越频繁，通过各种途径获得利益的机遇随处可见，所面临的价值冲突日益增多。追求自身利益最大化的倾向有可能使学校发展偏离正确方向。特别是我国还处于向现代化发展的初期阶段，法制尚不够健全，学校管理中的非理性倾向仍然存在，比如，人事任用中的人情色彩、经费筹集中违反政策的随意性等都有所表现，因此，政府对学校不进行必要的调控也是不行的。

(2)中小学自主办学可借鉴的表现形式

从国际国内已有的实践经验看，下述三个层次的自主办学形式是可以借鉴的：

①自主地进行教育和教学改革。相对来说，这个层次的自主权比较容易获得，因为改进教育教学质量是包括学校在内的所有群体的共同利益要求，教育行政部门也希望在此领域内学校有所创新。

②学校内部管理制度创新自主权。包括人事管理制度、分配制度、内部机构和职位设置等项制度改革的独立决策权。这些制度虽在学校内部运作，但它们与行政部门所敏感的政策紧密相关，而且多与政府部门的资源供给有关，所以在这些方面行使办学自主权难度较大，需要从外部创造更为宽松的宏观环境。比如校长要真正实行教师聘任制，就需要有社会失业保险作为后盾，否则很难行使对不合格教师的解聘权。

③有条件地部分变更公立学校办学主体，实施以赋予学校承办权为中心的全方位自主办学。这种自主办学形式涉及除学校财产所有权和教育大政方针以外的诸多办学政策，更多地赋予学校以独立法人的性质，成为介于公立学校和私立民办学校之间的一种办学类型，被称为“国有民办”或“公办民助”学校，这种自主办学形式更具深刻性。

所谓的学校“国有民办”或“公办民助”，是在肯定国家对公立学校财产的所有权和国家的教育方针政策的权威性的前提下，将学校委托给以校长为首的管理集体独立承办。实行这一体制的学校必须自己筹集办学经费，并承担起国家政策规定的教育义务；同时，它享有私立学校绝大部分政策待遇，如可以跨区域自行招收一部分择校生并收取择校费用，自行招聘教师并拥有解聘不称职的教师的权力，自主支配经费、自定工资标准，自主进行教育改革等。

综上所述，中小学自主办学是在国情、区情和校情的基础上，从实际出发，对政、校权力关系所进行的配置。在这个问题上，有基本方向可循，无固定模式照搬。所谓基本方向就是政、校关系的调整要能达到调动双方积极性，有利于改革创新，有利于不断提高教育质量，有利于国家的方针政策得到贯彻落实。至于自主办学的形式，必须根据具体情况因地制宜。

五、材料分析题

1. 根据材料回答问题。

材料：

某中学由于办学质量比较好，近年来择校学生不断增多。初中近三年招生分别是12、16、22个班，高中则是10、14、18个班，现在在校生达到5000人。由于学校急剧膨胀，学校的学生管理、教学管理和生活管理都出现了很多矛盾，比如教导处对教学质量的监督检查忙不过来了，学校食堂容纳不下这么多学生同时就餐，学生活动中发生矛盾的现象日益增加，教师之间交往相对减少了（因为无法组织300多教师同时活动），对教师的评价也比以前粗糙了。领导班子担心这样下去学校教育和教学质量下降。

问题：假如你作为专家被校长请来对学校的组织状况进行研究和诊断。请你：

(1) 首先设计一个完整的研究方案。

(2) 对学校组织的调整方案提出你的建议，并简要说明理由。

答：(1) 研究方案的设计

①明确研究目标与研究内容

就该学校的组织状况诊断研究来说，其研究目标是要为学校的发展状况提供诊断意见，对学校的未来发展制定发展规划、提供可资参考和应用的建议。具体到研究内容来说，就是要探明该校的发展现状、存在的主要问题、资源的支持、未来入学人口的预测、学校发展的战略目标、学校组织发展规划等内容。

②梳理分析学校组织发展相关研究文献

对中学组织发展相关文献进行梳理，分析学校组织健康发展的影响因素，学校发展战略目标的设计等，为研究提供理论依据和指导。

③选择研究方法与设计

本研究可以采取访谈法、问卷调查法、实地调研法。

④制定研究程序，开展实地研究

对学校领导、各职能部门、学生、家长、社区等相关群体进行访谈和调查，了解他们对学校组织发展的看法和建议，明确学校发展存在的问题。采用 SWOT 技术，明确学校发展的优势、劣势、面临的机遇和挑战。

⑤提出并论证研究结果

通过以上几步，给出学校组织发展诊断报告，制定学校长期、中期、短期发展规划，对学校发展提出具体的指导性建议。

(2)对学校组织调整方案的建议及理由

①对学校组织调整有两项建议

a. 如果该校具有非常丰厚的教育资源，包括有很多高水平的教师、学校有财政的大力支持、学校所处社区有足够的潜在生源等，可以考虑扩大规模、建设分校、另设独立学校，同时加强管理，以不损害学校现有的教育教学质量和学校声誉为前提，而实现优质教育资源的扩张，满足广大人民群众的教育需求。

b. 如果学校仅仅具有现有的教育资源而无法实现规模的扩张，或者未来的潜在生源存在不足，这时不宜扩张。应当稳住现有的招生规模，同时加强学校的内部管理，减少管理层级，保持教育教学质量的稳定。

②建议的理由

从材料来看，该校是规模过大成长型组织，此类学校充分利用了现有资源的功效，然而其单位学生平均成本不会低于规模适度型学校。同时，由于规模的过大造成了人际关系的疏离、管理失效、行政僵化等弊端。如果继续成长，其弊端会愈显突出，从而影响教育的效率，导致规模不经济。因此，若学校不具备条件，则要保持规模而不宜扩大。

如果该校有能力和机会通过建设分校等扩大规模，可以使学校发挥资源利用的充分性，资源使用的适当性，而不致导致行政僵化、人际关系疏离等弊端，则可以适当扩大规模，实现规模经济。

2. 根据材料回答问题

材料：

天鹅的悲哀

欧洲中世纪的贵族，因为喜欢天鹅的姿态，认为天鹅是鸟类中的贵族，于是就把天鹅养在庄园里，来炫耀自己的财富和品位。于是他们捉住天鹅以后，用三种方法来使天鹅不能飞翔：一是把天鹅羽翼的羽毛剪掉一边，使其失去平衡，不能飞翔。二是绑住天鹅的翅膀，使它无法张开翅膀而不能起飞。三是由于天鹅起飞需要很大的湖泊起跑，如果缩短池塘的距离，天鹅失去起跑线，就飞不起来了。前面的两种方法过于残忍，又会伤害天鹅优美的姿态，所以都普遍使用第三种方法。久而久之，天鹅就失去了起飞的能力。甚至忘记自己会飞翔了。那些能飞越大山大海的天鹅就成为贵族的宠物了。

问题：

(1)天鹅的悲哀给我们在教育管理过程中以什么样的启迪？

(2)面向21世纪的未来，我们的教育及教育管理该如何进行改革？

答：(1)人们为了自己的私欲通过缩短天鹅起飞的距离来拥有天鹅的美丽，这种行为对我们的教育管理过程有很大的启示作用，具体包括以下两点：

①文中人们通过减少天鹅的起飞条件而拥有天鹅，在教育管理中，很多情况都缺少领导的支持和鼓励，这对于任务的完成很不利，所以在今后的教育管理过程中，领导应该全力支持教师和其他人员的工作，只要这种工作是有利于任务完成的。

②文中人们限制了天鹅的飞翔，对天鹅设置了种种的条条框框，就像某些教育管理过程中，为了保证自己的掌控地位，而对教师或学校等设置种种约束，从而泯灭了教师和学校的创造性和积极性。教育管理应该给予教师和学校充分的发挥舞台，让他们放手去干，充分发挥自己的创造力和积极性，这样才能更好促进我们的目标的达成。

总之，天鹅的悲哀使我们受到了很大的教育意义，在以后的管理过程中，希望能够避免这种悲哀。

(2)面向21世纪，我们应该反思教育和教育管理中不足的地方，着重从以下几个方面来进行改革：

①教育改革

教育要积极提倡发展人们的个性与创造力，并且落实到行动中。中国的教育提倡发展学生的个性与创造力已经不是一朝一夕了，然而，现实中更常见的是，当学生们一旦发出一些个性的声音时，老师们就视其为“异端”，予以批评、压制，这样，学生们渐渐变“乖”了，也没有“异端”了，可是作为一个个体生命最重要的“自我”也丧失了。教育最大的使命是尊重学生的个性，创设条件促进孩子的全面发展，而不是用成人世界那些已经固化的条条框框去禁锢他们的思想。对此，我们未来的教育及教育管理应至少要从以下两个方面着手改革：

a. 培养教师尊重孩子个性和创造力的理念。学校要重视培养教师尊重孩子个性的理念，提倡孩子有不同想法和做法。这样孩子的思想才能活跃，才能有创造力，才会起飞！只有首先具备这样的理念，教师才会从行动上改变以前的做法。

b. 对教师进行监督。学校在培养教师的理念以后，还要对教师的行动进行监督，改进教师的做法。

②教育管理改革

学校管理体制是整个教育体制的基础和细胞。原有的学校管理体制由于受高度集中统一的教育体制的管辖，其主要弊端是学校管理不能自主化，没有应有的管理权、组织权、分配权、交换权、成本核算权以及教育资金筹措权等，完全实行学校干部任命制、教师统配制、劳动报酬工资制，学校管理严重存在着消费性和行政化，学校组织管理责、权、利失调。

面对着社会主义市场经济体制的发育和完善，这种多弊端的学校管理体制必须尽快改革，学校要确立面向社会的自主办学体制，贯彻责权利相统一的原则，扩大学校自主权，建立自我决策、自我约束的学校管理体制，建立起能够充分调动教职工积极性、主动性、创造性，以及能充分挖掘学校潜在优势，增强学校主动适应经济建设和社会发展需要的能力的内部运行机制。

a. 上级政府和教育行政部门，对学校管理要实行宏观调控间接化。政府和教育行政部门不干预或少干预学校具体事务。

b. 学校建立健全自我决策、自我约束、自主化管理机制。学校应该具有干部任免和选择、教师聘任和晋升、劳动报酬和利益分配，以及学校建设、办学规模、专业设置、招生分配、教学质量评估等方面的权力。

c. 学校后勤管理社会化，从根本上改变学校办社会的现象。学校后勤或者推向社会，与社会有关方面合并，充实第三产业，或者真正实行校办产业使其直接与市场经济体制接轨。这是为提高学校管理水平和发挥学校规模经济效益而急切需要改革的问题。

d. 扩大高等学校专业设置权限。对高校专业设置，采取分级负责、多方协调的办法进行管理。

e. 改革大学生招生和分配制度。充分发挥市场机制的调节作用，发展和完善人才市场，建立健全奖、助学金制度。

总之，学校内部管理体制改革，要进一步理顺政府与学校的关系，减少微观管理，加强宏观统筹。扩大学校办学自主权，主动适应社会和市场变化，不断增强学校的办学活力。

第 15 章　学校工作质量管理

一、单项选择题

1. 学校工作质量就是学校工作过程和结果满足使用的要求时所具有的特性。从过程角度来看，可以将学校工作质量分为过程质量、结果质量和(　　)。

A. 符合性质量　　B. 标准质量　　C. 教育质量　　D. 管理工作质量

【答案】B

【解析】对学校工作质量的构成可以从内容和过程两个角度区分。从内容角度看，学校工作质量大致可分为业务工作质量和管理工作质量两部分。从过程角度分，可以将学校工作质量分为标准质量、过程质量和结果质量。标准质量又叫设计质量，它是对工作过程和结果质量标准进行构想的质量。

2. 教育评价领域出现最早的评价模式是(　　)。

A. 决策模式　　B. 行为目标模式　　C. 目标游离模式　　D. 对手模式

【答案】B

【解析】自泰勒在《课程与教学的基本原则》(1949 年)一书里最早提出教育评价以后，占主导地位的是行为目标模式。这一模式就是由权威机构提出评价教育活动的目标体系，教育工作者遵从目标要求去开展工作，之后将结果对照目标要求进行评价。

3. 学校质量分析大致可以分为前后相联系的两种类型：状态分析和(　　)。

A. 特征分析　　B. 因果分析　　C. 比较分析　　D. 综合分析

【答案】B

【解析】学校质量分析大致可以分为前后相联系的两种类型：状态分析和因果分析。前者是对质量现有状态的初步分析和判断，带有描述的性质；后者是对影响质量的原因进行分析，带有推断的性质。

二、概念题

1. 全面质量管理

答：全面质量管理是指以质量为中心，以全员参与为基础，目的在于通过让顾客满意和本组织所有成员及社会受益而达到长期成功的管理途径。全面质量管理的主要特征包括：①全面质量管理是对全部因素的管理；②全面质量管理是对工作全过程的管理；③全面质量管理是全员参与的管理；④尽量做到一切用数据说话，重视资料和数据的收集与整理，按客观规律办事。

2. 教学质量管理

答：教学质量管理是指按照培养目标的要求安排教学活动，并对教学过程的各个阶段和环节进行质量控制的过程。学校教学管理的中心任务在于提高教学质量。学校工作能否实现教育目标，主要是通过教学活动来实现。教学质量的好坏，直接关系到学生德智体全面发展的水平。教学质量的管理就是通过各种管理活动，使教学效果达到课程计划、教学大纲和教科书规定的要求，从而保证实现教育目的和培养人才的规格。教学质量管理，既是学校教学管理中的核心内容，也是整个学校管理工作中的重要组成部分。因而，搞好教学质量管理工作具有很大的现实意义。

三、简答题

1. 简要回答校长应该如何抓好教学质量。

答：作为一名校长，抓好教学质量需要做好以下工作：

(1)增强质量意识，全员参与教学质量管理

在教学质量管理中，要确立全员参与的观念。不但教导处工作人员要把好教学质量关，其他教职员工也要参与教学质量管理工作；不但主要科目的教师要关注教学质量，其他科目的教师也要加强质量控制；不但上课的教师要参与质量管理，不上课的学校后勤辅助人员也要视情况为教学质量管理提供条件。

(2)加强流程控制，从单纯检验教学质量的结果，转向检验教学的全过程

教学的全过程包括教学计划的制定，教师的备课上课、作业批改、对学生的辅导，学生的预习、听讲、作业、实习、考试等，每一阶段、每一环节都要提出明确的要求，采取相应的管理措施，从而达到整体教学过程的最优化。

(3)开展教育科研，以科学的理念与方法改进教学质量

教学质量的改进不能靠无节制地加班加点地苦干来换取，而要在科学的理念指导下，运用有效的方法来获得。为此，在教师中倡导开展教育科研十分必要。教育科研的开展，能够促使教师将教学过程中遇到的问题转化为研究课题，通过科研寻求合理的对策，逐步改变陈旧的教学观念，把握教学规律，提高教学效能。

2. 教育评价的功能有哪些？

答：教育评价在教育管理各项活动中发挥着重要的作用，它的基本功能有以下几点：

(1)选拔功能

选拔功能，是指在选拔人才时，采用评价的方法，可以了解人才的德、才、绩、能等情况，为选择合格人才提供可靠的依据。教育评价的人才选拔功能，主要体现在三个方面：首先，评价对人才的鉴定是多方面多层次的，有利于全面衡量人才质量。其次，评价对人才的标准是相对统一和客观的，有利于人才的选拔和培养。最后，评价是对跨世纪人才的预测，有利于创设人才竞争的机制。

(2)管理功能

管理功能，是指评价可以在宏观上加强对学校的监督与管理，通过评价的反馈，获得教育过程和教育结果的信息，为优化管理服务。教育评价的管理功能，主要表现在三个方面：首先，通过教育评价，可使人们明确自己的职责，从而提高工作的效率；其次，通过教育评价，可以协调各种关系，从而加强宏观控制；再次，通过教育评价，可以确定每个人的劳动价值，从而充分调动人的积极性。

(3)教育功能

教育功能，是指评价可以用于指导学校教育、教学工作，调动人的积极性，提高教育质量和效率。教育评价的教育功能主要表现在两个方面：首先，评价能激发学生积极向上的动机，并使之朝着教育目标不断进步。其次，教育评价能给教育活动提供反馈信息，为改进教育过程，提高教育效率服务。在教师主导型的评价中，教育评价能为教师改进工作、为校长改善管理工作提供参考依据。在学生主导型的评价中，学生通过自我评价能了解自己的知识、智能等方面的状况，明确自己的优点和缺点，从而为自我教育提供依据。

3. 教育评价的原则。

答：教育评价是指根据一定的教育价值观或教育目标，运用可行的科学手段，通过系统地收集信息资料和分析整理，对教育活动、教育过程和教育结果进行价值判断，为提高教学质量和教育决策提供依据的过程。教育评价的原则具体如下：

(1)方向性原则

教育评价的主要目的之一就是通过教育评价的监督、调控来保证社会主义办学的方向，应以社会主义方向为总原则。方向性原则还应为教育评价主体提供正确的教育价值取向，即教育评价的服务方向。教育评价的价值有两种：一种是为个人的生存和发展服务，即个人本位。一种是为社会发展服务，即社会本位。教育评价必须把为社会和个人相结合的服务方向作为基本的价值取向。

(2)客观性原则

客观性原则是指在教育评价时必须采取客观的实事求是的态度，不可有主观臆断或掺杂个人感情，要做到以下几点：①客观地确定指标和价值标准。②评价方法要客观。③信息收集与评价舆论要客观。

(3)一致性原则

一致性原则是指在教育评价时，无论是对集体还是对个人的评价必须使用同一的标准。一方面是指教育目标是一致的；另一方面是指在同一范围内，对不同的对象必须用同一的标准。

(4)全面性原则

全面性原则是指教育评价标准的制定以及评价的过程应当具有全面性，评价的标准不能只突出一个项目，评价的过程也要尽可能地收集各个方面的信息。但不是让我们在评价时对标准中的各个项目不分主次，等量齐观，而是要赋予主要项目一定的权重，也不能忽视非主要项目。

(5)教育性原则

教育性原则是指在教育评价中必须促进被评价者积极上进，发现优点改正缺点。应做到以下几点：①充分尊重和信任评价对象；②要正确处理评价结果，给予充分的肯定，以解决问题为主，不要过多地斥责和批评。

(6)单项评价与综合评价结合的原则

单项评价是指对评价对象从某个侧面进行的评价，综合评价是指对评价对象进行完整的系统的分析。单项评价是进行综合评价的基础或手段，但综合评价不是单项评价结果的简单相加。

(7)静态与动态评价相结合

静态评价是对评价对象已经达到的水平或已经具备的条件进行判断。动态评价是指对于评价对象的发展状态的评价。

(8)定性与定量相结合的原则

定性分析就是对教育过程和结果的性质进行分析，这种分析侧重于事物的质的分析。定量分析就是对教育过程的结果从数量方面进行分析，这种分析侧重于事物的量的方面。

4. 谈谈你对中小学校学生管理的目的及其基本要求的认识。

答：学生管理指学校对学生在校内外的学习和活动进行计划、组织、协调、控制的总称，它是学校教务管理者组织、指导学生，按照教育方针所规定的教育标准，有目的、有计划、有组织地对学生进行各种教育，使学生在德智体美几方面都得到发展，成长为社会主义事业的接班人的过程，是教务管理工作的中心任务之一。

(1)学生管理的目的

长期以来，学生管理是以将学生管住为目的。通过约束性的规章制度，借助量化打分等手段，采用检查评比等方式，迫使学生服从纪律，保证教育教学活动顺畅进行，但仅以此为目的将不利于学生主体性的发挥和创新精神的培育，也会在推行中遇到重重阻力。因此，当下的学生管理目的应当体现时代特征：服务学生，帮助学生形成良好的学习习惯、生活习惯与行为习惯，使学生具有基本的自理能力、自治能力和独立生活能力，在德智体美诸方面得到和谐的发展。

(2)学生管理的基本要求

教育行政部门和学校是进行学生管理的主要机构，两者的根本目的是一致的。但学校偏重微观管理，因此对学校学生管理的基本要求有以下内容：

①用国家的教育方针和政策，统一教职员工的思想和教育行为，开辟有效的教育教学途径，培养学生自学、管理、自我教育及心理承受的能力，为其确立正确的人生观、世界观打下基础。

②制定并执行学校学生管理工作计划、管理常规和管理措施。

③健全和完善学校管理组织系统，主要是健全和完善班级管理组织、明确班级管理的任务与目标，选派好班级管理的领导者——班主任，健全班委会和挑选、培训班干部；健全以教导处为主体的学生管理指挥系统，统筹安排，统一指挥。

④建立科学的观念。构建科学的学生管理的观念体系，以此来指导学生管理的实践活动。完整的观念体系包括学生观、管理观、师生关系观等，其中学生观是核心。

⑤关注学生的生活世界。生活世界是人所经验的世界，是任何人活动的总背景。学生有其特定的生活世界，包括现实的和虚拟的生活世界。管理好学生的前提是了解学生，理解学生，尊重学生。学生的言行受到他们自己的生活世界极大的影响，所以，教育者和管理者必须介入学生的生活世界，感知他们的所思所想。

⑥构建合理的组织机构，制定完善的规章制度。构建学生管理组织机构要从两个方面进行：一是纵向组织机构的设置，即设立从中央到地方以及学校的学生管理的垂直的管理系统；二是横向组织机构的设立，即建立教育系统与社会各界横向联系的组织机构，以强化教育行政部门、学校与社会的联络，吸纳社会各界共同参与学生管理。另外，制定学生

学习与生活方面的规章制度，对学生的日常行为做出必要的规定，使学生明确自己的行为标准。

四、论述题

1. 试分析学校全面教学质量观应包括的内容。

答：在实际办学的过程中，全面的教学质量观应包含以下几个方面的内容：

(1)树立全面的教学质量管理观

搞好学校教学质量管理，首先是树立正确和全面的教学质量管理观念。没有正确的、全面的教学质量管理观，就不可能获得高质量的结果。正确的、全面的教学质量管理观包括：

①全面发展的教学质量管理观。全面发展的思想，是马克思主义教育思想的组成部分，是新时期社会对人的培养规格的要求。因此，在学校的各科教学中要渗透全面发展的精神。在教学过程中，既重视学生的智育，也重视学生的德育、体育、美育和劳动教育，从整体的角度全面提高教学质量。

②面向全体学生的教学质量管理观。学校教学应使不同水平层次的学生都得到提高和发展。学校的教学质量与学校的办学效益是一致的，只有面向全体学生，培养大批的合格人才，才能得到理想的教学质量，也才能得到真正的办学效益。

③全程管理的教学质量管理观。全程的教学质量管理是一种教学的全过程管理。教学过程具有阶段性，每一个阶段又包含若干环节。教学工作中的计划、执行、检查、总结，教师的备课、上课、辅导、作业批改、考查等全过程的管理就是要重视教学过程各个环节和各种要素的整体优化，使其所产生的效果越来越显著，确保高标准、高质量。

④全员管理的教学质量管理观。全员的教学质量管理观就是指全校教职员工和学生都积极参加到教学质量管理工作中来。提高学校教学质量，需要建立教学质量的全员责任制，做到各在其位、各司其职、各负其责、相互协调，充分调动每个人的工作积极性。

(2)建立和健全教学质量管理制度

①建立教学质量管理的检查制度。学校教学质量管理的检查制度是指检验、考查学校教学工作是否达到一定的质量标准的制度，只有建立了这样的制度，才能在实施各项工作和评价时有标准可依靠。

②教学质量管理的分析制度。学校教学质量的分析制度是将质量检查中获得的信息与原来制定的教学工作质量标准、教学效果标准、时间标准相比较，分析影响教学质量的原因，为改进教学工作提供依据。

③教学质量管理的评价制度。学校教学质量的评价制度是指根据教学计划、教学目标的要求，依照一定的评价指标体系，采用适当的方法，对学校的教学质量进行鉴别和价值判断。评价的功能体现在导向、激励和调控等方面。

(3)掌握科学的评价方法

科学的评价方法的运用是取得良好评价结果的重要途径，在评价方法的选取上应该注意：

①用灵活多样的评价方法。不同的评价方法适应于不同的评价对象，在评价的过程中

应注意多种方法相结合，力争评价的结果更加公正合理。

②对于评价方法的选取应该由民主讨论决定。经过了民主讨论才能使评价方法应用得更全面，更容易为大多数人所接受。

③整个评价过程应该是全员参加的过程。评价的结论对于教师和学生来说，应具有激励作用和教育作用，有利于调动积极性。

在实际的教育教学实践活动中，特别是在教学活动的实践中，面临的不确定的因素更多、更复杂，所以在全面的教育质量管理这一环节一定要以树立价值观为前提，以建立健全制度为保证，以合理评价的结果为出发点，对教育教学活动中存在的问题和不足一一改进，达到实现全面教学质量管理的目标。

2. 试述学校质量管理的意义。

答：加强学校质量管理的意义有：

(1)质量管理是实现学校基本任务和满足社会需要的保证

现代社会是“在质量大堤的保护下生活的”，之所以如此，原因有二：其一，当人们的起码生存条件得到保证以后，便开始注重提高生活质量，即要求社会提供质量较高的物质产品和精神产品，粗制滥造的低劣产品不仅是一种浪费，而且是对人们美好愿望的亵渎；其二，在科学技术日益复杂、精细和以生产过程为代表的社会生活日益走向一体化的今天，较高的工作和产品质量已经成为保证社会生产和生活正常运转的必要条件。而合格的教育则是全部社会产品“质量大堤”的基础，因为社会产品的质量是要以人的质量为前提的，离开符合社会要求的人就无法生产出合格的物质产品和精神产品，人的质量这个基础一旦动摇，全部社会生活就会发生停滞乃至危机。

(2)抓好学校质量管理才能保证教育投入的有效性

随着经济和社会发展的需要，教育事业发展的规模日益扩大，教育成本也在不断增加，资源投入越来越多。许多国家财政支出的统计资料表明，教育投入仅次于甚至超过军费支出。因此，教育质量的低下必然造成巨大的浪费，特别是在我国这样一个有 2 亿儿童和青少年上学的大国里。据有关资料披露，我国目前各省初等教育的毛入学率达到 105% ~ 110%，也就是说，主要由于学习不合格而重读的学生平均高达适龄儿童的 7%，不仅高于发达国家，也高于许多发展中国家。这些留级生不仅使本来就已经捉襟见肘的教育经费雪上加霜，还使教师付出大量重复性劳动。因此，要保证教育投入有较高的效益，就必须加强对各项工作的质量管理。学校质量管理是一整套的科学程序，它不仅能够监督教育工作的每一步进展和最终结果，还能预警可能出现的问题，防患于未然，从而减少资源和劳动的浪费。

(3)质量管理提供了客观评价学校工作的标准与手段

质量管理本质上是一个控制过程，其核心是信息反馈，也就是说，在及时、准确地获得信息并正确判断的基础上，采取措施保证工作达到标准要求。现代教育质量管理的控制行为是建立在科学基础之上的，从而为人们客观严谨地认识学校工作的优劣提供了依据和方法。

3. 谈谈我国当前中小学教育评价中存在的问题。

答：长期以来，受"应试教育"观念的深远影响，我国中小学教育评价体系存在明显偏差：社会多以升学率评判学校办学水平，学校常以学生成绩作为教师考核的核心依据，教师则往往以考试分数衡量学生发展。尽管新课程改革与素质教育的推进在一定程度上冲击了此种功利化导向，但以"分数"和"升学"为本的评价观念仍占据主导地位，导致当前中小学教育评价中积存诸多亟待破解的深层次问题，尤其集中体现在对学生的评价、对教师的评价和对课堂教学评价三个方面：

（1）对学生的评价

①在评价目的上，长期以来，我国对学生的评价主要以"选择适合教育的学生"为根本目的，即以"选拔适合高一级学校学习的学生"为评价活动的最高宗旨。为此，学习成绩成为评价学生的主要甚至是唯一的依据。学生被迫放弃自己的兴趣、爱好，学校则违背青少年的成长规律只教升学考试必考的科目，强行加班加点，强制死记硬背，丢弃非考试科目，忽视学生的兴趣、爱好，学生的全面发展、个性发展几乎成为空谈。

②在评价功能上，目前学校对学生的评价尚未从"鉴定甄别""选拔淘汰"的尺度上完全转变过来，"为促进学生的全面发展而评价""为促进教育质量的全面提高而评价"还没有真正成为大多数人的实践活动。受考试制度所限，受评价目的所控，目前学生评价主要是教师对学生、教育外部对内部的评价，其弊端是回避了教育的价值问题，忽视了对学生学习过程的评价，无法评价教育活动中所产生的非预期结果。

③在评价主体方面，仍是以他评为主，忽视了学生的自我评价或对学生的自我评价重视不够。在这种基本上是一种对立的、被动式的评价过程中，评价者与被评价者扮演的基本是管理者和被管理者的角色，教师高高在上，俯视学生，学生的优劣得失均由教师说了算；而学生往往处于被动、消极的地位，大都持冷漠、应付甚至是对立、讨厌、拒绝的态度，学生的自尊心、自信心得不到很好的保护，更有甚者，有的学生也就是在评价中丧失了学习和生活的勇气。

（2）对教师的评价

受"考试分数决定论"评价制度的制约，目前学校对教师的评价仍主要停留在教师教学成绩的层面，是一种面向过去的评价，它着眼于教师个人在评价之前或评价之时的工作表现，其实质是一种管理性评价、奖惩性评价或规范性评价。这种评价的弊端是显而易见的：一方面，它导致教师在课堂教学中想方设法提高学生的考试成绩和升学率，直接为"应试教育"推波助澜；另一方面，它导致教师仅考虑如何提高学生的考试成绩，对社会的发展变化缺乏敏感，对学生适应现代化社会的其他素质关心很少，对教育教学改革的热情不高，难以更新学科知识和及时掌握学科前沿的先进教育教学理念，也就难以适应教育教学改革的要求。另外，这种评价容易导致教师之间的激烈竞争、教师和领导之间的抵触、对立，不利于教师之间、教师和领导之间的团结合作，更不利于教师的专业化成长和整个教师职业的专业化发展。

（3）对课堂教学的评价

课堂教学评价是课程的重要组成部分。教学改革的实践表明，传统的课堂教学评价机制已经成为课程改革的障碍，将严重影响新课程的贯彻实施和新课标的顺利实现。目前，随着新课程改革的推进，很多学校也建立起相对完善细致的课堂教学评价机制，也注重了评价内容的全面性，但由于受考试制度的制约，仍然倾向于“以课堂为中心”“以教师为中心”“以书本为中心”。这种评价模式存在的问题主要表现在以下几方面：

①在评价功能上仍倾向奖惩性评价。现在评价课堂教学时增设了新的评比项目，诸如教学基本功大赛、优质课评比、教学能手评比，这些活动虽在一定程度上对教学改革起到了积极的促进作用，但由于评价的着眼点却放在了获奖、提职、晋级、加薪等方面而忽略了评价的发展性功能，最终不能从根本上提高中小学教师的整体素质。

②在课堂教学评价标准上过于具体、呆板。太具体、呆板的课堂教学评价标准实质上仍沿袭了传统的量化评价机制。按照这种评价标准去评价课堂教学会导致课堂教学演变成一种程序化、模式化的活动过程，无法体现课堂教学的灵活性和开放性，也无法准确体现出教师个人独特的教学风格。这种量化的评价标准，把复杂的而丰富多彩的课堂教学过程简单化，格式化了，无法从本质保证课堂教学的客观性，而往往把课堂教学最本质、最有意义的东西丢失。

③在评价方法上，仍然是以听评课为主。尽管许多学校在评价实践中既组织教师上公开课，又安排学校领导随机听课，但毕竟听课次数有限，要做出有关教师课堂教学质量的客观公正的判断，实际上是很困难的。

综上所述，当前学校教育评价所存在的问题是评价目的功利化、评价功能奖惩化、评价内容知识化、评价过程简单化、评价主体单一化、评价方法数据化。这种评价制度带有厚重的传统教育的评价印记，与新课程改革和素质教育的理念精神相去甚远，已严重影响了课程改革和素质教育的进程。大力进行教育评价制度改革，建立全新的与新课程改革、素质教育相适应的学校教育评价机制已成为整个教育改革的当务之急。

五、材料分析题

材料：

南方教会高中所在地曾经是以白种的农村人口为主的农业区，这里在过去的十年中经历了巨大的变化，特别是拉美裔学生人数的激增。该校现有 2200 名学生，占整个学区在校人数的三分之一。2007 年学区的负责人将该区的学校引上了高效能学校的进程。他们裁减了学区和学校的项目协调人员，将专项资金直接拨到学校老师手中。

在南方教会高中，联邦政府的第二款资金就用于个别指导和教职员工的培养。南方教会高中成功地应用了高效能学校模式，根据高效能学校研究的结果，该校进行了七项有关的改革：(1)明确和具体的目标；(2)强的教育领导；(3)对学生的高期望；(4)掌握基本技能；(5)经常监测学生成绩；(6)积极的学习氛围；(7)与家长和社区建立良好的伙伴关系。针对这七项目标，学校成立了七个专业委员会，评估学校的需要以及在这七个方面取得的进步，不过，最终的决定仍然由校长做出。该校的改革采用的是自上而下的策略，由学区负责人设计和指导改革的过程，这一做法取得了成功。下面介绍三方面的主要特征：

一、课堂层面的改革

学校要创造一种使全体学生都能得到激励的学习环境。学校文化是对学生建立高期望，相信所有学生都能够学得好。学校特别考虑到那些英语程度较低的移民学生的需要，为了让他们在过渡期尽快适应，掌握基本英语和美国高中的学校规则和安排，开辟了一个“欢迎角”迎接新移民学生。这些学生现在还可以参加一系列英语作为第二语言的课程和双语课程，安排了特别辅导课程，并调整校车时间来适应课余补课的学生。老师们称最重要的变化在于确保每个学生都有学习机会。全校范围内，老师已经不再根据成绩分班，除了高级课程以及“欢迎角”的活动。如果学生成绩不理想，老师有责任改变他的教学方法。据老师们说，就课堂观察来看，整个学校已经把精力放在了改进教学活动上。尽管这几年学生家长的收入连年下降，学生们在标准化考试中的成绩却持续上升，现在的阅读成绩为 79 分，数学为 81 分。

二、共同决策

七个专业委员会都由教师组成，由教师共同决策，他们的任务是评估学校在目标上进行得如何。他们向校委会提交他们的改革建议，再由校委会将建议提交给校长。第一组改革措施是有关安全和学校氛围的，为了减少在同一时间出教室的学生人数，他们想出了分开吃午饭时间的办法。由于学生与校外人员接触很多，所以有一个学生领导小组专门讨论不同学生群体所关心的问题。另一项共同决策是学校管理人员每年对教师进行 8 次观察与交流活动，教师们报告说这一做法打开了教师与管理人员在课堂事务上的交流的渠道。

三、学会改变

这些年来，当地主管人员组织校董、学校和学区的管理者、教师联合会的领导、一位小学教师、高中效能学校委员会成员和部门主任每年到其他州参加为期 4 天的效能学校研讨班。要求所有教师都接受这种培训，所有校长要接受评估，看他们管理的学校中七项相关问题是否得到体现。第一年中，管理人员每年进行 8 次课堂观察，第二年，增加了需求评估，第三年，成立了效能学校委员会。三分之二的老师参加了委员会。除了效能学校的夏季大会，每年还抽出 7 天假日为老师开展培训，其中 3 天的讨论主题由学校来定，老师已经受过效能学校相关方面的培训，尤其坚信每个学生都能成功。对于学生分组和按成绩分班的负面效应也有所研究。老师在给定的时间内参加校委会，接受资金参加夏季研讨班的课程研究，参与州里的实验项目。为了提供具体改革的例子，老师可以获得到外校进行观摩的机会。

问题：这所学校成功的经验有哪些？在我国现有条件下，不断提高学校的办学质量应当重点抓好哪些方面的问题？

答：(1)这所学校改革成功的经验可以概括为以下方面：

①具有明确的改革目标，围绕七项内容展开改革。该校设定目标之后还成立了七个专业委员会，评估学校的需要以及在这七个方面取得的进步，以保障目标的完成。

②加强对学校改革的领导和组织。通过案例的描述可以看出，该学校所进行的所有改革措施都有比较完善的组织和领导体系予以保障。

③提高学生的期望、关注学业成绩。例如：该学校的文化是对学生建立高期望，相信所有学生都能够学得好；学校特别考虑到那些英语程度较低的移民学生的需要，为了让他们在过渡期尽快适应，掌握基本英语和美国高中的学校规则和安排，开辟了一个“欢迎角”迎接新移民学生。

④民主管理、共同决策。例如：七个专业委员会都由教师组成，由教师共同决策。

⑤坚持对教职工的改革培训。例如：这些年来，当地主管人员组织校董、学校和学区的管理者、教师联合会的领导、一位小学教师、高中效能学校委员会成员和部门主任每年到其他州参加为期 4 天的效能学校研讨班；要求所有教师都接受这种培训，所有校长要接受评估，看他们管理的学校中七项相关问题是否得到体现。

⑥加强学校与社区和家长的联系。例如：七项改革目标之一就是“与家长和社区建立良好的伙伴关系”。

(2)鉴于上述案例的成功经验和我国存在的问题，当前我国推进学校改革、全面提高学校办学质量需要重点抓的问题有：

①坚持正确指导思想，确立学校改革与发展的目标，能否确立切实可行的目标直接决定改革成败。

②教育行政部门、教育专家应当加强对学校改革的组织领导和直接指导。

③重视改革效果，坚持全面推进素质教育。

④充分发扬民主，调动教职工参与改革的积极性。

⑤重视改革措施的落实和考核评价，将每一项目标化为每一个教职工的实际行动。

⑥推进课程教学等方面的改革必须与培训结合。

⑦加强学校与社会的沟通交流，充分调动社区和家长参与学校改革。

第16章　学校建筑管理

一、单项选择题

1. 学校建筑管理的教育思想基础不包括(　　)。

A. 追求“全人”发展的课程目标

B. 逐步提高学校教育教学水平

C. 营造环境文化，培养学生的创造精神

D. 坚持“人本主义”的教育观，与学生的生活世界相联系

【答案】B

【解析】当代学校建筑管理的教育思想基础如下：①追求“全人”发展的课程目标。“全人发展”基本等同平常讲的“人的全面发展”，但更为深化。它把学生看成活生生、现实的人，看到他们多层面的需要，包括生理、安全、群体交往、自我表现、追求知识和美的需要。②坚持“人本主义”的教育观，与学生的生活世界相联系。传统上，把学校定位于“传授知识和技能的”地方，是实现学生社会化的工具。但现在仅仅如此就远远不够了。对于学生们而言，学校是他们生活的一部分，而生活除了责任之外，还有享受和快乐。而“生活世界”是直观的、具体的，因而也是丰富的，给人以感性的生存基础。人们在生活世界中进行着生动的，充满“人格主义态度”交往，因而它也是目的、意义和价值的源泉。③营造环境文化，培养学生的创造精神。新的教育理念强调培养学生初步的创新精神，倡导学生主动参与，乐于探究。学生的创造精神培养少数在训练，更多靠熏陶，包括建筑环境的熏陶。

2. 测量和确定人和人际活动所需空间的主要依据是(　　)。

A. 人体工学　　B. 环境心理学　　C. 生态建筑学　　D. 建筑心理学

【答案】A

【解析】人体工学，又称人类工程学，是研究如何处理好人一机环境的协调关系的学问。人体工学研究的内容主要涉及工作系统中人的生理特点和行为特征，以及工作系统中的机械和环境如何适应人的需要。在中小学学校建筑设计中，人体工学作为一门技术学科主要提供技术参数并根据这些参数研究学校建筑应该具备的特点，是测量和确定人和人际活动所需空间的主要依据。

3. 学校建筑计划的实施过程不包括(　　)。

A. 编制项目可行性研究报告　　B. 建筑工程投标

C. 选择工程监理单位　　D. 验收

【答案】A

【解析】学校建筑计划的实施过程通常是指从项目招标到竣工验收的具体执行阶段，BCD三项均属于实施阶段的核心环节；C项，属于项目前期决策阶段的工作，用于论证项目可行性，不属于实施过程。因此答案选A。

4. 新的《城市中小学校舍建设标准》，对校园建筑规划各个方面的标准做出了规定。该规定是教育部于(　　)年颁布的。

A. 1998　　B. 2002　　C. 2004　　D. 2008

【答案】B

【解析】学校建筑是一个整体结构，校园建筑的规划包括选址、总平面设计、各类教学用房、辅助用房和交通空间设计、活动场地设计、道路和绿地设计等方面。2002 年，教育部颁布了新的《城市中小学校舍建设标准》，对上述各个方面的标准做了规定。

二、概念题

学校建筑管理

答：学校建筑管理是指对学校各类建筑物、设施及配套系统进行全生命周期(规划、建设、运维、更新)的系统性管理活动。其核心目标是保障建筑功能适配教育教学需求，为师生提供安全、高效、舒适且具有教育意义的空间环境。主要内容包括以下三方面：①规划与建设管理：学校建筑管理应依据学校办学定位、发展规划和教育特点，合理规划建筑布局、功能分区和交通流线，确保符合教育建筑规范与安全标准，体现人性化设计与可持续发展理念。②日常运维管理：学校建筑管理涵盖建筑物本体及附属设施(如水电、暖通、消防、电梯等)的定期检查、维护保养与应急维修，同时包括校园环境卫生、绿化美化等，保障建筑系统正常运行与环境品质。③安全与优化管理：学校建筑管理必须建立常态化安全监测机制(如抗震、防火、防雷击等)，制定灾害应急预案并组织演练；同时应结合教育政策与教学需求变化(如“双减”背景下的空间功能转型)，持续优化空间资源配置，提高建筑利用效率(如普通教室改造为多功能活动室、开放学习区等)。本质上，学校建筑管理并非单纯的“物业维护”，而是服务于“立德树人”目标的配套支撑，即通过科学管理让建筑空间兼具功能性与教育性(如走廊文化布置、实验室沉浸式学习场景营造)，助力教育教学活动高效开展。

三、简答题

校园建筑规划要注意哪些事项？

答：校园建筑规划是衔接学校办学定位、教育功能与空间利用的系统性工作，需要统筹功能性、安全性、教育性与可持续性。具体而言，应重点关注以下六大核心事项：

(1)功能分区明晰，避免空间干扰

功能分区应遵循“教学优先、动静分离”的原则，合理划分教学区、运动区、生活区、办公区及附属功能区，确保各区域既相对独立又有机衔接。教学区与办公区应控制合理步行距离，生活区与教学区应避免主干道交叉干扰。学校应结合自身教育特色进行差异化设计，如理科类院校应独立规划实验区并配备专业通风与危品存储设施，艺术类院校需注重隔音与大空间设计，中小学则应通过绿化或矮栏适度分隔教学与运动区域。此外，应在各功能区中预留一定的弹性空间，如多功能教室与临时活动场地，以灵活适应课后服务、社团活动等多样化教育需求。

(2)严守安全规范，覆盖全场景风险

安全是校园建筑规划的首要原则，须全面符合国家相关建筑规范，涵盖结构、消防、疏散及环境等多重维度。建筑抗震与防火等级应严格达标，教学区各防火分区面积及疏散通道宽度须合规设置，实验室、食堂等特殊场所必须配备专用消防设施。低年级教室窗户及阳台应设置合规防护装置，校园人车流线应实现分流，主干道设减速带，确保师生动线安全。建筑选址应避开污染源与地质灾害区域，室内空间应保障良好采光与通风，装修材料与操场地面必须环保无害，切实保障师生健康。

(3)强化教育适配，贯彻环境育人

校园建筑应超越基础功能，体现教育理念并支持育人目标。教学空间须适配多元教学模式，如配置可移动桌椅支持小组学习，实验室应依据学科特点规划布局，图书馆宜划分功能区域以提升使用效能。公共空间应融入隐性教育元素，如利用走廊陈列校史与学生作品，设置人文景观传递校园文化，开辟劳动实践基地促进体验学习。同时应兼顾特殊群体需求，全面设置无障碍设施，并依据师生实际优化空间细节，如低年级洗手台高度、教师休息区设置等，体现人文关怀。

(4)贯彻生态理念，注重可持续运营

规划应秉持绿色低碳原则，系统降低环境负荷与长期运维成本。积极采用节能建材与可再生能源，如太阳能光伏板与地源热泵，实施雨水回收用于绿化灌溉，优选本土植被构建多层次绿化系统。建立垃圾分类与处理机制，严格管理实验室废水和危险废弃物。建筑设计与材料选择应便于后期维护，管线布设预留检修条件，场地与路面选用耐久材料，绿化灌溉优先采用自动化系统，以提升资源利用效率并控制运维压力。

(5)融入人文美学，营造归属感空间

校园应避免同质化，通过人文设计与美学表达塑造有认同感的育人环境。建筑风格可呼应地域文化与校史传统，新老建筑之间保持协调，保留古树、历史建筑等文化载体。注重空间舒适性与视觉和谐，采用柔和的色彩体系，合理规划开放区域与休闲设施，关注灯光、家具等符合人体工学的细节设计。校园应提供多样化社交与活动空间，如开放式休息区、社团专用教室等，满足师生交流与个性发展需求，营造包容、有温度的校园氛围。

(6)着眼长远发展，保持规划弹性

校园建筑规划应具有前瞻性，能够充分适应未来办学规模扩展与教育模式变革的需求。应根据中长期招生计划与学科发展方向，科学预留建筑拓展空间，如提前规划实验楼、宿舍等设施的建设用地。积极应对教育信息化发展趋势和教学方式创新，为智能设备部署、混合式教学空间等功能预留基础设施条件。在校园总体规划中，应明确划定弹性发展区域，使其可根据未来需要灵活转化为停车场、临时教学场所或绿地等功能空间，避免因建筑布局固化而限制学校的可持续发展。

第 17 章　学校公共关系管理

一、单项选择题

1. 学校公共关系是学校组织与其目标公众结成的社会关系，它是公共关系的一种特殊形式，其组成要素不包括(　　)。

A. 学校组织　　B. 公众　　C. 学校领导　　D. 媒介

【答案】C

【解析】学校公共关系是学校组织与其目标公众结成的社会关系，包括学校与教职员工、与学生的关系，与家长的关系，与社区的关系，与特殊公众的关系，与媒体的关系，与政府的关系，与国际的关系；等等。它是公共关系的一种特殊形式，其三要素是：学校组织、目标公众和媒介。

2. 学校形象的评价指标包括学校知名度、学校美誉度和(　　)。

A. 学校认可度　　B. 学校定位度　　C. 公众识别度　　D. 公众信赖度

【答案】B

【解析】学校形象的评价是一个多维度概念，主要包括以下三项核心指标：①学校知名度，是指社会公众对学校的知晓与了解程度，包括知晓者的范围和对其了解的深入程度，通常以知晓公众占总公众的比例来衡量，反映学校影响力的广度；②学校美誉度，是指公众对学校的信任、好感及正面评价的程度，体现学校声誉和社会认可的质量，是学校形象“质”的反映；③学校定位度，是指学校在公众心目中所形成的独特形象与差异化定位，反映其办学特色、文化个性及风格辨识度，是学校区别于其他教育机构的重要标识。这三项指标共同构成学校形象评价的系统框架，分别从认知广度、情感认同和个性识别三个方面全面衡量学校的社会形象。

二、简答题

1. 简述学校公共关系活动的原则。

答：学校公共关系是在吸收一般公共关系理论与实践经验的基础上，结合教育组织特性所形成的专门领域。它是指学校与其内部和外部公众之间进行的有计划、有组织的双向传播与互动过程。学校开展公共关系活动的根本目的，是增进公众对学校定位与目标的认同与支持，从而为完成育人使命创造良好的生态环境。其开展需遵循以下几项主要原则：

(1)注重社会整体效益、公众利益第一的原则

学校作为一个社会行为的主体，受自己利益的驱动，但它作为社会大系统中的一个子系统，必须以整个社会利益为本，使教育为社会发展服务。

(2)开门办学，要注重双向交流的原则

公共关系强调沟通的双向性和管理的透明度。管理者要向教职工提要求，检查他们的

工作，同时也要听取他们的意见和要求，向他们汇报管理工作的进展和存在的问题。这样就可以使校内与校外、领导与下属之间认同，达到相互理解和支持，有利于形成工作的合力。

(3)搞好公共关系人人有责的原则

公共关系是一项持久而涉及面很广的工作，学校的每项工作和每个人的表现都在不同程度上关系到组织的形象，公众通过观察和了解对学校产生某些印象。因此，学校公共关系不仅是几位学校领导或公共关系人员的事，而且需要全体教职工和学生共同努力，共同创造学校的良好形象。

(4)从内部做起的原则

公共关系是一项扎实严谨的组织形象塑造工作，容不得丝毫形式主义。学校良好形象的形成，首先要建立在优异的教育教学质量和健康积极的内部组织氛围之上。只有将这些基础性工作做实做优，才能真正赢得校内师生和外部公众的信任与尊重，其他公共关系活动也才具备令人信服的底气和坚实的组织基础。

(5)从平时做起的原则

学校与公众建立起良好的关系，要靠平日的积累，不可能一蹴而就。因为良好的公共关系的基础是当事者双方的互相信任，而这种信任的关系要在真诚互助的交往过程中才能建立起来。即使已经建立起来的良好关系，如果疏于联络，双方也会逐渐冷淡，信任程度就会衰减。从实用的角度看，公共关系是“慢功”，它发挥作用的机制是“养兵千日，用兵一时”，学校工作中会遇到许多不可预料的事件，这类事件的特点常常是与许多复杂因素交织在一起，原来的学校工作的局外人会变为局内人，“边缘公众”会变为“中心公众”，“次要公众”会变为“主要公众”，这时需要调动一切可能的力量帮助解决问题，所以公共关系活动实际是一种防患于未然的战略行动，要把需要建立的关系想在前面，联络工作做在前面，并能根据情况持之以恒地坚持下去。

2. 公共关系的核心理念是什么？为什么现代社会日益强调这一理念的重要性？简单举两个例子说明一些学校违背这种理念的表现。

答：(1)公共关系的核心理念

公共关系是一种新型的管理思想或管理哲学，其核心理念是：任何组织必须打破利益关系上的自我中心主义，寻求组织利益和公众利益的一致性，在二者之间建立默契与平衡，在服务于社会的过程中，建立起有利于自身发展的环境，获得稳固的基础。

(2)现代社会强调这一核心理念的原因

①现代生活的各方面都日益社会化、整体化的倾向使得社会各个组织的利益紧紧地联系在一起，常常是一损俱损，一荣俱荣。公共关系从这种现实出发，提出社会利益是由各种集团利益有机结合而成的整体，某一组织的活动，必须首先考虑到它所肩负的社会责任，寻求组织利益和公众利益的一致性，在二者之间建立默契与平衡。只有组织的活动满足公众利益的需要，才能建立起良好的声誉，获得社会的理解和支持，为本组织的生存和发展奠定坚实的基础。

②现代社会公共关系对于组织的发展具有重要作用。这主要表现在：公共关系可以帮助组织建立并维持与公众之间双向的交流、理解、认可与合作，争取外援；参与处理各种

问题与事件，监测环境、收集信息；帮助管理者及时了解公众舆论，传达和沟通信息，并对之做出反应；明确并强调管理部门为公众利益服务的责任；作为社会变化趋势的监视系统，帮助管理者及时掌握并有效地利用社会变化，分析趋势、进行决策。

因此，公共关系的理念日益为现代社会所强调是时代发展的必然。

(3)举例

①有些学校的校长只顾埋头工作，而不注重总结经验、进行宣传。这样一来，虽然学校有了不错的成绩，但其社会影响力却并没有得到增强，最终导致生源质量逐渐下滑、教师干劲不足等后果。

②某高校发生某学生被外来人员打伤事件，校方非但不向学生及其家长进行解释，还试图掩盖事实，以致谣言纷纷，人心惶惶。

三、论述题

试述管理中的沟通障碍及克服沟通障碍的方法。

答：沟通是借助一定手段把可理解的信息、思想和情感在两个或两个以上的个人或群体中传递或交换的过程，目的是通过相互间的理解与认同来使个人或群体间的认知以及行为相互适应。影响有效沟通的这些因素就是沟通障碍。

(1)影响有效沟通的障碍因素

①个人因素。个人因素主要包括两大类：一是有选择地接受，二是沟通技巧的差异。研究表明，人们往往听或看他们感情上能够接纳的东西，或他们想听或想看到的东西，甚至只愿意接受中听的，拒绝不中听的。除了人们接受能力有所差异外，许多人运用沟通的技巧也很不相同。有的人擅长口头表达，有的人擅长文字描述。所有这些问题都妨碍进行有效的沟通。

②人际因素。人际因素主要包括沟通双方的相互信任、信息来源的可靠度和发送者与接受者之间的相似程度。沟通是发送者与接受者之间“给”与“受”的过程。信息传递不是单方面，而是双方面的事情，因此，沟通双方的诚意和相互信任至关重要。上下级间的猜疑只会增加抵触情绪，减少坦率交谈的机会，也就不可能进行有效的沟通。

③结构因素。结构因素包括地位差别、信息传递链、团体规模和空间约束四个方面。研究表明，地位的高低对沟通的方向和频率有很大的影响。地位悬殊越大，信息趋向于从地位高的流向地位低的。事实清楚地表明，地位是沟通中的一个重要障碍。

一般来说，信息通过的等级越多，它到达目的地的时间也越长，信息失真程度则越大。这种信息连续地从一个等级到另一个等级时所发生的变化，称为信息链传递现象。

工作团队规模越大，成员间沟通往往越困难。这部分源于沟通渠道的增长幅度远超人数增长，导致信息流转效率降低。

企业中的工作常常要求员工只能在某一特定的地点进行操作。这种空间约束的影响往往在员工单独于某位置工作或在数台机器之间往返运动时尤为突出。空间约束不仅不利于员工之间的交流，而且也限制了他们的沟通。一般来说，两人之间的距离越短，他们交往的频率也越高。

④技术因素。技术因素主要包括语言、非语言暗示、媒介的有效性和信息过量。

大多数沟通的准确性依赖于沟通者赋予字和词的含义。由于语言只是个符号系统，本身没有任何意思，它仅仅是我们描述和表达个人观点的符号或标签。每个人表述的内容常常是由他独特的经历、个人需要、社会背景等决定的。因此，语言和文字极少对发送者和接受者双方都具有相同的含义，更不用说许许多多不同的接受者。语言的不准确性不仅表现为符号多样，它还能激发各种各样的感情，这些感情可能又会更进一步歪曲信息的含义。同样的字词对不同的团体来说，会导致完全不同的感情和不同的含义。

管理人员十分关心各种不同沟通工具的效率。一般来说，书面和口头沟通各有所长：书面沟通常常用于传递篇幅较长、内容详细的信息；其优点是：为读者提供以适合自己的速度、用自己的方式阅读材料的机会；易于远距离传递；易于储存，并在做决策时提取信息；因为经过多人审阅，所以比较准确。口头沟通更适用于即时、简单的信息传递；而那些需要翻译、或需精心编排以适配不同观念、语言能力受众的复杂信息，则不宜采用口头沟通方式；其优点是：能快速传递信息，并可即时获取反馈，提升沟通效率；便于传递敏感或机密信息，可通过控制沟通范围保障私密性；适用于不适合以书面形式呈现的信息(如临时通知、非正式协商等)；能借助语气、语调、表情等非语言信号传递情感，增强沟通的感染力与共情性。

总之，选择何种沟通工具，在很大程度上取决于信息的种类和目的，还与外界环境和沟通双方有关。

(2)克服沟通障碍的方法

从上述的沟通障碍看，采取适当的行动方式能够将这些沟通障碍有效消除，也就实现了管理的有效沟通。因而，无论是在组织中沟通还是组织间沟通，有效沟通的实现取决于对沟通技能的开发和改进。克服沟通中的障碍一般有以下准则：

①明了沟通的重要性，正确对待沟通。管理人员十分重视计划、组织、领导和控制，对沟通常有疏忽，认为信息的上传下达有了组织系统就可以了，对非正式沟通中的“小道消息”常常采取压制的态度，这表明企业管理层没有从根本上对沟通给予足够的重视。

②培养“听”的艺术。对管理人员来说，“听”不是件容易的事。要较好地“听”，就要掌握一些积极倾听的要点。

③创造一个相互信任，有利于沟通的小环境。企业经理人员不仅要获得下属的信任，而且要得到上级和同僚们的信任，他们必须明白：信任不是人为的或从天上掉下来的而是诚心诚意争取来的。

④缩短信息传递链，拓宽沟通渠道，保证信息的畅通无阻和完整性。如减少组织机构重叠，在利用正式沟通渠道的同时，开辟高层管理人员至基层管理人员的非正式的沟通渠道，以便于信息的传递。

⑤建立特别委员会，定期加强上下级的沟通。特别委员会由管理人员和第一线的工人组成，定期相互讨论各种问题。

⑥组成非管理工作组。当企业发生重大问题，引起上下关注时，管理人员可以受命组成非管理工作组。该工作组由一部分管理人员和一部分职工自愿参加，利用一定的时间，调查企业的问题，并向最高主管部门汇报。最高管理层也要定期公布他们的报告，就某些重大问题或“热点”问题在全企业范围内进行沟通。

⑦加强平行沟通，促进横向交流通常，企业内部的沟通以与命令链相符的垂直沟通居多，部门间、车间间、工作小组间的横向交流较少。而平行沟通却能加强横向的合作，且对组织间沟通尤为奏效。

四、材料分析题

材料：

A校是某市一所教学水平中等的高中，生源一般，老校长狠抓教学和管理，学校高考升学率不断上升，赢得家长好评。但有一些专家说学校片面追求升学率，一些报刊也对该校教学思想和方法略有微词。新校长上台后，力图树立学校新形象，调整了课程结构，增加了大量选修课和课外活动，不允许加班补课，要求教师改变教学方法，引导学生自学。一年下来，学生感到学习负担比以前减轻了，生活也快活多了，在高校扩招的情况下，学校的升学率与往年持平，但是上重点大学和大学本科的比率大大下降了。听到这个消息，一些已经被A校录取的高一新生在开学前就自找门路转走了，学生和家长中传说新校长不稳，没有老校长有本事，学校走下坡路。学校教师中间争议很大，有人认为改革方向对头，但是许多中、老年教师认为新校长如此大刀阔斧的改革是“不计后果”“前途堪忧”，有人甚至向教育局写信反映情况。领导机关对此也感到压力，派视察员到校检查工作，但是没说什么就走了。新校长心里沉甸甸的。

问题：请你帮助新校长设计一套公共关系活动方案，并阐述你的思路和主要措施的根据。

答：(1)公共关系活动方案

①高度重视学校组织公共关系，校长亲自主抓，尽快扭转学校形象的不利局面。

②利用当地的报刊等公众媒体进行宣传，宣传学校的办学成绩、办学特色和办学理念，强调素质教育对学生长远发展的作用。

③重点对学生家长、学生、上级主管机关进行沟通、宣传，了解他们对学校发展的意见和建议，打消他们对学校发展的顾虑。

④在教师中发动讨论，凝聚校内共识，对学校的长远发展献计献策。

(2)制定公共关系活动方案的思路

①对学校公共关系现状与未来的调查与分析。学校公共关系的调查分析包括两个部分：学校形象的评价与分析和社会环境的调查与分析。学校形象是指社会公众对学校全面工作的看法与分析评价，它可分为实际形象和自我期待形象两种。社会环境是学校决策的重要约束条件。学校所应了解的情况包括：国家有关政策、法令；社会的政治、经济、文化及人们的心理状况；兄弟学校各方面的工作状况；社会所能提供的资金、生源、信息等资源状况；社会风尚等。

②确定公共关系的目标和对策。即对公共关系进行规划，它包括两个方面的问题，一是争取树立一个什么样的形象，二是怎样树立这样一个形象。这一步骤要求：

a. 把握公共关系的原则方向。要求学校公共关系目标要符合国家政策和公众利益、符合学校的特点和条件、要从学校发展的整体目标和长远目标着眼。

b. 确定公共关系活动的主题。公共关系活动的主题是公共关系目标的具体化，确定主题要抓主要方面，不要过于宽泛，要有创新性，要能吸引人。

c. 设计公共关系实施方案。设计实施方案时，必须考虑计划项目、策略和时机三个方面。项目是围绕主题而组织的一系列有组织的活动，时机和策略是公共关系活动的艺术。

③实施计划方案。实施计划方案是学校公共关系的中心环节。它需要运用全部技能技巧和各种活动方式来实现目标。它要求：正确选择活动模式，可使用宣传型、交际型、服务型、参与型和社会活动型等模式，也可以几种模式根据具体情况综合交叉使用；使用完美的技巧，要积极而正确地使用大众传播媒介，妥善组织好大型公共关系活动，热情而周到地待人接物；随时监督公共关系的实施。

④对公共关系活动进行评价与修正。对学校公共关系活动结果的评价是对组织形象的再测量，只有给予全面而公正的评价，才能使公共关系不断改进和完善。评价的基础工作是舆论调查，比如专题调查、分组调查等。对评价的结果应写出报告，报告的内容包括：活动的成果、实际活动与预期结果的差距、存在的问题、今后工作预测等。报告既要有定性分析，又要有必要的定量分析，最好有表格、照片等。

(3)所采取措施的依据

由案例来看，学校存在公共关系危机，其首要公众均对学校的发展状况提出了质疑，包括上级领导机关、学生、教职工、学生家长等利益相关最大的群体。这时如果置之不理，则会对学校组织的发展产生致命影响。同时，学校公众质疑的是学校的办学思想和办学特色等根本问题，所以此时必须要大力宣传学校的办学思想和特色，与社会公众进行充分的沟通和交流，为学校的发展凝聚共识，奠定良好的基础。

第 18 章　学校领导

一、单项选择题

下列关于学校领导者角色的描述中错误的是(　)。

A. 学校组织的引导者　　B. 学校活动的指导者

C. 学校运行的指挥者　　D. 学校沟通的促进者

【答案】B

【解析】学校领导者是指在学校中负有最高决策责任的管理人员。在我国，校长和副校长、书记和副书记属于决策人员，即学校领导者，但是在一些规模较小的学校只设一名校长和一名书记，将各部门主任也吸纳进决策层，因此在这些学校，主任习惯上也被认为是学校领导者。学校领导者应该是学校组织的引导者、学校运行的指挥者与学校沟通的促进者，而非是指导者的角色，过分突出个人影响力。

二、概念题

1. 领导力

答：领导力是指领导者在管辖的范围内充分地利用人力和客观条件，以最小的成本办成所需的事、提高整个团体的办事效率的能力。领导力可以分为两个层面：一是组织的领导力，即组织作为一个整体，对其他组织和个人的影响力。这个层面的领导力涉及组织的文化、战略及执行力等。二是个体领导力，对于学校来讲，就是学校各级管理者和领导者的领导力。

2. 学校领导体制

答：学校领导体制是指在学校组织中，关于领导权力的分配、归属、运行及决策方式的一系列制度性安排的总和。它明确了学校内部由谁决策、如何决策以及由谁负责等核心问题，是学校治理结构的核心组成部分。其核心要素通常包括：①领导主体结构：即学校由谁主导领导工作，例如实行党组织领导的校长负责制(中国中小学的主体模式)、校长负责制、董事会领导下的校长负责制(常见于民办学校及国外高校)或校务委员会制等；②权限划分：明确划分学校内部各主体(如党组织、校长、教职工代表大会、学术委员会等)的职责、权力与责任边界，确保决策、执行与监督各环节的有效运行；③运行与决策机制：规定了重大问题决策、重要干部任免、重大项目投资决策、大额资金使用(“三重一大”)等事项的议事规则和决策程序；④监督与制约机制：包括内部监督(如教职工代表大会的民主监督、党组织的监督)和外部监督，以确保领导权力的规范运行。学校领导体制的根本目的是保障学校的办学方向，提高决策的科学性与民主性，确保教育方针的贯彻实施和学校各项工作的有效运行。

三、简答题

教育领导者应当扮演好哪些角色？

答：领导者是组织中领导活动的主体。在现代社会组织中，一个领导者往往担当着多方面的重要角色。领导者必须要扮演好的基本角色如下：

（1）组织发展的引导者

领导者是组织改革和发展的总设计师和导引者，他应当具有强烈的时代意识和正确的管理思想，他必须能够客观地分析组织面临的内外环境和各种条件，他应善于审时度势，不失时机地提出组织的发展方向，并通过种种领导方法和管理手段，来影响组织成员，引导他们去认识组织发展规律，树立正确的思想观念，认同组织的发展方向，共同参与规划组织的未来，共同制定既符合社会要求，又有利于组织发展的奋斗目标和组织发展的具体规划。

（2）组织运行的指挥者

领导者是组织成员的主心骨，是组织运行的总指挥。在组织的奋斗目标和发展规划确定之后，在组织实施既定目标和规划的过程中，领导者要对组织的各种资源进行合理的组织与科学的配置，要对组织活动进行全面的协调与统筹，以保证组织目标的实现和规划的达成。至于领导者如何扮演好指挥者的角色，法约尔在《工业管理和一般管理》中曾提出过八点意见：对自己的员工要有深入的了解；淘汰没有工作能力的人；深入了解组织与员工之间的协定；领导做出良好榜样；对组织进行定期检查；会议与报告的利用；不要在工作细节上耗费精力；使员工保持团结、积极、创新的效忠精神。虽然法约尔的上述见解是20世纪初提出的，但是对于今天的领导者仍颇具参考价值。

（3）组织沟通的促进者

沟通是确立组织目标、制定组织规划的前提，也是组织运行的基本条件。领导者应当成为组织沟通的促进者，应当通过建立各种制度、运用各种形式加强组织内部各部门、各成员之间的联系和交流，保证组织中信息沟通渠道的畅通，从而使组织内部思想更为统一，分工合作更为协调，组织活动更为有效。同时，领导者还应推进组织与外界的沟通与联系，及时地将组织的目标、组织的成绩等信息传递给公众，并促使组织成员了解社会对组织的期望与要求，意识到自己的社会责任，从而提高其工作的积极性和自觉性。

（4）组织示范者

教育是一项培育人的事业，因此，教育组织领导者在担当组织发展的导引者、组织运行的指挥者和组织沟通的促进者三种基本领导者角色的同时，还必须担当起组织示范者的角色，在思想作风和道德品质方面成为广大教育工作者和受教育者的楷模。

四、论述题

1．试比较权力性影响力和非权力性影响力。

答：权力性影响力是指领导者掌握合法职权并能合情合理地加以运用而产生的影响力。非权力性影响力是指由个人某些特质决定的影响力，通常被称为威信。

（1）权力性影响力和非权力性影响力的区别

①权力性影响力是组织赋予领导者的，是组织经由一定的组织程序授予职位承担者的，

是由组织法规、群体规范和文化习俗所赋予的。随着一个人离开领导岗位，他所具有的权力和与此相应的影响力也就消失了。非权力性影响力是一个人使他人自觉产生追随和服从的能力。它不是组织赋予的，而是由个人在工作或生活过程中经由不断积累而自然形成的令人敬佩、信服、崇拜一类的影响力。

②权力性影响力的效力受到法律、规范、责任、义务的支持，具有下属必须服从的特性，具有单向、强制的特点，领导者具有强制性的奖惩权、物质和非物质的付酬权、资源的分配权等。非权力性影响力是非强制性影响力，服从与否完全在被影响者的掌控之中。

③权力性影响力的影响因素有领导者职位的高低、职权内涵、组织规范、奖惩力度、下属对职位职权的服从程度等，是一种硬性影响力。非权力性影响力的影响因素为领导者人格的力量、才能和学识、资历和背景、情感、人格魅力等，是一种软性影响力。

(2)权力性影响力和非权力性影响力的联系

权力性影响力和非权力性影响力共同构成领导者的影响力。权力性影响力是受非权力性影响力制约的。非权力性影响力大的领导者才有较高的威信，制定的常规管理制度才会生效，各项管理手段才能顺利实施；相反，如果领导者的非权力性影响力很小，那么，不管这位领导者有多大的权力，他也是徒有虚名。

2. 试述领导者影响力的来源及其在管理中的意义。

答：(1)领导影响力的来源

领导者影响力的来源主要包括以下方面：

①合法的权力，组织中的领导者由于在组织中职位的合法性。使其拥有合法的权力，这种权力能对领导者产生影响。

②奖励的权力，这是一种合法的权力而派生的权力，即领导者拥有奖励的权力，他能决定被领导者的工资、奖金、提升和任用等。对这种奖励的追求会促进被领导者去完成组织的目标。(奖励可以是物质的，如提高工资奖金等，也可以是精神的表扬和上级对下级的肯定等)

③专家性的权力，一种建立在领导者个人特性的基础上的权力，就是说作为领导者他拥有某些专门领域的知识，被领导者由于缺乏就必须服从领导者的领导。

④领导者个人的魅力，这种权力建立在下级对领导者认可的基础上，认可可以是领导个人的道德品行性格等。强制权、奖励权和法定权主要决定个人在组织的地位。

⑤强制的权力，这是奖励权的相对物，是合法权力派生的权力，即领导者由于其职位的合法性而拥有某些强制的权力，如拥有雇佣、开除和解雇下级成员，对下级成员进行批评、惩罚等权力。这种强制性的权力使得被领导者会服从领导者命令去完成组织的目标。

(2)领导者影响力的来源在管理中的意义

上述各种因素在领导活动中交织在一起，对领导者影响力的形成和运作综合地发挥作用，某一因素的加强或削弱都可能引起其他方面因素积极的或消极的变化，比如，上级领导给校长以更大的人事管理权，加强了校长的职权影响力，这可能进一步激发校长潜在能力的发挥，使下属对校长刮目相看。因此，在强化领导权威，增强组织内部凝聚力的过程中，不能只顾及某一方面的因素，应根据具体情况，全面而又有所侧重地改善几个方面的条件，才能收到良好效果。

3. 如果你是校长，谈谈创建品牌学校的思路。

答：对我校而言，品牌就是质量、效益、服务、特色，只有把这八字文章做好了，学校就有了品牌，办学要以质量求生存，以质量求发展，质量是学校的生命线，只要每个学生都得到全面发展，个性发展，可持续发展，学业成绩好，才会得到社会与同行认可；但是提高质量要讲效益，效益就是通过要提高教学艺术，花较少的时间，精力和钱财，取得较优的质量；确立教育就是服务的思想，增强服务意识，只有服务得好，才能“感动心灵”，得到社会、家长和学生信任，努力打造学校特色，培养特长学生，出成果，出精品。

(1)要有独特的办学思想

苏霍姆林斯基说过：“学校领导首先是思想的领导，其次才是行政领导。”学校要根据自己的实际特点，大胆地提出自己的办学主张，找到办学的优势和突破口，扬长避短，打造自己的特色。

(2)根据实际选准“突破口”

办学特色及办学目标确立后，要将特色目标落实办学实践，有步骤地扎实制定切实可行的分段目标。

(3)要培养一支高素质的干部教师队伍

学校领导要做到“三个到位”即名校的思想认识到位、制度意识到位、管理落实到位；教师要树立“四项意识”，即学习意识、合作意识、表率意识、服务意识；全体教职工倡导“五种精神”，即终身从教的敬业精神、爱生如子的园丁精神、锐意进取的创新精神、遵纪守法的自律精神、不计得失的奉献精神。

(4)要形成教学特色

教学是实现培养目标的主要途径，也是形成学校特色的主要途径，因此在特色学校建设过程中应充分重视教学特色建设。

(5)要加强学校的教育科研

学校品牌的创建应提倡“科研兴校”，努力成为专家型领导、科研型教师、合格加特长的创造型学生。

4. 谈谈中小学校长负责制的内容、存在的问题及其优化。

答：校长负责制是目前我国中小学实行的校内领导体制，是指校长对政府主管部门承担学校管理的全面责任。实行校长负责制，即让校长对学校工作全面负责，统一指挥；明确学校的党政分工，学校党组织发挥保证监督作用，集中精力抓好党的自身建设和思想政治工作；学校建立健全教职工代表大会，加强民主管理和民主监督。校长负责制下的校长是学校的法人代表，校长具有对学校的教育教学及其他各项工作实行统一领导，全面负责的权利。

(1)中小学校长负责制的内容

①划定校长应拥有的权力。一是对学校教学、科研和行政管理方面有决策权；二是对教学科研和行政工作有统一指挥权；三是学校各项规章制度的建立、修改和废除有决定权和建议权；四是要提出副校长人选权。

②明确校长应负的责任。应当是：执行党的路线、政策和上级主管部门的指示；保证完成上级下达的教学、科研任务，为国家培养又红又专的合格人才，负责办理好全校福利

事业，使教职工有一个好的工作、生活环境。

③对校长的考察、任期、任免弹劾、奖惩等应有明确规定。应把政绩是否显著作为考察校长是否称职的重要内容。

④校长、党委和教职工代表大会的关系。必须把加强教学、科研和行政指挥，加强党的领导，加强民主管理，充分调动三个方面的积极性，作为实行校长负责制的指导思想。学校党组织对行政工作的保证监督作用应表现为支持而不包办，保证而不旁观，监督而不挑剔，协调而不掣肘等几方面。

(2)中小学校长负责制实施过程中的问题

就以上内容来看，校长拥有学校的各项管理权力，可以在贯彻国家的教育法律法规和方针政策的前提下，按照自己的办学理念和思路，制定适合本校实际的办学目标、规划和实施方案，选择适宜的管理方式和具体策略，并承担全面的职责。可以说校长负责制是社会组织的首长负责制，因此，在实施校长负责制的过程中，中小学中极易出现校长专权、我行我素的现象。当然，中小学校长负责制实施至今，其存在的问题不止这一点，还有其他问题也是不容忽视的：①不理想的内外环境的限制。教育行政部门自身受各方面限制，无法有效地管理学校和校长，校长负责制的有关法规政策不健全，校长的权力与责任不明确，权力行使无章可循。②校长管理制度不够科学、健全。③校长领导决策行为的科学性、民主性不够。④监督制约机制不完善。校长权力过大，或者党组织权力过大的现象都极易发生。因此，我们有必要优化和完善校长负责制。

(3)中小学校长负责优化和完善的建议

①创造和改善条件，优化校长负责制实施的内外部环境与条件。外部环境是指外在于学校的环境，主要集中在办学自主权、政策法规等方面。因此，首先，建议上级部门简政放权，改变领导方式。其次，完善政策法规，推进配套改革。

②规范校长的任用、评价和培训，建立系统、科学的校长管理制度。具体包括校长的任用、评价和培训三方面的制度。

③树立正确权力观、改良学校决策、发扬民主管理，规范和改善校长的领导决策行为。从权力、决策、作风等方面来规范和改善校长领导决策行为。

④明确原则、多向监督，构建科学合理的权力监督机制。实行校长负责制，校长在决策指挥、人事、财务和教学管理方面都有较大的自主权，为了保证权力不被滥用，必须建立相应的权力监督机制。

5．谈谈我国学校内部领导体制改革问题。

答：学校内部领导体制是领导和管理学校的根本制度，它直接支配着学校的全部管理工作。当前我国学校的内部的领导体制是校长负责制，即校长是学校的最高行政负责人，是学校的法人代表，对外代表学校，对内全面负责学校教育教学等各项工作，向党委担负管理好学校的全面责任。

(1)校长负责制的实施

①理顺了学校内部党政关系，使过去体制下书记与校长之间矛盾重重、内耗丛生的状况得到了明显的制约和好转。

②理顺了职、权、责的关系，调动了校长办学积极性，扩大学校自主权，使学校管理

效益明显提高。

③推动了学校民主化建设进程，不仅使党的教育方针得到全面、有力的贯彻落实，更带动学校教育教学质量持续稳步提升；传统的“升学至上”“应试主导”的教育倾向逐步扭转，素质教育的理念与实践在校园内落地生根、扎实推进。

(2)校长负责制的认识误区

校长个人的智慧、才能和经验毕竟有限，考虑问题难免不周。如果校长选择不当，就有可能导致滥用职权，贻误工作。当前部分教师和教育工作者对“校长负责制”的认识也存在一些误区：

①认为校长负责制就是校长一人说了算，忽视党组织和教代会在学校管理中的地位作用，有的校长我行我素，独断专行，个别校长因此犯了错误，甚至犯了法。

②少数党支部书记工作放不开手脚，片面地认为试行校长负责制后，学校工作主要是校长的责任，有怕越位的顾虑，认为只要把党务工作做好就是了。于是出现党务工作与行政工作相分离的现象，造成思想政治工作乏力，党组织缺乏凝聚力和战斗力，党组织的政治核心作用没有发挥好。

③学校教代会民主监督作用不能真正落实。有的学校没有教代会制度，有的即便有，也未很好地发挥作用，群众有意见，教职员工共同办学的积极性未能得到充分调动。

④校长的办学自主权，特别是在学校干部管理机制上存在明显的局限性，影响学校干部的管理、教育、使用、考核，影响各层次干部素质的提高。

⑤党组织、行政、教代会各自发挥作用，参与学校管理体制的机制不够完善；有的学校对于校长负责制，说得比较多，落实在行动上的比较少，缺少制度、机制的约束。

(3)校长负责制的改进

为了提高我国学校内部管理效率，完善领导体制，需要对校长负责制进行改进，以使其发挥应有的作用。

①对这一体制的内涵做出规范化的概念界定。概念上差之毫厘，实践中失之千里，因此，要依据理论界的研究成果，总结国内外学校的普遍做法和有效经验，抓紧对校长负责制的内蕴进行规范。

②必须与学校内部管理体制改革的其他各项措施配套实施。整个学校管理体制改革是一项复杂的系统工作，要想取得整体上的改革效果，各项改革措施就必须配套实施，立体滚动。

③必须给校长制定和确立明确的任期责任目标。校长负责制，严格地说就是负责任期责任目标的达成。没有任期责任目标的制约，所谓“负责”就会流于形式和空泛。因此，教育行政部门在选聘和任命校长的同时，必须对其提出明确的任期责任目标。对于失职或渎职未能如期达成责任目标者，教育行政部门应给与相应的惩罚。

④必须加强对校长负责制的民主监督和制约机制。校长负责制是一种权力相对集中的体制，为了确保在这一体制下校长既能够大胆地行使职权，又能够充分发扬民主，就必须对其采取一些相应的制约、监督机制。

⑤各级政府和教育行政部门在给校长松绑、放权、压担的同时，不能推卸自身对学校应承担的基本义务和责任，特别是经费提供和资源保证的责任，同时要从法律、法规、制

度等方面保证校长拥有充分的办学自主权。

⑥必须选好一个德才兼备的好校长。校长产生的方式应逐步向“考任制”“聘任制”“选举制”以及这几者的有机糅合型过渡。只有这样，才能在公平原则、民主原则、竞争原则和封闭原理的基础上遴选出类拔萃的好校长。

⑦要借鉴校本管理的某些经验来进一步完善校长负责制。“校本管理”实质是对过去上级教育行政机构对学校实施过多“外控”管理的一种矫正。上级主管部门简政放权是实行校长负责制的关键。通过权力下放，使学校拥有更多的自主权，从而能够按照自己的实际情况去决定资源的分配和利用。

总之，校长负责制是在长期的实践过程中，通过对学校内部领导体制的不断完善而形成的，虽然在实施中存在一些问题，但只要各部门加强合作，不断完善，管理效率就会提高。

五、材料分析题

根据材料回答问题。

材料：

张校长原是某职业学校的校长，该校有11个班级，教职工30余人。他工作认真，以身作则，充满朝气，对全校的情况了如指掌，学校工作小有名气。教育局于是将他调到一所比较混乱的高中当校长。新官上任，他信心百倍地在有1500多名学生，100多位教职工的全校大会上反复宣扬自己过去的“成功”管理办法，并且认定这样做一定可以改变学校的面貌，振兴学校。他工作非常辛苦，大事小事都喜欢亲自过问。自己的生活也打乱了原来的节奏。这样一来，书记、副校长、各个处室主任，反而变得清闲了。久而久之，学校里管事的人越来越少，问题却越来越多。一个学期下来，学校已经矛盾重重，一片混乱。不久，张校长也躺进了医院。

问题：

(1)你认为张校长的问题出在哪里？

(2)请你提出解决问题的办法。

答：(1)张校长的问题主要出在两个方面：

①张校长被调到新的学校之后，没有认识到新学校与原来学校的差异，仍然用过去管理学校的“成功”管理办法来管理学校，而忽视了新学校自身的特点，所以学校出现了大量的问题。

②新的学校有1500多名学生，100多位教职工，学校规模远远大于张校长原先管理的学校，在如此大规模的学校管理过程中，张校长大事小事都亲自过问，让自己陷于琐事的管理过程之中，同时，难以调动起学校其他领导者的积极性，久而久之，学校矛盾重重。

(2)该校问题解决的关键是提高张校长的教育行政领导艺术，所谓教育行政领导艺术就是指在领导的方式方法上表现出的创造性和有效性。

①张校长要不断培养和提升自身的观念技术。所谓的观念技术指的是领导者的战略观念及管理哲学思想，包括对管理活动本身、管理对象、管理情景的思考。新的学校情景，需要领导者做出新的战略选择和规划，需要有崭新的管理哲学思想，而不能对原有的观念

盲目崇拜，故步自封。

②张校长要合理把握用权的艺术，要学会简政放权，充分调动下属的积极性，不要“事必躬亲”，而应把自己的注意力放在对学校决策等宏观问题的把握上。只有这样，张校长在工作中才能游刃有余，把握学校发展的战略布局，同时，才能充分调动起下属们的积极性，共同面对学校中出现的问题，实现学校的健康发展。